「中国近現代史はどう書かれるべきか」

佐藤　公彦

目次

中国近現代史はどう書かれるべきか

第一章　中国の近現代史はどう書かれるべきか

――蔣廷黻と范文瀾の二つの『中国近代史』、毛沢東－范文瀾体系からの転換へ

はじめに

「毛沢東史観からの脱却」と言われてからすでに久しい。しかしこの国の中国学や人文社会科学は、「つぎ」「つぎ」と「なり」ゆく流れに乗っていくことに明け暮れ、拠りどころなく漂流しているように思われる。戦後の中国学、戦後歴史学も昔からのこの国の論争史の例に漏れず、何も「総括」することなく、時の流れとともに何事も無くポストモダン的に推移して過ぎ去ったようである。すいすいと時流に乗るのがうまい「秀才」が多すぎるのではあるまいか。本稿は戦後の中国近現代史研究の自覚的、批判的自己点検の意を込めて、中国近現代史をどう捉えたらいいかを、蔣廷黻と范文瀾の二つの『中国近代史』の成立過程を考えながら、一考してみようというものである。

蔣廷黻著『中国近代史』は小書とはいえ、「見解は精闢（鋭く）、出語《ことば》は不凡な（非凡な）」（李恩涵）「名著」と言って良い。しかし我国では著者も書物もほとんど知られていない。中国共産党の革命史観（「毛沢東－范文瀾」近代史通史体系）成立の契機、前提をなしていたこの書の史学史的な位置と価値について解説し、拙訳邦訳本（東京外国語大学出版会、二〇一二）をひも解き、問題を考えていただくための参考を提供したいと思う。

『中国近代史』の初版本（六万字余、一二八頁）は小冊子で、日中戦争勃発後の民国二十七年（一九三八年）七月に長沙で出版された。一九八六年に陳旭麓「中古・近代化・民族惰性」（『文滙報』九月一九日）が評価したのに続いて、彼が前言を書いた再版書が一九八七年に岳麓書社から出版され、それが一九九九年に重版された。邦訳はその版本にもとづいて翻訳したものである。原書は、アヘン戦争から抗日戦争初期までの歴史に大きな枠組みを与えた著作として、出版後に中華民国の知識界で流行し、大変広く読まれたが、一九四九年の人民共和国成立の後、共産党からその政治傾向と記述の偏りが槍玉に上げられて非難を受け、共産党治下の大陸では殆ど知られなくなっていた。しかし文化大革命後になって、その価値が再認識されたのか、一九八七年の岳麓書社版につづいて、名著として一九九〇年代に復活版が散見されるようになった。九〇年に『民国叢書』第二輯七五に収められ（一九三九年商務印書館版）、また一九九六年に薛徳震主編／民国学術経典文庫・歴史類叢（東方出版社）の中に『中国近代史大綱』（原書台湾版とその書名を使用）として入れられた。そのため、岳麓社版も九九年に重版された。最近知ったのだが、同じ一九九九年に上海古籍出版社が沈渭濱の「導読（読解導き）」を付して『蓬萊閣叢書』の一冊として再版している（一九九九年、二〇〇四年再版）*。岳麓社版再版の背景については後述するが、邦訳の底本の重版本は、原書の最後の部分、第四章第七節「蔣総統、総理の遺教を貫徹す」を削除している。そのため、原書の面貌を回復するために、邦訳は第七節を民国版（商務印書舘刊）で補った。したがって正確にいえば、蔣廷黻著『中国近代史』（商務印書舘、一九三九）の全訳ということになる。しかし、岳麓書社版は再版に際して引用史料を厳密に点検しておらず、誤植が多い。この点は、『籌辦夷務始末』と蔣廷黻編『近代中国外交史史料輯要』上、中を参照して、可能な範囲で出典を示し、原史料に則って文章を修正しておいた。

＊データ検索すると、その他に団結出版社［二〇〇六、二〇〇九］、江蘇教育出版［二〇〇六］、新世界出版［二〇一四］、江蘇人民出版［二〇一四］、上海古籍出版［二〇〇四、二〇〇六、二〇一一、『蔣廷黻著《中国近代史》導読』沈渭濱撰、二〇一四］、

武漢出版［二〇一二］、群言出版［二〇一五］、民主与建設出版［二〇一六］などで続々出ている。その幾つかは「第四章七節蔣総統」部分の削除無しの原本を謳っている。大陸でこれほど多く出版されるようになったのは正直驚きである。

筆者が歴史家としての蔣廷黻に関心を持つようになったのは、二〇〇六年に起きた「氷点」事件（共産主義青年団機関紙『中国青年報』の付属週刊誌『氷点週刊』が、中山大学教授・袁偉時の中国歴史教科書批判の文章「現代史と歴史教科書」を掲載したため、発行停止処分と編集長李大同らの処分に追い込まれ、世界の耳目を集めた事件）を調べていた時だった。中国共産党中央宣伝部の「新聞閲評」が、袁偉時の文章を批判して、「植民地状況からの脱出の唯一の道は西方に学び、社会生活の全面的近代化をすることだという彼（袁偉時）の論は、抗日戦争勃発時の蔣廷黻の観点だ」、と論じたのを読んでからである。わたしたち戦後生まれの世代の殆どは、范文瀾『中国近代史』で勉強を始めたから、民国期の名も知らない歴史家が突然、重要な意味ある人物として中国共産党側から持ち出されてきた感があって少し驚いたのだった。実はその後、この范文瀾『中国近代史』さえも、蔣廷黻『中国近代史』に対抗して構想された中国共産党の近代史像なのだということがわかって、これまた少し驚いた。まずは、このあたりのことに少し触れておくことにしたい。

一、蔣廷黻、その人とその中国近代外交史研究

蔣廷黻は歴史家としてよりも、第二次大戦後の「中華民国」の国際連合常任代表として長年活躍した外交官として知られている。蔣廷黻は一八九五年、清の光緒二十一年、日清戦争の年に、湖南省邵陽県の農村の中等の農商家に生まれ、一九六五年にニューヨークで死去した。故郷邵陽は清末の思想家・『海国図志』の著者である魏源と同じである。蔣廷黻は故郷の農村で少年時代を過ごし、四歳で教読を習い、六歳で私塾に入って、二伯蔣蘭甫（科挙落第生）

に従って旧教育を受けた。彼の家の祖先には科挙合格者はおらず、父は小学程度の教育しかなかったが商才に恵まれ、商業を兼営していた。彼は頭脳がよく一族から嘱望されたのである。五歳の頃、光緒二十六（一九〇〇）年に北方で義和団事変が起きていたときだが、同じ頃（一九〇二年）邵陽県で反西洋人の蜂起が起きた。賀金声（附貢生）を指導者とする「大漢佑民滅洋軍」の反キリスト教会の蜂起である。この事件で捕えられて梟首（首切り）された賀金声の首が家の前を通ったのをかれは祖父とともに実見している。同年にこの賀姓家の小娘と旧式の婚約をした（後に解消）。一九〇五年の科挙廃止とともに、伝統的教育を止め、十歳で長沙の明徳小学に入り、新思想に接触し「国家意識」を持つようになったという。この学校は日本留学で福沢諭吉の影響を受けた胡元倓が一九〇三年に開いた新式学校で、黄興らも教鞭をとった軍国民教育の過激主義の学校だったが、理化・博物が中心で、英数があまり良くなかった。彼はここで「国家」意識（救国意識）を持つようになったが、二伯は翌年に湘譚のアメリカ・長老会系教会学校の益智中学に転入させて学ばせた。ここは寄宿舎制で、国文、国史以外は英語で教授した。彼はよく英語を学び、西洋近代の歴史と文化の基本を学んだ。成績が良かったから、リングル夫人（校長夫人）の英語教授を受け、夫人は彼を養母のように育て、やがて洗礼を受けてキリスト教徒になった。「宗教心」よりも社会的公益に熱心な宗教は良い宗教だと思ったからだと『回憶録』で語っている。一九一一年の辛亥革命が起きると、その後の混乱を懸念して、校長と夫人の推薦でアメリカに派遣されることになり、一二年に十七歳で渡米、ミズーリー州パークビルの半労半読学校パーク・アカデミーでこの後十一年の長きにわたる留学生の勉強生活を始めた。この渡米までに、中国の救国、近代国家への転換に何らかの貢献をしたいという政治意識を既に持つようになっていたようである。彼は胡適のような義和団賠償金の留学生ではなく、入学後、湖南省官費支給を受けたが、不足分を三時間の労働と二時間の学習というように、労働報酬で賄い、ここを卒業した。アメリカで労働しながら学んだ経験は大きかった――これが労働を知らない中国人士大夫に対する該書での批判や後年の厳しい批判言論に繫がっている――。労働は彼に健康と堅固な意志をもたらしたが、その仕事のために健康を害し病気で臥せった時にアメリカ市民が示してくれた親切さを一生忘れなかった（教会学校の影響とともに、後にYMCAなどの社会的活動に加わる一因になったようである）。この頃、近くの町でウィルソンの演説を聞いて、ウィルソンのファンになった。この点は胡適と同じだった。最高の英文成績でここを卒業、オハイオにあった宗教的雰囲気の濃いオバーリン・カレッジに進学した。

第一次大戦中、このカレッジで自然科学に関心を持ち――民国期の留学生は近代化に役立つ実学志向だったが、胡適が農学から哲学に代わったように、蔣も科学から人文社会科学に関心を移した。しかし頭脳は「科学と機械」を終生言うことになる程クリアーな理系的な頭だったようだ。殊に植物学に関心を持った――、事実観察にもとづいて客観的な結論を導き出す訓練、科学的方法の訓練を受けた。ここを四年で卒業したが、在学中ドイツ史とイタリア史をよく読んだらしい。またここで、フランク・ウィリアム・トーシッグ（Taussig）の『経済学原理』の講義を受け、国際貿易は経済的互助であり、民族主義的な政治衝突や国際金融の不当な操作を受けるべきでなく、教育が個人・集団の技術と能力を向上させるのだ、科学技術と人文教養が生産効率には重要なのだということを学んだ。そしてウィリアム・ジェームスの心理学（プラグマチズム）に触れている。進化論や機能論、人間の認識作用を環境に対する適応や変革という過程の中に置いて考えるという、環境と思想の相互制約的な関係を強調したかれのプラグマチズムと心理学は、後年の蔣の思想に大きな影響を与えている――同時期に留学していた胡適がデューイのプラグマチズムに深い影響を受けたのは有名なことである――*。ここでも成績優秀で、義和団賠償金の奨学金を一時受け、卒業前には全米優秀学生栄誉賞を受けた。キリスト教学校で学んだからであろうか、社会的活動に積極的にかかわり、オバーリンでは中国同学会会長、文芸雑誌編集として活動し、米中西部の留学生達のリーダーとして活躍していた。最後の年にキリスト教青年会（YMCA）を通じて、第一次大戦中のヨーロッパに渡り、フランス軍に徴募されていた十数万の中国人（中華民国政府は第一次大戦に参戦を表明し、ドイツに宣戦布告した後、戦争協力のために大量の労働者をイギリス・フランスに送り工場などで働かせていた）のために、工場にクラブを開きフランス語と中文を教えてその後の学費を稼いだ。彼は数度パリに赴き、中国代表団が送られてきたヴェルサイユ講和会議に顔を出して、外交団員と語り合い、憂慮を共にした。梁啓超ら多くの知識人もパリ講和に来ていたが、梁とは接触はなかったようである。ここで崇拝するウィルソンの背信を見、「理」ではない現実政治の「勢」を痛感したという。しかしウィルソンにはそれなりの理由があるのだと、幻滅はしなかった。その後、フランス各地を旅して、欧州社会への理解を深めて帰国した。

*アメリカではダーウィン進化論が普及すると共に創造説と対立し、南北戦争 Civil War で六〇万の死者を出した対立から、ヨーロッパ大陸の哲学伝統である内観的な唯一絶対真理の追求と主張を否定し（反デカルト的認識論）、人間知性の限界を指摘して異なる思想の共生を目指す動きが出た。人間の認識は仮言的（プラグマテッシュ）で、絶対真理ではないが、真理化できる。仮説・「実験」の検証を通じて実践上の有意義な帰結を得ることができ、「有用」であれば、「それなりの正しさ」に到達できる、とするプラグマチズムが生まれた。W・ジェームズの「新しい心理学」はプラグマチズムの基礎をなすものの一つで、イギリス経験論のヒュームとカントの批判として出てきた。ヒュームは知覚を印象と観念（心像）に区分したが、知覚を感覚と区別せずに受動的な印象と観念の断片から成るまとまりと考えた。カントは心の内容が感覚であることは認めたが、それを総合する直観、概念（思惟）として「理性」を考えた。どちらも外界の感覚の素材と、受けた心の中でそれらを組み合わせ整理する機能（ヒュームの習慣的連想やカントの理性）でものを考える点で違いはなかった。ジェームズは、「心理的生活も生理的生活も内部の関係と外部の関係を互いに適応させようとする」と言ったスペンサーの生物学の定義を媒介に、心の働きの研究（心理学）を、生理的現象で心理的現象を説明すべきだと主張した。

ヒュームの受動的な知覚＝感覚は分子的な構成で、決して経験の実相ではない。個人の経験は連続体としての塊を成している。従って心が働くときには、その「経験」の一部分を取り出し、応用する「選別」が働くのである。カントの、知覚－感覚の外に総合調整するものとして理性（カテゴリー）を持ち出してくるのも問題だ。「脳」「神経系統」以外にどんな「心の器官」

も無い。心理を生理で考えようと言う。我々の神経系統は外物に対処する機能、臨機応変に対処できる可能性であり、誤らないものではない。心の機能は既に持っている知識（経験）の内から一部分を取り出して来て、現在に応用する資料とすることである。心の働き（知識思想）は個人の興味と意志において起きる。興味と意志は選択目標を定め、目標ができると、既に持っている経験の内から、この目標に達するための方法・道具と資料を取り出す。カントのいう「純粋理性」のようなものはない。意志と興味を帯びない心の働きは無い。心の働きは取捨選択的なもので、現在の感覚資料は興味と意志を引き起こす刺激物であり、過去の感覚資料（経験）は我々に選択の方法・道具を供給してくれる素材である。だから知識思想（経験）は応用するものである。故に、応用して見れば、それが役立つかどうか（有用であるかどうか）で、その是非、真仮を証明することができる、としたのである。

このプラグマチズムの「新しい心理学」は、外物－刺激－感覚、それに対する過去の経験に依った選択的応答（レスポンス）という構成を有していることが判る。この範型が恐らくフェアバンクの中国近代史の「ウェスタン・インパクト－レスポンス（西洋の衝撃－応答）」パラダイムの原型であるが、フェアバンクよりも先に蔣廷黻はこれを「中国近代外交史」研究、中でも日清戦争前の清朝官僚の対外国「応答」姿勢の中に見ようとしたと考えて良い。「新しい歴史学」と共に、「新しい心理学」への注目は彼の歴史学研究の源泉の一つになったのだった。フェアバンクはこれをより学問的に集大成したのではなかろうか。

デューイは、知識は問題解決に役立つ「道具」であるとし、教育や民主主義にまで拡げ、民主主義的な理想にとって「有用」であることを仮説と実践によって検証しつつ、より良いものへと進化させることができるとした（『ウィリアム・ジェームズ著作集』一巻「心理学について」日本教文館、胡適「実験主義」『胡適文存』一集巻二）。

アメリカに帰国した後、彼はコロンビア大学大学院に入学するが、その前後であろう、中国で五・四運動が広がっていた頃、彼は全米を講演旅行して、中国の「救国デモ」、民族運動に呼応する行動を始めた。これが彼の五・四運動だった（フェアバンク『中国回想録』一二四頁）。当初、彼は新聞学か政治学をやろうと考えたという。コロンビアには政治学者のH・ラスキやホブスンらがいたが、歴史にした。ここはジェームス・ロビンソンの「新しい歴史学The New History」の拠点だった。ロビンソンはコロンビアで長年教え、人類の科学、社会、文化の進歩に重点を置いた「新史学」の提唱者で、進化論だが、単なる政治史ではなく全人間活動に関心を寄せ、人類学、経済学、心理学、社会学からいろいろ吸収しようとした歴史学だった。蔣の学問の回憶は、その弟子たちのF・ジディングス、W・R・シェファード、カールトン・ヘイズの三人で貫かれている。彼はシェファードの「欧州発展史」（十六世紀来の対外拡張史）、ヘイズの「欧州近代政治社会史」（テーマはナショナリズム）を聞き、産業革命の意義とナショナリズムを学んだ。ホブスン『帝国主義』、モース『中華帝国国際関係史』も学んでいる。蔣廷黻の指導教官はナショナリズム研究で有名だったヘイズでその影響を受けた。だから彼の歴史研究は、近代化（社会進化論）、国際主義、ナショナリズムと独立国家の形成という第一次大戦後の世界の大きな思想潮流を強く受けることになった。その学問性格については後述することにしよう。

彼はコロンビアに入学する前に「True Young China」という組織（中国を軍閥と帝国主義から救い出そうという結社）に入っていて、留学生の中の活動分子で、晏陽初の後任として中国留学生基督教聯合会主席になり、米東部の留学生界の主席（領袖）として注目される存在、「特出の人材」になっていた。この活動は彼に文章能力（文名高く、後年「簡明明快」と称せられる文章能力）、演説能力（後年国連で弁舌を振う才能）や、行政的能力（官僚的事務処理能力）を身に付けさせたと言われる。四年後に博士論文『労働党と帝国――一八八〇年以後のイギリス帝国主義に対する労働党国会議員を主とした労働党の反応の研究』で、哲学博士（Ph. D）の学位を取得した。コロンビア大学時代には在米留学生としてワシントン会議での中国代表団を支援する活動等をしている。この運動の提唱者がコロンビア大学同学生の羅家倫だった。蔣は中国代表団の一員でYMCA幹事だった余日章の秘書として会議を見ることが出来た。これらの国際会議で活躍した中国外交官・顧維鈞はコロンビアの先輩になるが、これらの国際会議の経験はナショナリズムと国際主義、中国の現実、世界大勢、実際の外交政治についての知識を彼に得させたといって良い。

彼は学位を取得した一九二三年に帰国し、在米活動で知り合った関係で、天津の南開大学の歴史学教授に就任した。南開学校は周恩来の卒業した中学校として有名だが、もともと清朝の学部侍郎（文部次官）だった厳修の家の私塾を張伯苓（キリスト者）が引き受けて、そこから発展したもので、張伯苓が校長をしていた。南開に決まったのは「成志会」というキリスト教組織（「兄弟会」から発展した海外留学生の秘密結社、張伯苓もメンバーだった）の運動によってだった。南開には一九一九年に大学部（文・理・商）が出来ていて——日本から帰国した周恩来はその一期生になる——、彼はここで最初は西洋史、帝国主義拡張史、史学方法論を講じた。

一九二三年に彼は、「五・七」（義和団議定書締結日）国恥記念日に南開で講演し、「五・七」は nationality（民族）のために争った、双十節（十月十日、辛亥革命記念日）は democracy（民主）のために争った、二者は相合していて分けられない。Democracy の実現のためには団結心、共同心を持つことが重要だ、然る後に始めて、君主から民主になることが出来る、と語った（張玉龍『蔣廷黻社会政治思想研究』七七頁）。民族主義と民主国家との関係、民主が有って始めて民族国家になるという相互関係、両者のバランスが強く意識されているのがわかる。留学時代からの彼の思想の特色が表われている。

当時の南開は二十二人の教師の内二十一人がアメリカで学位を取って来たほどで、学生がこのアメリカ式の教育に反発した。十一年間留学して英語で思考するようになっていた彼はここで、文化的アイデンティティの再構築、当時の中国の国内状況への適応（「本土化」）に迫られ、中文（国学古典）を学び直すとともに、西洋の理論方法で中国の問題を研究する方向に関心を向けざるを得なくなった。それが中国近代外交史の研究だった。彼は英米資料にもとづいたH・B・モースの外交史研究に欠けている中国側史料と中国社会の観点を通して研究を進めることにした。それには研究資料の文献を捜し集める必要があったが、集め始めると「非常に豊富」で、多くの鑑定家・収蔵家が名を聞いて物を持ってやって来た。そのうちの一つが『籌辦夷務始末』の抄本で、たいへん高価だった。買わずにいるうちに北京の故宮で正本を見つけ、これを影印させることになったのだった。この清朝時代の文献資料の収集には相応の費用が掛かるが、予算を獲得するために学内で「戦闘精神 combative spirit」を発揮したというが、また校長の張伯苓が費用支出を援助した。こうして近代外交史の領域を開拓し、「六、七年かけて専門家になった」。

同時にまた、当時まだ生存していた清代の外交当事者を訪ねた。例えば、一八九六年から一九〇〇年にかけての李鴻章の外交活動の史料を求めて、当時の李の部下、助手、或いは秘書らを訪れて、機会を見て、話題を資料蒐集に引き込んで、捜した。こうした収集活動の成果が一九三一年の『近代中国外交史資料輯要』上巻に結実する。中巻は北京故宮の档案を入れたりすることになったので、遅れて三年後になる。

一九二八年に国民革命軍の北伐が完成すると、国民政府は羅家倫を国立清華大学の校長に任命した。清華大学は、アメリカへの義和団賠償金の半額を留学生のために使おうというA・スミス（義和団事件時に、義和団は政府公認の団練が起源だとの説を唱えて、アメリカ政府の外交介入を主張した、山東省龐荘教会にいたアメリカンボードABCFMの牧師、中国に関する多くの著作がある）の提案を受けて、一九〇八年に作られたアメリカ留学予備学校・清華学校を前身とする。その校長羅家倫は蔣と同じくパークビル、コロンビア組で、密友、前述したようにワシントン会議後援会の発起人だった。一九二六年に帰国し北伐に参加して、このとき校長に任命され、学校に大鉈を振るって「近代化された一流の大学」にしようとして、馮友蘭、蕭公権など多くの優秀な学者を招いた。大学は国立だが義和団賠償金から相当の金額が毎年供給されることになっていた。蔣はかれの招聘を受け、一九二九年に歴史学教授・歴史系主任に就任し、近代史研究に従事するようになる。

この国民革命・北伐期に展開されたのが、「不平等条約廃棄・帝国主義打倒」をスローガンにし、それを一気に、絶対性をもって実現しようという「革命外交」だった。これが中国と列強諸国、その頭目とみなされたイギリスとの国際関係を緊張させた。その最大のものは、国共合作を支援するソ連の力を背景にした反イギリス風潮による、武漢政府による漢口租界の回収と、「南京事件」である。当時、中国の人々はイギリスを打倒せねば生まれかわる日は来ないと口々に唱え、一方、開港場の英字新聞の方は、国民党と学生を「新拳匪 New Boxers」だとし、砲艦政策で対処すべし、と主張した。その巻き添えを食った形になったのが南京日本領事館で、激しい破壊と酷い屈辱を蒙った。自国民を殺害された英米の艦船は南京市内に砲撃を加え、イギリスは共同干渉を提案してきた。それを断った幣原外交の不干渉政策が事件を酷くしたと、幣原への批判が日本国内で巻き上がり、浜口雄幸内閣が倒れ、幣原喜重郎外相は辞任、その後を継いだ田中義一内閣は、その後「山東出兵」を起こし、日中関係の緊張を生んだ。一九二七年夏に蔣廷黻は日本で研究していて幣原に会っているが、二人はワシントン会議のときの知り合いだった。

この中国国内の偏狭なナショナリズムの高揚状況に蔣廷黻は危機感を抱き、これを糾さねばならないと思った。かれは、長期的視野で、全局を見て、ことの軽重と緩急を判断しつつ冷静に現実的に対処しなければ、国家の自強は望めないと考えた。それで学生たちを組織して、コロンビア時代の指導教官ヘイズの *Essays on Nationalism* を『族国主義』として翻訳し上海の新月書店から出版した*（蔣の訳序は一九二八年に南開大学で書かれている。一九三〇年出版）。ヘイズの序文を訳したのが南開大学の同僚だった蕭公権だが、ネーションを「族国」と訳したのがかれらの工夫で、ナショナリズムは民族主義、愛国主義だけではないのだ、民族国家の側面を考えるべきだというその意図が表れている。これが彼が帰国後に最初に出した出版物だった。一九二八年の北京天津回復後の不平等条約撤廃を叫ぶ「革命外交」、北伐時の故郷湖南省での農民暴動などへの憂慮、それへの糾正の意識が出ている。彼が中国近代外交史研究に取り組むようになった契機の一つだったという。

＊この本は作者のヘイズが全ての見解を注入したもので、留学時代に蔣廷黻はずっと離さず、再読し、困惑したものだったが、帰国したら訳そうと思っていて、裨益する所があると思って刊行したという（『回憶録』七九頁）。新月社は、もともとは北京

の近代的な文人たちのクラブだったが、国民党の北伐が近づいた時の混乱で活動を中止した。その後、上海にいた同人たちが一九二七年五月の胡適の帰国——胡適は北伐が開始される前に、北京からシベリア鉄道経由でヨーロッパに出かけてパリでペリオ文書を調べたり、イギリスで講義をしたりして、蔣介石による四・一二クーデタ（国共合作の国民党の清党、共産党員・労働者弾圧）の後、上海に帰ってきた——をきっかけに活動を再開したクラブを新月社という。同人に、羅隆基、聞一多、潘光旦などがいた。その雑誌『新月』を出した出版社である。ヘイズはその序文で次のように述べる。

近来の西洋人は常に中国人のナショナリズム、すなわち中国の国民党やヤング・チャイナの排外運動、中国人の外国人の条約の権利を取消し自主主権を回復することに対する要求を喧伝しているが……いま、私は中国の問題と関係があると考えた事で中国人読者の注意を喚起しようとするだけである。

中国人は皆、彼らの国家が国際的に相当な光栄ある地位を占めることを望んでいる。私の考えでは中国人がこの希望を達成するには、一反二正の二つの仕事をしなければならない。一つの反面の仕事とは、以前の帝国主義列強が中国で為した一切の事情を打ち消すこと、例えば租界の回収、関税自主、治外法権の取消などはみな為すべき仕事である。中国人民がこれらに極めて憤慨を感じているのは、自然なことである。私はこれらのことの重要性を承認し、かつまた中国人の要求が正義に合ったものであることを承認する。しかし同時に中国人が中国問題の二つの正面からの仕事を認め、解決できることを希望している。

（一）、中国は世界各国と通常の国際的な往来を維持するための行政機関を作るべきである。国際的往来自体は悪いことではない。それは近世以来免れることのできないもので、また極めて有益なことである。中国がその機関を持たなければ、少なからぬ価値を失うことになろう。（二）、中国人はすでに失った国権を回収する方法を研究するだけでなく、また能く、如何に中国の精神的、経済的な生活をして、世界各国の生活と協力した勢力を成し、それで本書の後半分が説くところの国際協力制度を建設するための予備とすることが出来れば、私は中国がその独立自主の大国の地位に達する時期を早めることが出来るだろうと思う。普通の事実の観察に照らせば、個人が社会の福利に貢献することが愈々多ければ、社会もまた愈々そのサービスを嘉して許し、それに得るべき地位を与えるものである。国家も同じで、ある国家が人類の福利に貢献が大きければ、世界各国もまたそれに対し得るべき平等と光栄の地位を与えるものである。

具体的に述べれば、中国の事務はこの後、その他の各国の事務と互いに接し、犬歯交錯するように一日一日と密になるだろう。中国人民はまさに何とかしてこの日々密になりつつある国際関係をして全世界に利が有るように為すべきである。独りだけ利を得ようという思想、自大自尊の傾向については、みなこれを一概に棄て去って取らない、こうするのが、私の見るところでは、まさに中国が世界と繁栄と平和の正しい道を同じくするものである。

ナショナリズムは西洋で流行しているものだということを知っている中国の読者は恐らく私に反駁して、私はすでに西洋人に拒絶せられた忠告を持ち出して来て中国人に勧めている、と言うかも知れない。そのように私に反駁するのは確かに事実の根拠があることで、これは不幸な事実であり、また西洋人の恥ずべき事実である。しかし同時に私は、中国人民が現在西洋では国際主義に賛成する意見がしだいに発展してきていること、また更に近世の生活の中の根本的ないろいろな事実もまた次第に国際化に趨いていることを能く理解されるようにと希望している。私はどうであれ、中国が西洋の狂熱のナショナリズムの罪悪を模倣する権利を放棄して、勇んで前に進み、国際的な眼前の人生観を採るのが最も良いと思っている。そうすれば中国はずっと益を受けるだけで決して害を受けることはないであろう（一九二八年五月、コロンビア大にて）。

ヘイズはこの本の中で、ナショナリズムの七つの弊害を挙げている。(一)、排外的な偏狭な精神、(二)、国民的一致を求め地方色を失わせる、(三)、民衆を一層従順にする――ネーション Nation の自由のために同胞の自由を犠牲にし、別の族の自由を剝奪する、(四)、民衆の心を戦争と軍備に集中させ、社会の改造と恒久の平和に力を費やそうとせず、教育や経済を軽視する。そしてこの四つの弊害から、さらに(五)、民族的自大（尊大ぶり）、(六)、帝国主義、(七)、排外主義、に発展して行く、とした。ヘイズは訳書序文で当時高まりつつある中国ナショナリズムについて、それは西洋のものと同じものなのか、閉関自守の態度の新しい変象なのか、それとも中国人の現代の世界潮流に対する自然な反動 reaction なのだろうか？　と云う。

このヘイズの見解について、蔣廷黻の「訳者紹介詞」は次のように述べる。まず、「族国主義 nationalism」とは「凡そ人民で文を同じくし、史を同じくし、化を同じくせる者は民族と言うことができる。民族を以て国を成すものを族国 nation と言う。族国 nation は対内対外において至高無上の主権を有し、また人民の至高無上の忠愛を享受すべきだと考える。これが族国主義 nationalism である」、と規定して、導入紹介する――ヘイズは民族を、「同じかあるいは近い言語を話し、共同の歴史伝統を尊び、独自の他と別を劃した文化社会を構成している、あるいは主観的に構成していると考えている人々」である（同訳書八頁）と規定している――。そして、中国人は族国主義を採るべきか、帝国主義を採るべきか、国際主義をか、大同主義か、……各主義の長所を採って短所を棄てるべきか、……ある主義が絶対有理で、その他の主義は絶対無理なのか、こうしたことに関心を持ったから、ヘイズのこの書を訳した。ヘイズは族国主義に対して態度は冷淡で、批判的、延《ひ》いては反対だが、彼は、族国主義の勢力はすでに大きくなり過ぎ、骨髄に入ってしまっている、これを廃して大同主義を崇めるのは、既に倒れかけている荒浪を元に戻すに等しい、不可能なことだ。事既にかくなった以上、出来ることはその偏りと激しさを糾すこと、そして国際主義を謀ることだ、というのである。私の態度はヘイズと大体同じだが全く同じではない。私は族国主義 nationalism の欠点をよく知っているが、私は中国人の政治精神病（国家観念が大変淡く、民族的求心力に大きな差があるなど――〔筆者〕）は、ただ族国主義 nationalism の精神薬のみが能く医治しうるのだと確かに考えている。同時に私はヘイズ教授の勧告を受け入れたいと思う。……中国は国の主権と土地の完整を図るべきだが、国際主義に反する政治経済政策、あるいは教育政策を行うべきではない。中国がもし自強しようと欲するならば、必ず国際的な同情と協助を持つことが必須である。これは反国際主義的な政策では得ようとして出来ないことである。国際主義で、平等互恵で充分発展する能力を厚くするには民族の心智の啓蒙が必要だが……「もし中国が速やかに族国主義 nationalism の洗礼を受けないと、中国は国際主義の進歩に貢献できないし、中国自身がバルカン半島の二の舞になり、反って列強の軍国主義、帝国主義が武力を用いる地になる。我々はどのようにして族国主義 nationalism の利を収めてその弊害を免れることが出来るか、どのように世界平和を促進し国際友誼を促進し、国際主義の虚浮と幻想を免れることが出来るか、これは注意して研究するに値する」と述べる。そして、ヘイズは頭脳冷静、血は紅く心は熱い歴史家である。時を違えた異国の精神は明らかにし難いが、ヘイズは近百年の政治精神と心理を分析して描き出している。例えば大戦に加わった戦争目的だけでなく、各交戦国の全体の人民――政治家、軍人、普通の兵士、新聞記者……党派、宗教階級――が戦争に抱いた信仰およびこの信仰が啓発した狂熱を私たちに知らしめている。人は霊を持った動物なのだから、史を読む者がこの面を無視したなら、史の真義を得ることは出来ないのである」と紹介した（同書、二一‐三頁、傍点は筆者）。

私は、この最後の文章に蔣廷黻が「新しい歴史学」の歴史観の影響を受けている顕著な表われが見えていると思う。「環境」に影響される個人の行動も、人間集団の行動も、「思想」だけでなく、「心理」も含めて考えるべきだという この姿勢はその後も一貫するのである。だから唯物論派とは合わないだろう――唯物論派は人間を自由意志的に見ず、被拘束性で捉えるから、個々の外交官の成功失敗の役割が大きい外交史は書けないであろう――。

究極的結論（理想）としての国際主義が民族主義 nationalism を手段としなければならないという両者の「内在的な緊張関係」、彼はこの問題を抱えて帰国したのだが、すぐにそれに直面しなければならなかった。民族主義の提唱が国際主義の形成を妨げる阻害要因になっている事態である。彼は学問、外交史研究の成果でもって人々の排外感情を抑え、国際協調、経済協力を主張することになる。一九二八年に『族国主義論叢』を完成した翌年、「評〈清史稿邦交志〉」を書き、『近代中国外交史資料輯要』上巻（一九三一）を出版しながら、「琦善与鴉片戦争」、「李鴻章――三十年後的評論」（一九三一）を書いたのである。

かれはその外交史研究のその後の北京での継続を、外交档案の整理という地道な作業から始めていた。一九二四年に馮玉祥の北京政変でラスト・エンペラー溥儀が紫禁城から追放された後――これは背後にソ連がいたというが――、紫禁城は故宮（かつての宮城）になり、故宮博物院として、残されていた清朝時代の文書資料を整理し始めていたが、彼は週に数日故宮に通い、六、七時間軍機処档案を筆写し、瑠璃廠の古物市場に出た古紙档案や権臣家家蔵の文件を購入し、*これらを校訂して、『近代中国外交史資料輯要』中巻（一九三四年）を刊行し、そしてこれらの外交史料を使った外交史研究の「開拓者」として優れた業績を挙げた。この時期がかれの研究生活の最も充実した時期で、この画期的な仕事はかれの名声を高めた。

＊清末の権臣の没落した子孫たちは、家蔵の書信などの文献を屑紙として麻袋に入れ重さ単位で売りに出した（瑠璃廠の古紙市場）。蔣はこれを買ってきて子供が菓子袋を開けるように嬉々として袋の中を調べ、価値のあるものは学生に表紙を付けさせ、分類番号を付けて函に入れて研究用にしたという。

『中国近代史』は一九三八年の出版で、上記の外交史資料研究がよく生かされた作品であるが、その内容に触れる前に彼の歴史研究の特色を再確認しておきたい。

彼の歴史研究の原型はコロンビア時代に形成された。彼の博士論文はジディングス、シェファード、ヘイズに謝辞を述べていて、学問的回顧はこの三人に捧げられている。ジディングスは一九二二年ワシントン会議の時に発表した「世界の趨勢と中国」で啓発を与えた。その内容は、世界趨勢は、世界の一体化、資本の集中、デモクラシーの三つである。中国は新たに形成せられたワシントン体制、積極的な国際主義の新時代に加わるよう述べたものだった。シェファードの「欧州発展史」は、十六世紀以来のヨーロッパの世界的拡張と発展の持続が、他世界との文化的互動を引き起こしたのだという、帝国主義という語彙や倫理的善悪を問わない「国際主義」を唱えていた。蔣はこれに被植民地者として不安を感じていたが、「現実」として受け取った。この現実とどう折り合いをつけるか、原則理念にあくまで固持するか、それとも実際的態度を選択するかだが、彼は後者を選択する。帝国主義に感情的に深く恨みを持つのではなしに、拓殖事業も被植民者の水準を高め、非効率で散漫なその習性を高める、この側面――マルクスのインド論の一面――を認める。だから、帝国主義打倒ばかり叫んで自らを高めようとしない人々を「自戕（自害する）」「怯懦（意気地なし）」と見なした。現実的で国際主義（世界の一体化）を排除しない。「他の国人のように帝国主義を仇恨みすることが出来なかった」（『回憶録』七八頁）。これが彼のその後の基本姿勢になった。

ナショナリズム研究で有名だったヘイズは、前述のように、その害毒に対する批判を展開し、国際的な平和と協力、経済的互恵を力説していた。この論は、第一次大戦前の極端なナショナリズム（汎スラブ・汎ゲルマン主義等）への反省から、世界的平和運動の中で国際的な組織によって戦争を防止すべきだというウィルソン、デューイ、エンジェルらの提唱と併行したものだった。しかし、蔣はヘイズの理論は中国に適用できないとし、シェファードよりも急進的なこのヘイズの国際主義、ナショナリズム批判になお保留の態度を取った。中国は郷土観念と氏族観念のために弱くなった。国家観念の希薄さ、公忠よりも私忠が優位な現実がある。だからナショナリズムの「医薬」の効用はある、質の良いナショナリズムは民族国家を作るにも、半専制・半民主国を民主国にするにも必要だと考えた。しかし極端なナショナリズムへの危惧はヘイズと共有した。中国は熱狂的な救国主義と文化的偏狭さを脱すべきだ、他と比較しながら自己認識を深めるべきだ――自大（尊大ぶる）意識が強く今もって自己反省しない民族だといわれるが――と考えたのである。

ナショナリズムが蔣の思想の中核を占めている。辛亥前から第一次大戦中にかけての世界思潮、青年トルコ、青年イタリア、青年中国（ヤング・チャイナ）という素朴な救国意識から、帝国主義、植民地主義への認識を通じた近代ナショナリズムへと至ったのは、コロンビア大学でのホブスンとシェフィールドのおかげだった。ヨーロッパ世界の拡大、植民地化は否定しようのない趨勢であるが、植民地支配という倫理問題をどう考えるかがカギだった。ホブスンの『帝国主義論』に啓発され、植民地化はつまりは「組織的な力」の問題なのだ。勢力が均衡であれば植民地化は無くなる。その力を中国が持とうとすれば、現在の非効率的で散漫な習性を根絶し、新たな生活様式を建てるべきで、恨みを持って反帝を叫んでいるだけで駄目だ。それは「自戕」「怯懦」である。自己改良が必要なのだ。そうしたら平等な互恵関係に持っていくことが出来る。帝国主義は謝る必要はない（『回憶録』七九頁）、という考えで、咎を他人に帰すのではなく、これを己に求めよ、という考えで植民地主義、帝国主義を考えた。だから少し複雑である。中外関係においては、また国内向けにもナショナリズムは必要だ。しかし対外関係では国際主義を主張、列強の姿勢の抑制とともに、中国は反国際主義的な政策を取るべきではない。中国の自強には国際的な協助が必要なのだ。言いかえれば、ナショナリズムに立脚した国際主義で、双方をどうバランスを取るか、この難しい内面的緊張を抱えることになった。そして国際主義の方にウェイトを置いた立場を採った。こうした傾向は、自由主義においても同じで、十九世紀的な個人の自由を無条件に支持するよりも、国家の優位とのバランスを考える。そういう「選択性」が彼の思想には常にある（林文仁、一九九九）。

この第一次大戦後の世界の一体化と国際的平和主義（E・H・カー『危機の二十年』を参照されたい）の趨勢と、帝国主義ヨーロッパの拡張、東欧・アジア（ケマルのトルコ、五・四の中国、三・一の朝鮮）におけるナショナリズム（民族主義）の勃興、この三者の網の目の問題を、博士論文のイギリス労働党の研究、『労働党と帝国――一八八〇年以後のイギリス帝国主義に対する労働党国会議員を主とした労働党の反応の研究』で論じ、労働党がナショナリズム、帝国主義、国際主義の三つの理論的、実際的な緊張関係をどのように調停したのか、帝国の支配観念を捨てて協力を主張するようになった過程を国際主義の側から追求したものだった。イギリスを対象にしているが、中国を関心対象にし、中国にも国際主義の眼を開かせる心使いをしたものだといって良いらしい（コロンビア大出版、一九二三、二一九頁）。しかし中国はイギリスが持っていた諸条件（関税保護権、民族工業の発展）を欠いているがゆえに、国際主義の実行に不利だと憂慮した。このように、国際主義と民族主義の絡み合いを抱え、しかし現実的態度と内在的緊張を抱えて、彼は帰国し、この問題を自らの研究に投入することになったのだった。

蔣は近代外交史の「開山の人」になるが、この研究領域は外国人ではコルディエ『中国と西洋列強との関係の歴史』三巻と、H・B・モース『中華帝国国際関係史』があった。だが、一九二〇年代の中国には劉彦（日本留学生）

の『中国近時外交史』などがあったにはあったが、抄訳の寄せ集めに過ぎなかった。これを一次史料を基に科学的に組み立てる作業は、歴史学、哲学、社会学を欧米で学んできた留学生たちによって為されなければならなかった。この仕事が蔣廷黻の仕事になった。ヴェルサイユ、ワシントン両会議を経験して、現実に強い関心を抱いていた蔣は、在米中から中国外交に関心を抱き、モースの研究を高く評価しつつも、清朝官員の考えが描けていない、中国史料を十分使っていないと感じて、中国側史料を整理する必要を感じていた。これを刺戟したのが、*Documentary History of Diplomacy* を編纂しコロンビア大学で「国際公法」を講じていたJ・パセット・ムーアだった。

その南開大時代からの清朝時代の史料蒐集作業が『近代中国外交史資料輯要』上中巻に結実したのだが、彼の外交史研究は方法と観点において従来のレベルを突破したもので、今なお古くならない（最近再刊されている）。史料を以て史実を論じ、通史形態で書く特色を持っている。これを基礎にして書いた代表的論文が「琦善与鴉片戦争」（『清華学報』第六巻三期、一九三一年一一月）である。陳舜臣氏の『実録アヘン戦争』は民族主義的だが、それとはかなり違う論文である。道光二十（一八四〇）年七月から二十一年二月までの琦善が清廷に対しておこなった建議（上奏文）を分析し、史料に基づいて実事求是し、イギリス船に乗った琦善は中外の強弱と対応の利害の軽重を勘案した見識を示したのであって——「黒船」に驚いた日本人の経験に近かったようだ——、何もイギリスのことを知らなかった当時の人よりも上にいた、と、民族主義によって神話化されて「漢奸」「売国奴」とされていた評価をひっくり返したのである。一九三〇年に蔣廷黻は毎週少なくとも一、二日、清華の宿舎から故宮の大高殿に出かけて行って、六、七時間、軍機処档案を見て、両手を埃で汚し、汗をかきながら見たという。この論文で、外交の要は「理」と「勢」だが、理は双方にある。時と勢を良く知り、己を知り相手を知ることが重要だが、琦善は「半知半解」だったけれども、この点が分かっていた。だから「和」を主張した。しかし当時の人は、イギリスから賄賂を貰ったと非難した。一方、剿夷派の林則徐については、「林則徐は全く運がいい」「林の去留はイギリスと関係が無かった、実は林が罷免されたのは彼の終身の大幸であるが、しかし中国にとっては大不幸だった。彼が去らなければ必ず戦った。戦えば必ず負け、必ず負けたら彼の名声もあるいは葉名琛と同じくなった。しかし林が敗れたなら、中国は速やかに和することが出来た。速く和したならば、損失は少なくすることができ、中国の維新もあるいは二十年早く出すことができた。鴉片戦争以後、中国は全く革新運動が無かった。その主要な原因は当時の人が敗北の理由に明らかでなかったからだ。林は能く戦えると自ら信じたが、当時の人も其れ（林）が能く戦えると信じ、そうして軍事を責任を負って処置する機会を無くしたのだから、当時の国人が敗北を認めないのはどうして怪しいことがあろう」（「琦善与鴉片戦争」、岳麓版『中国近代史』一一五頁所収）という見解を示した。史料の上に立った立論、高度な歴史的認識を示した論文だった。その前に、五・三〇運動、北伐の「革命外交」があり、論文発表の一九三一年一〇月は九・一八満洲事変の最中だった。だから、この文章はこうした現実を連想させるものになった。それで人々から、蔣は「外国人」のおこぼれをもらっているからだ（留学や米義和団賠償金を供与されていた清華を指すのだろう）という非難を浴びた。琦善とは反対の林則徐への評価も民族派から非難を浴びた。しかし一次史料に基づいた学問的分析は中国外交史の学術的地位を高めた——この琦善と林則徐の評価についての学問研究は、我国でもまだ克服されてないようである——。

かれはその他、後述する「李鴻章——三十年後的評論」（一九三一年一二月）を書き、中露関係、中日関係、東北問題についても研究を発表した。これらに加えて、「近代化」の問題を正面に出して書いたのが『中国近代史』である。

彼はこうした軍機処档案や外交史料、外国史料の一次史料にしっかりと基礎を置いた「権威ある近代史」を書こうと考えていたが、それには十年かかると思っていた。しかし、後述するように、時勢が彼を政治に向かわせ、完成作を書く時間を失わせた。だから後年かれは『中国近代史』を「大綱」「初歩的報告」であると呼んだのだが、該書は彼のそれまでの研究の結晶で、一貫して「民族復興の道」を尋ねたもので、学術性を持ちながらも、理を説いた史論が多いのが特徴になっている。

彼の外交史研究はこのように、ナショナリズムの感情、大衆的心情のレベルから解放されて、「科学」的な事実観察にもとづく論理的分析になった。「外交史研究は外交をやることでもなければ、宣伝を行うことでもない。歴史を研究することであり、学問を求めることである」という精神に支えられていた。「一次史料」を発掘、捜集、分析し、中外双方を顧み、時代背景や変化を視野に入れた、観察分析である。コロンビアの「新史学」の息吹を吹き込んだこと、胡適の「国故整理」と並んで、近代外交史を科学的な歴史研究に高めたことがその功績である。

しかし、もしこうした学術的旗手が客観的な史実解釈を実践して見せなかったならば、研究観念の革新——旧式の「史書を治める」学問、宣伝流の著作から、「史を治める」学問へ、従来の「虚憍（うつろなおごり）」の史論を脱した「科学化」へは進めなかった。南開時代の資料捜集、故宮の档案、文献収集整理、そしてその実際の運用をやって見せた開拓者である。そして彼は、日清戦争以前の外交史は中国史料を重視すべきで、日清後は中国の外交主導権が失われたから、列国の外交史料が重要になる、時代が下るほど外国の中国外交についての史料が多く出る、との見通しを述べている。

蔣廷黻の歴史学のもう一つの特色はロビンソンの「新史学」の影響であるといって良い。史学は文化の沿革（政治制度の改革を含む）の学問であるから、それを捉えるには社会科学が欠かせない。相関社会科学といって良い。社会科学と歴史研究の結合の典型がシェファードやヘイズだったが、何炳棣も蔣廷黻主任の下の清華大学の歴史教育の特色は、考証と綜合を共に重んじた、特に綜合を重んじたところにあった。治史には基本的な社会科学が要る。経済学、社会学、近代政治制度、あるいは社会心理学であった、と語っている（林文仁、一九九九）。これが『中国近代史』の中の、国民性論、士大夫論への発言や、中国外交史では「義和団の心理を知らねばならない」という発言に繋がっている。彼の歴史学の幅の広さ、豊かさの要素になっている。*

*この動きは清華大学だけでなく北京大でもそうだったらしい。一九二〇年（大正九年）、北京大学歴史系の主任だった朱希祖は

ランプレヒトの『近代歴史学』を読んで、近代の歴史学は社会心理学の学問だ、歴史の原動力は「全体社会」で、歴史研究は「社会心」に基づくべきだ、という歴史論を知り、「我が国の史学界は実に陳腐極まっている、一度破壊しなければ断じて建設できない」と考え、社会科学を基礎科学として履修させ、特に社会心理学を重視した課程に改編し、アメリカ帰りの何炳松（一八九〇－一九四六）に「歴史研究法」を講じさせた。何はロビンソンの *The New History* をテキストに講義し、一九二一年にその中訳本を出版した。何は浙江省金華人で、一九一二年に公費アメリカ留学資格を得、ウィスコンシン大、プリンストン大学で「新史学」を学び、帰国、中国での「新史学」の紹介者、史学史研究者になった（魯濱孫（ロビンソン）・何炳松訳『新史学』上海古藉出版、二〇一二、参照）。ランプレヒトの影響は留学中の東京高商の三浦新七を通じて我国にも影響があったが（上原専禄ら東京商大）、なぜか、アメリカの「新史学」は我国では中国ほど影響は強くなかったようである。それ程に帝大系のランケ史学と実証主義が根強かったということだろうか。

蔣廷黻は胡適の要請で北京大学でも中国国際関係史を教えていたが、彼が政界に転じる前に歴史系主任をしていた頃の清華大学は、著名な哲学者・馮友蘭が文学院長だったが、その歴史系のスタッフは次のような陣営だった（一九三五年）。

○雷伯倫（海宗）——中国通史、古代史
○張蔭麟（哲学系共通）——宋　史
○呉晗　——明　史
○蔣廷黻——近代史・外交史
○王信忠——日本史
○陳寅恪——隋唐史
○姚従吾・邵循正——元　史
○蕭一山（北京大兼任）——清　史
○劉寿民・張貴永——西洋史
○ミハイル・ガパーノヴィッチ（Michael Gapanovitch）——ロシア史

これは錚々たる陣容である。これほどの学者を揃えた歴史学部は中国では今もってないだろう。そして中国史・外国史兼修で、日本史とロシア史を重視した。呉晗は、人民共和国成立後に、「海瑞免官」を書いて、毛沢東の逆鱗に触れ、文化大革命を誘発した「三家村」グループの歴史学者として有名だが、代表作『朱元璋伝』を書くことになる明代史の優秀な学者である。陳寅恪は、戊戌変法時の湖南巡撫・陳宝箴の孫で、西洋に留学しラテン語をはじめ多くの外国語を解した碩学・大学者（隋唐史）。のち人民共和国成立後に歴史研究所第二所所長への就任を要請されたが、毛沢東に「学問の自由」の保障条件をつけ、就任しなかった有名な逸話を持つ（第三所が近代史で、このときに范文瀾が初代所長になる）。* 蕭一山は若くして大著『清代通史』を書いて有名になった学者。のちに台湾に行き活動した。ミハイル・ガパーノヴィッチは北京生れのロシア人女性で、中国名は葛邦福、輔仁大学卒、のちオーストラリア国立大教授になる。

＊范文瀾・中共の系譜を引くのが中国社会科学院近代史研究所で、台湾にある中央研究院近代史研究所は初代所長が郭廷以で、郭氏は蔣廷黻主任時代に清華大学で教師（助手と講師の間）をしていた。郭氏の『史事日誌』など、資料整理の基本的な仕事はこの時期の研究方向を継続したものである。同研究所に档案館が付置されているのも蔣廷黻以来の一次史料依拠の研究方針に因るものであろう。

蔣廷黻が指導教官をつとめた教え子が、王信忠（『中日甲午戦争之外交背景』の著者、一九三四年の研究院卒業論文、のち東京帝大に二年留学、日本史料を加え三七年に北平清華大学研究院畢業論文叢刊として刊行、六四年台湾文海出版再刊、帰国後に清華大学講師、のち教授）と、邵循正（一九三三年の清華大研究院卒業論文が『中法越南関係始末』、同じく研究院畢業論文叢刊として刊行、のちパリ留学、その後、清華、昆明西南連合、清華、北京大学の教授を務め、一九五、六〇年代に北京大学で張寄謙・王暁秋ら多くの研究者を育成した。著名なモンゴル史、元史、近代史学者）、『広東十三行』の著者・梁嘉彬などである。前二者は秀逸な学者で、上記のように清華大学歴史系のスタッフになっている。邵循正の『中法越南関係始末』は近年「二十世紀中国史学名著」（河北教育出版社）の中に入れられた秀れた作品である。邵循正の弟子が丁名楠（義和団を世界史的に見ようとした初代義和団研究会会長、社会科学院近代史研究所研究員）である。一九三二年にはフェアバンクが留学して来て蔣廷黻の学生になった――彼の「西洋の衝撃」論は、「琦善与鴉片戦争」に学んだものだという（余英時）。

一九四四年冬、北平。隋唐史研究で有名な碩学・陳寅恪燕京大学教授の研究院生だった石泉（のち武漢大学教授）は、王信忠の研究に刺戟を受け、陳寅恪の指導の下に日清戦争時の内政について研究を始め、四八年の研究院卒業論文に『中日甲午戦争前後之中国政局』を書いた（後年発見され、『甲午戦争前後之晩清政局』として一九九七年に三聯書店から刊行）。これらの本は、今日でも参照できる歴史的な作品であるといって良く、一九四九年以前の民国期の歴史・近代史研究の高いレベルを示すものである。そしてその中心に、近代的な外交史研究の開拓者・蔣廷黻がいたことが良くわかる。清華大学歴史系の礎を築き、近代史研究の人材を育成したといっても過言ではない。

だが、『中国近代史』を書いた時、かれは清華大学の歴史学の教授ではなく、政界に身を置いていたのである。そのいきさつについて簡単に整理しておこう。

蔣廷黻は見てきたように現実政治に関心が強く、社会的公共的活動への志向も強かった。南開時代にも天津近郊や故郷湖南の農村社会、夏季集中講義で行った西北の農村、江南などを良く観察している。外国暮らしが長く中国の国情に疎いことを自覚し知ろうとしたのである。清華に来てからは、北京で胡適や丁文江らと交際して、時政を議論し合う友人グループを作り上げていた。ここに、一九三一年の九・一八（満洲事変）が起きた。これは中国に大きな衝撃を与えた。この日本の侵略、民族的危機にどう対応するか、世論は「内戦停止、一致抗日」を叫んだが、蔣介石は、「安内攘外」*と、中日二国間解決ではなく、満洲事変の国際化、国際連盟提訴を選択した。中国の国力が抗戦に耐えないと見たからである。

＊共産党は一九二七年の国共分裂後、モスクワ（コミンテルン）の指令で武装革命蜂起に転じ、革命根拠地・江西ソビエトを建設、土地革命を進めたが、それに対し蔣介石・国民政府は五度にわたる包囲戦を行なうことになる。国内の分裂勢力を平定し、

統一した国家を建設し、その後に、外国の侵略を排撃しようという戦略をいう。

こうして「国防」問題が緊急課題になった。抗日のための統一した国民国家体制を作り上げ、国防建設を推し進めなければならないが、それをどうするかという問題である。南京国民政府は、総力戦準備のために三二年初めに各界名士四百余人に「国難会議委員」を委嘱、救国大計のために洛陽で会議を開いた。政府が議題を限定したため多くが欠席したが、蔣廷黻は出て政府を支持した。政府はさらに国防建設委員会を設置、そして内陸部での国防建設を進める「五カ年計画」に進むのだが、民間でも時政について意見を発表して責任を果たすべきだという意見が出てきた。蔣廷黻の提案で、胡適、丁文江、呉景超らは北京で雑誌『独立評論』を発行し（一九三二年五月発刊）、知識人学者（欧米留学の博士が多かった）として時局、内政外交についての見解を書いた多くの文章を雑誌に発表することにした。この雑誌（編集長は胡適）は同人の資金醵出で始まったが、間もなく多くの読者を得て資金的に順調になり、世論に影響を与えるようになった。そして、一九三三年末からこの『独立評論』を舞台に、彼ら同人たちの間で、有名な「民主と独裁」論争が展開された。

民主と独裁論争　論争は、この危機の時代にあってあくまで「民主」を推し進めるべきか、それとも「専制・独裁」を択ぶかだったが、蔣廷黻の「革命と専制」（一九三三年一二月、『独立評論』八〇号）が引き金を引いたのである。この時期の彼の思想は、内政的には、新式独裁を通して弊政を革除し、南京を中心とする能率のいい統一的政権を打ち立て、近代化を進める。外交的には、国際連盟を助けつつ、中ソ関係を重心にした多元外交を進め、抗日は声高にせず、危機を引き延ばし、その間に内政建設を進め、日本に対抗し得るようにする、というものだった（張玉龍『蔣廷黻社会政治思想研究』九七頁）。

彼はこの論文で、辛亥革命後二十年の中国歴史を振り返り、そこに生まれたのは十分な実権と能力を持たぬ中央政府と各地の実力者たち（軍閥）だった（邦訳『中国近代史』第四章六節「軍閥割拠十五年」を参照）。中国には国家が存在しないことこそが問題なのだ。だから民族的な危機の今必要なのは、各地方の「数十人の専制」（多くの軍閥の専制）を克服して、「一個の大専制」・独裁を実現し、二等軍閥を打倒して中国の統一をもたらすことなのだ。他のいかなるやり方よりも、個人専制で中国を統一するほうが可能性がある。「中国人は私忠が公忠よりも強く」、個人を中心とすることによって容易に大武力を生み出すことができるからだ、と言う。分裂した後進国家が統一ある民族国家 National state を実現する過渡期、あるいはかかる国家存亡の時には、強力な専制体制、つまり国民党（蒋介石）の「独裁」も止むを得ないとする意見だった。*

*蒋廷黻は、九・一八満洲事変はなぜ九・一八に起きたか、と問い、極東における国際勢力の均衡がなかったこと、日本人は中央政府が江西ソビエトと西南の反蒋介石運動に制せられて、絶対抵抗できないと踏んだからだ、と指摘し、民国外交は内戦の掣肘を受けて機能しなかった、近年の「革命」は動機は純粋だが、みな国権国土の喪失に帰した、これは内乱であって革命ではない、という。しかし他国にも内乱革命はあったが、として、世界史を回顧する。イギリスは十五世紀のバラ戦争の内乱を経て、チューダー王朝の百年の専制を生んだ。これでイギリスは民族国家 national state になった。だからその後の政治的衝突は「革命」になったのだ。フランスは十六世紀は内乱だった。アンリ四世がこれを収拾してブルボン王朝二百年の専制の基礎を作り、ルイの専制を経て民族国家になった。ブルボンの専制が「不可分のフランス」を作ったのだ。専制があったから革命は割拠を引き起こさなかった。ロシアも同じだ。内乱のあと、ロマノフの三百年の専制があって、ロシアの革命がある。ロマノフ専制は、朝代王朝ではなく、民族国家を革命家に残し、新政権の中心を担う知識階級を育てた。白軍のコルチャックでさえシベリア割拠の勧めを、ロシアの歴史に反すると拒否したし、白軍を支援する外国を無力ならしめるほどに専制は物質文明を高めたのである。中国の現状は、これらの専制、統一以前の状態だ。内乱のみで本当の革命はない。中国は数千年の専制を経たが中国専制君主たちは彼らの職責を果たさなかった。満清（満洲人の清朝）が民国に残した遺産は革命の基礎にならな

かった。①その国家は「朝代国家」で、「民族国家」ではなかった。②人々の忠誠は個人、家庭、地方へのもので、「国家」へのものではなかった。③新政権を担う階級も作らなかった。その結果、皇室が倒れると、国家は「一盤散沙（盤の上に撒かれたばらばらの砂）」になってしまった。専制下での物質文明の遅れで、外国に対抗できなかった。いま、「革命」が建国の大障害になっている。統一、建国の力を培養せねばならない。国家が存在するか存在しないかが問題で、どのような国家という問題ではない、と主張したのである。

彼や丁文江などのこうした意見に対して、胡適のみが、強権だけでは駄目で、国民の同意（自由主義と代表制度、軍閥の妥協）が不可欠だ、迂遠かもしれないが国民の政治参加、「民主」を進めることこそが、強固な国家統合に繋がる、との主張をしつづけた。

胡適は「建国と専制」（八一号、一二月一一日）で、「蔣廷黻の結論は、各国の政治史の部分は二段階に分かれる。第一歩は建国、第二歩になってようやく国を用いて幸福を図ることになる。我らは第一歩の仕事をしていないから、第二歩を語れない。我らは革命の能力と革命の資格がない、大意はこれに過ぎない。彼の歴史引証を読むと三つの問題を考えない訳にはいかない。（1）、専制は建国の必要段階なのか。（2）、中国は数千年の専制を経ても、何故まだ建国の歴史的使命を果たせず、まだ一国の民族国家を造れないのか。（3）、中国の旧式専制が建国の職責を果たせなかったなら、我らの今後の建国は新式の専制を経なければならないのだろうか、ということだ。（1）については私は蔣と根本的に違う。蔣が挙げた英仏露の例は三国の建国史に過ぎず、「専制」だけを原因あるいは条件だと一般化するべきではない。イギリス史を見ても、開明専制もあるが、新文化、政治経済の成長などが重要な要因になっている。蔣の本意は「統一政権」が建国の必要条件だというので、それを「専制」という名詞で括るから、無限の独裁政治を連想させるのだ。統一政権は必ずしも独裁政治ではない。「専制」よりも「政権統一」が建国の条件だと言った方が良く、統一はロマノフのような独裁である必然性はない。（2）、中国数千年の専制はなぜ民族国家を造らなかったのかについても違う。広義には中国は早くに形成された民族国家だ。近代国家の堅固さ統一性はないが、民族的自覚、言語文字、文化政治制度の統一は民族国家にし得る。歴史上民族の自覚が生まれており、今日の建国の資本はこれで、二千年の遺産である。「漢人」というのは漢朝四百年の民族的自覚心の結果で、「唐」朝三百年が南方人をして「唐人」と自称させている。漢唐が一つの中国民族という観念を造った。宋明の遺民への同情心の種子は漢唐代にある。蔣の指摘する欠点、①公忠なし。これは旧日の国家の問題で、原因は人民の教育の無さと、一半は国家が人民に恩恵を与えなかったからだ。②専制は新階級を残さなかった。欧州は封建社会から出て、権力が順に旧支配階級から中等社会のリーダーへ、そして広大な民衆へと移った。中国は早くから封建が崩れてしまったから、二千年来一つの支配階級というものはない。科挙によって「士」族も固定化されなかった。均分相続だから世家大家族も何代も衰えずにいることは無い。社会構造の「平民化」の結果だ。中国には元々「新政権の中枢になる階級」が無いから、建国は欧米日本よりも困難だ。だがこれは政権中心の問題で、民族国家の問題ではない。③専制下で物質文明が後れた。これは我々の知識不足、人材不足、旧式の民族的自大心（尊大ぶる心）の抵抗に由るのだ。［結論］（1）、建国には統一政権が必要だが、それは必ずしも独裁専制でなければならないのではない。（2）、「建国」を語るとき、中国は両漢以来すでに民族国家と言えるのだから、中国のこの民族国家を現代世界にしっかと立たせることだ。

そして、「再論建国と専制」（八二号）で、残された（3）「新しい専制」を経なければならないか、を論じ、これは新しい問題ではない、かつて『新民叢報』と『民報』との論争で出てきた「開明専制」の再演である、という。新式専制と言っているのは梁啓超の「開明専制」――人民の発展を目的とする専制（筧克彦）――で、これは「訓政」に近い。二十年前に「開明専制」は立憲政治への過渡として双方の共通認識だった。違いは「最初の手段」だ。梁は「開明専制」を通じて立憲を考え、種族革命と政治革命を避けることが出来るとしたが、革命派は当時の清朝政府に開明専制を行う資格はないと考え、先に革命をやらねばならないと考えたのだ。そして二十年、種族革命も、政治革命も、訓政も過ぎた。当時革命に反対し開明専制を主張した人はもう開明専制を言わず、いま新式専制を言う人は嘗て革命を実行したあるいは賛成した人達だ。この変化は時代の変化の結果である。少なくとも二十年の空名の共和を見て、民主憲政に望みがないと思って、開明専制に望みを見出している。これらの人はソ連の一階級独裁、イタリアの一党専政を羨んでいる。現在の専制には三方式ある。（1）は領袖の独裁、（2）は党の専政、（3）は一階級の専政である。その間に混合方式があり、国民党の民主集権は第二方式、藍衣社は領袖独裁、共産党は一階級専政——だが専政者はその階級の中の組織ある一党である——だ。私はこの種の専制に反対である。理由は以下、（一）今日の中国には専制が出来る有能な人（党、階級）はない。専制・訓政には天才ナポレオンのような特別高明な天才と知識が要る。レーニン、スターリンも学問ある人才だ。ロシア共産党の成功は百余年の欧州文明の教育訓練から生まれたものだ。この四億の「阿斗」を領導して新国家を建設するのは些細なことではない。いま資格ある諸葛亮を見出すことは出来ない。新式専制を夢想するのは五代の後唐の明宗が毎夜香を焚いて、早く聖人を生んで中国を安んじてもらいたいと天に告げたのと同じようなものだ。（二）私は中国は今、どんな問題でも全国人の感情と理性に呼びかけて全国をある領袖、党、階級の指導の下に立たせる新式専制の局面が作れるとは信じない。最近の国難、国恥、救国問題ですら全国を団結できず、分裂した国家だった教訓を見よ。まさか一個の蔣介石、或いは別の蔣介石を担ぎ出して全国大結合の中心にすると妄想しているのではあるまい。近年ある人は「共同信仰」の必要性を言うが、どんな「魔術」「幻術」もこの世故に長けた民族の中では効かないのだ。（三）私は大変狂妄な偏見を持っている。民主憲政は幼稚な政治制度で、政治的経験のない民族を訓練するのに最も適したものだということだ。民主政治は常識の政治で、開明専制は特別な英傑の政治である。英傑は得られないが常識は比較的訓練できる。人材の無い我らが国家に最も良い政治訓練は、次第に政権を広げていくことが出来る民主憲政である。民主憲政は最も幼稚な政治学校で、我々のような幼稚な阿斗を収容するのに最も適しているのだ。我らがこうして三、五十年民主憲政を経たなら、将来、一種の開明専制を実行する機会があるかもしれない。この偏見は戯言のようだが、実は慎重に考慮した結果である。

これに蔣廷黻が「専制を論じて胡適之先生に答える」（八三号）で次のように反論し、二人の論争が起きてそれが更に拡大した。

割拠と内乱という失敗の原因は軍閥には無い。中国人の意識のあり方と物質状況にある。民衆が「保境安民」を渇望し士大夫も称賛している……（これが）心理的な基礎だ。これで「民族国家」といえるか。中国人の「（同省同郷の）境界縄張り根性の深さ」……割拠が日常飯になる。……結論的に云えば、軍閥割拠は環境の産物である。ではどのような環境が統一を促すか。第一、我々は統一政府を持たねばならない……治安を維持できる中央政府であることだ。このことに大きな衝突はない。論争を引き起こすのは「過渡の問題」である。適之先生は新式専制を経るべきでないと信じている。ビクトリア時代の自由主義と代表制度を実行できるしすべきだという。……事実上この制度は絶対できない。……軍人が軍権を解除したら、……国会は一個中隊の兵で解散だ。……私は唯一の過渡の方法は個人専制しかないと思う。第一は、中国の現状は数十人の専制だ。……統一を破壊しているのは二等軍閥、統一の問題は二等軍閥を取り消す問題である。……更に大きな武力だけが彼らを打倒できる。中国人の私忠は公忠よりも強いから、個人を中心と為せば比較的容易に大武力を生み出せる。……適之先生は（かつての）論争を引いて「開明専制は人を待って行う」もので、今の中国には人はいないと言う。いるかいないかは私も知らない。問題は統一できる人だ。しかし袁世凱・呉佩孚流の人物でもって、統一の目的を離れては、九仞の功を一簣に虧く。第三、二千年の専制にさらに専制を加えて済むかと言う。……（それは）環境が同じだったからだ。現在は外国が圧迫の外に科学と機械を我々に与えている。治安が維持されれば、この二つが中国を改造し新しい生命を与えるだろう。

統一された共通意識を持つネーション（国民、人間集団）を念頭においた「民族国家」（近代国民国家）を考えている蔣に対し、胡適は歴史文化的な一体性の感情のある国家を「民族国家」と呼んでいて、「民族国家」概念が胡適と蔣廷黻の間に若干の違いがあり少しずれているが、論点は明らかだ。立憲民主の「建国」＝近代国家の建設への「過渡の問題」として、危機の現状を打破するのに「個人的な専制」を容認するか否か、である。胡適は幼稚な政治制度＝民主立憲を繰り返し、学ぶべきだというスタンスを崩さなかった。現実的な即効性に重きを置くか、迂遠でも地道に教育啓蒙を勧めるしかないと考えるか、両者の資質の差異が良く出ている。これがこの後の彼らの処世を分けることになる。蔣廷黻の方が現実政治、学問の「経世致用」、学んで仕える姿勢にウェイトがかかっている。これに続いて呉景超が「革命与建国」（八四号）で蔣廷黻に賛成し、それに胡適が応答する。蔣介石・汪精衛も公開通電『感電』で論争に加わるなど影響は大きかった。この論争はさらに翌年の胡適「中国無独裁的必要与可能」（一三〇号）、「従民主与独裁的討論里求得一個共同政治信仰」（一四一号）等の「民主と独裁」論争へ続き、張弘（一〇四号）、丁文江「民主政治与独裁政治」「再論民治与独裁」（一三三、一三七号）、陶希聖「民主与独裁的争論」（一三六号）など多くの論者が加わって続いた。

蔣廷黻は、両者の違いは「軽重緩急の問題」、つまり「選択性」の問題だったという。確かに、信仰する目標は一致していたし、方法と順序の差異だったと言えよう。一方は高効率で強力な堅い自由主義、もう一方は分権的で協力的な柔らかい自由主義といえようか。しかし、蔣の見解の背後には、当時ドイツ、イタリアなどで台頭しつつあったファシズム体制やソ連の独裁体制が、戦間期と世界恐慌の「危機」を乗り越える一つの試みとして注目されたことと関連していたし、かれの見解は、容易に国民党の中の実力者としてその存在感を増していた蔣介石を領袖にして統一を、という連想を生む政治的性格を持っていた。

だから『独立評論』の蔣廷黻のこの見解が蔣介石の目に留まり、「大公報」社主呉鼎昌の仲介で一九三三年（廬山）と三四年初め（南昌）の二度介石の召見（意見聴取）を受けることになった。

学から政へ　当時、日本軍の熱河作戦で中国軍が簡単に瓦解敗北して、中国は日本の侵略に抵抗する気概がないのかと国際社会から失望をかっていた。事変は塘沽協定が結ばれ、一区切りつけられたが、中日間の戦争は不可避だろうという意見が多かった。一旦開戦になれば、東南沿岸は日本海軍に封鎖される。海上から外援を受けることは出来なくなる。内陸西北で国境を接するソ連と連繋すべきだ、抗日のために聯ソを、という声が出た。蔣介石南京政府は一九二七年の四・一二、国共分裂、二九年の中東鉄道事件——中ソ合弁だった中東鉄道＝旧東清鉄道を張学良が高まるナショナリズムを背景に回収に乗り出しソ連と軍事衝突になった事件——で対ソ断交をしていたが、満洲事変後に日本に対抗する必要から両国は一九三二年一二月に国交を回復していた。しかし双方の不信感は強く、冷たい関係だった。日本の脅威が大きくなるにつれて、中ソ両国はそれぞれの国家利益から関係改善を望むようになってきて、蔣介石も対ソ関係の転換を考え始めていた。それで蔣廷黻の召見になった。この年の夏、彼はソ連大使館の仲介で外交史研究（ドイツの *Die Grosse Politik* 公開に刺激され、ロシアのアルヒーフを研究し、ロンドンのパブリック・レコード・オフィスで研究する）のためにヨーロッパへ出かける予定だったが、出発前の一九三四年七月に蔣介石から廬山に呼び出され、彼からその際に、連ソ抗日の可能性を探り、ソ連情況視察をして来て欲しいとの要請を受けた。だからソ連に数か月滞在し、同年九月に「情勢報告」をした。蔣介石はこれを共産党囲剿作戦をしていた江西省南昌で受け取り、読んですぐに行政院・外交部を通じてモスクワに連絡させ、蔣介石の「私的代表」としてソ連当局と接触させた。ソ連は副外交人民委員ストモニアコフを出して会談させ、蔣廷黻は蔣介石の中ソ協力の意向を伝えた。ソ連側は蔣介石の統治する中国を認知すると言った（「学者蔣廷黻銜蔣介石命訪蘇記」杜華訳注、『伝記文学』六六巻三期）。これは一九三二年の国交回復後の中ソ関係史上の大きな出来事で、その後の関係改善に大きな役割を果たした。そして彼は蔣介石に電報で詳しくその報告をした。蔣介石は「甚だ嘉許を表す」と返電した。彼はその後、ドイツ（ナチスドイツ）などを視察し（『独立評論』に発表された「欧遊随筆」などを参照されたい）、翌三五年に帰国した。

そのヨーロッパ（ロンドン）で彼は講演をしている。それは、当時の中国の思想的崩壊を描写した後、あらゆる政治思想が雑然と集められて、マルクス主義、ファシズム、旧思想、自由主義などが一致を生み出せない様子を述べ、留学経験者の思想が中国の現実を考慮に入れることがない、と次のように述べていた。「われわれは人々から遊離して生きるという罪を犯しました。……我々は外国の本を読み、人々には関心のない事物に心を奪われています。……我々は教室の中や上海、北平の新聞に対しては雄弁に語ることができ（ます）。しかし、中国の村の群衆に我々を理解してもらうことが我々には出来ないのです。まして、農民の指導者として受け入れてもらうことなどまったく不可能です」。しかし「歴史は知識階級を中国人民の指導者としました。そして我々に退く意志はありません」（フェアバンク『中国回想録』一二八頁）。

この頃の、彼の知識人として現実の「歴史を作る方へ」歩み出そうとする心情と思想が読み取れる内容である。故郷の農村、国情に対する知識人としての責務のようなものを感じるのは私だけではないだろう。一九三一年にフェビアン派に近いR・H・トーニー（『宗教と資本主義の興隆』の著者）が国際連盟の教育顧問として中国にやって来て、調査をし、社会経済の問題について *Land and Labor in China* を書き、近代化のプログラムとして、南京政府の行政が有効に機能している長江デルタから始めることを提唱した。蒋はこれに賛同し、これを翻訳して『独立評論』に載せたり、各路要人に説いたりし、農民生活の改善、農村の土地改革の必要性を述べていた。

蔣介石は蔣廷黻のソ連報告に得るところ大きかった。蔣廷黻は一九三五年一一月に蔣介石に南京に呼び出された。南京への途中で彼は日中戦争になったらソ連は必ず出てくる、外交部ソ連科長なら、国家のために役に立てるし、一方で中ソ関係の一次資料が見ることが出来ると言っていたが（陳之邁、『伝記文学』七巻六期）、蔣介石との話し合いの最中に、蔣行政院長下の政務処長（院長の補佐機関として秘書長と政務処長が置かれ、後者は政策定立・調整を主とした。日本の内閣官房に相当）に就任するよう要請され、その場で受けて任命された。『独立評論』同人の翁文灝（一八八九―一九七一、地質学者、中国工業化問題に関心を示していた）も三六年から行政院秘書長になった。蔣介石の信頼が厚かったことが判る。彼はその場で引き受けた心境をフェアバンクに「提示された地位が重要なもので、かなりのことが出来ると分かったので、引き受け」た、と手紙で書いている（フェアバンク前掲書一二八頁）。

この頃、『独立評論』同人たちも、南京政府の政策立案に加わっている。たとえば、丁文江（一八八七―一九三六、日本、イギリスに留学した中国地質学の創始者。陸軍建設と国際情勢に詳しかった多彩多芸の人で、一九三〇年北京大学教授、九・一八後は、ソ連がブレスト・リトフスク条約で講和したような「和平」を主張、三四年中央研究院総幹事、『梁啓超年譜長編』の編者）は、後に、抗日総力戦準備のために内陸資源開発のための地質研究所所長をしていて、その調査中の三六年初めに中毒事故死した。呉景超（一九〇一―一九六八、清華大卒、シカゴ大卒、社会学者、帰国後、清華大学教授）なども、国防設計委員会や資源委員会などに政権参加している。こうした知識人たちの動きのなかで、国家のために働く使命感を伝統的な知識人士大夫意識とともに持っていた蔣廷黻は、エリート知識人としての責務感から、歴史を作ることにも関心を寄せ、「学者から高官へ」の道を選択したのである。

しかし後に彼は、国民党員が支配する国民政府部内では「局内の局外人 marginal person」だったと語っている。自由で単刀直入な物言いをし率直独立独歩の人だったから、官界を泳ぐのは難しかった。彼の行政改革の計画も党と政府によって阻まれた。そのこともあって、ポストの空いたソ連大使に出されることになる。蔣介石は一九三六年に中央の会議に掛けて彼を駐ソ連大使に任命し、彼は一〇月にモスクワに赴任することになった。

一九三六年末、蔣廷黻はソ連大使としてモスクワにいた。かれは語学力に優れ、数ヶ国語ができた（ロシア語は出来なかった）。満洲事変後の日中緊張のなか、ソ連が日中戦争に参戦するかどうかは中華民国にとって重要な問題だった。蔣介石は相互不信のなかでも、ソ連と軍事協定を結んで日本に対抗したいと考え、蔣廷黻に期待し、その判断を見極めることを求めた。スターリン治下の盗聴と監視下での外交官活動は、英米外交官との情報交換も難しく、神経の疲れるものだったらしいが、この間にモスクワで蔣介石監禁の西安事変（三六年一二月）と、三七年七月七日の盧溝橋事件・日中戦争の勃発を聞いている。南京は西安事件の背後にソ連の動きがあるとみて、彼にソ連政府に抗議をさせ、ソ連政府との間で大喧嘩になった。三七年四月に彼は、ソ連外交は完全に対日戦争を避け続けている。国人は間違ってはならない、と報告した。七月の盧溝橋事件ではソ連の参戦を求めたが、不首尾に終わった。一二月に彼は、ソ連は積極的に出兵して我々の抗日を助けることは出来ない、と電報を打った。しかし蔣介石にはソ連の援助が要った。そこで蔣廷黻を交替させることにし、彼は一九三八年にソ連大使を離任し帰国の途に就いた。モスクワからパリを経由し、マルセイユから船でシンガポール、ハノイを経て、雲南省昆明に入り、二月末に漢口に着いた。上海から進撃した日本軍が一二月に首都・南京を陥落させる（南京事件）前に、国民政府は漢口・重慶に移ってきていた。やがて日本軍が漢口作戦を始め、七月に武漢攻防戦が始まると、かれは七月二〇日に飛行機で重慶に移ることになる。

二、蔣廷黻『中国近代史』

『中国近代史』はこの合間に、緊迫していた漢口で書かれたものである（「小序」参照）。この頃、陶希聖、呉景超、陳之邁の三人が大衆・青年の知的欲求にこたえて国家の前途についての関心を振い起そうと、「芸文叢書」を計画、各冊三万字から六万字で、すでに深い研究をしている学者や全局について見通しを持つ専門家に書いてもらう企画を立てていて（「芸文叢書総序」）、春に陳之邁が漢口の蔣廷黻の家を訪れ、近代史の執筆を依頼したところ、すぐに快諾された。彼はすぐに居間のテーブルで執筆に取り掛かり、五、六月の間に書き上げたという。手許には参考資料は多くは無かったというが、該書の基本構造は、かれが政界に入る前に執筆した長大論文「中国与近代世界的大変局」

（『清華学報』九巻四期、一九三四年一〇月）で、それに、数年前に自ら編集した『中国近代外交史資料輯要』上、中などを脇において肉付けしながら執筆したらしい。該書引用文の史料の多くが資料輯要の中に見られている。その意味で、以前からの近代史研究、史料研究の上に立った考えを簡潔にまとめた精華といって良い作品である。陳之邁は、彼の「心得の結晶」で、「大所から着眼して中外古今から特質を論じている」と評している（『伝記文学』七巻六期）。

ちょうどこの頃、一九三八年七月、満洲東部のソ連との国境で張鼓峰をめぐる領土紛争の軍事衝突（張鼓峰事件）が起きて、ソ連・日本間の緊張が生じ、日ソ戦が起きるかどうか、それの中国の抗日戦への影響はどうか、ソ連と肩を並べて日本と戦えるかが関心を呼んでいた。前ソ連大使のかれの見解は重要だった。かれは、ソ連は決して日本と戦争はしないだろう、事件はそこまで発展しないと断言した。なぜなら、ソ連の最重要問題はヨーロッパ、ナチスドイツで、極東は「次要」（二番目に重要なもの）になっており、ソ連は一貫して日本との戦争を回避しようとしているからだという判断だった。『中国近代史』がこのような抗日戦争の状況下で書かれていることを理解しなければならない。だから、客観的な学術作品でありながら、全体を通じて救国的な色彩が、とりわけ最後の「第七節　蔣総統」は抗日戦争についてのかれの見解が色濃く出ているのである――同年三月に「抗戦建国綱領」が発表され、蔣介石に非常大権が与えられていた――。

この節が問題視されてその後は削除されている節なのだが、かれの立場は、国民党員としてではなく――生涯国民党員にはならなかった――、自由主義者、あるいは「国家社会主義者」（ナチス的な意ではなく、国際社会の中での国家・中華民国国民政府の存在と国家建設、民生主義を強調したという意味で）としてのそれと考えられるであろう。もっとも、共産党にとっては自分たちを圧殺包囲してきた国民政府・蔣介石支持の学者の歴史観だから我慢がならないものだろうが。そのため、これを跳ね返す共産党流の歴史観が必要とされた。それが范文瀾の『中国近代史』だった。このあたりの経緯については次節で述べる。その前に『中国近代史』の特色について整理して起きたい。

この書は近代史の新たな「構成」と「観念」を提出し、客観的な近代史研究を打ち立てたものになった。「新史学」の影響であろう。外交史からさらに領野を広げて、民族性や社会心理、社会組織、経済変化などを思考に上せ、アヘン戦争以来の中国の百年の歴史の全体に対して思考した、その「結晶」である。

その特色を中央研究院の王聿均（『中国近代史研究通訊』一期、一九八六）は、（一）これは「外交史大綱」で、蔣廷黻の創始時代は外交史と近代史が二にして一で、内政も外交の反応 response だった。それは中国が一連の外圧を受けていたから、外圧が中心になったが、それを客観的に系統的に論じている。（二）近代史の新たな「構成」をたてた。始まりを「十九世紀初め」のイギリスのアヘン売買からにし、アヘン戦争に及び、イギリス人が「通商戦争」と呼んだとしている。この期が「大変局の開始」だ。情勢は前代と大いに異なると、「時代特徴」によって区分した。そして「外交」と「内政」が相表裏し、前後に繫がり相前後し演変していくプロセスの輪郭を描き出した。この構造を超えるものはまだない。（三）近代中国の悲劇は、この初期に西洋を認識しなかったことだとし、「中国の唯一の出路は近代化」、科学と機械を利用し、民族主義を発展させ、富強へ向かうべきだとした。外交要点は理と勢で、双方理をもつ中で、中外強弱の勢を知り、外交で問題を解決しようとした琦善に同情を示し、「剿夷」を言う士大夫階級より良く世界を知っていた（半知半解だが）とした。だがこれは一九三六年の満洲事変の中国世論（抗戦を主張する「高調」派と蔣ら『独立評論』派の対立）に影射したところが有るもので、批判された。（四）十九世紀の人物、曾国藩、胡林翼、李鴻章、郭崇燾、曾紀澤らを評価した。とりわけ曾国藩を「国家」と「正義」のために「鞠躬尽瘁」した人物として評価した（太平天国の洪秀全は駄目だとした）、と大変うまく整理している。

沈渭濱（華東師範大、前掲「導読」）は次のように評す。外交と内政の関係で、中国が外敵を抵御するために内政を改革した各方案を重点的に論述し、救亡の道を探し求める使命感を示している四つの救国方案を基本線にして構成している、一章は外患、二章は内憂、三章が自強で国防だが、これが第一方案、しかし不十分で日清戦争で失敗したとし、四章が日清後の分割危機への第二方案の変法であり、第三方案が義和団、そして孫文三民主義が第四方案だとしている。一、二章が「因」、三、四章が「果」で、政治史を縦糸、事件史を横糸にして、点から面に拡げ、一線で繋げている「線形構造」を持っている。進化史観で、実証的方法で史実の内在連関を追求し、歴史の訓戒を引き出している。またナショナリズムを中国の歴史と社会を考える重要な理念としている。このように概念を用いて構造的に分析解釈した特殊な話語体系を成している作品である。蔣は近代化を、(1)、科学と機械＝新しい人文精神、(2)、工業経済、(3)、ナショナルな国家の形成、を内実としたものと捉え、中国が「中古落後」の状態から抜け出るにはこれが要るとし、西方に学ぶ近代化を分析骨組みにして近代史を書いたが、同時に、後ろ向き＝伝統の因習、富強だった夢、自豪と自卑の入り混じった文化情緒は普遍的な心理状態(精神構造)［心態］だったとして、救国救民族の方案が阻害され失敗した原因について、中国人の素質と表現から国民性、民族性について深い見解を出している――ナショナリズムと「義和団」の問題である(筆者)――、と基本的に評価する。しかし、進化史観の西洋(因)－応答(果)の因果関係を主題とした把握は、歴史発展の動因の多元性、多様な結果の可能性を無視することになる、史料の捜集と考訂、因果分析の実証史学は歴史の内在的法則の全てではない、史実間の内在連関の分析には適しているが、複雑で全局的な過程には不適である、簡単化、片面化、牽強付会の欠点がある、と「法則派」からの批判を忘れずに付け加えている。また鴉片戦争時の「宗藩関係」は「互助互応関係」で「圧迫－被圧迫関係」ではない、条約制度は「主権」「領土」の損害破壊の「実質的不平等」だから、両者は比較できない、林則徐と徐広縉・葉名琛の主戦論、「民心用う可し」は、林は「反侵略」で、徐・葉は「違約」の盲目排外だから比較できない、とする。歴史の「法則的把握」、「主権」の「完璧さ」を信仰しているのは如何にも大陸学者らしい。従来のような歴史の法則的把握はもはや主張出来なくなっていること、条約は「主権」の相互制約にほかならないことを深く考えていないようである(国際社会において完全無欠な国家主権などはない)。

蔣廷黻は、一九三八年五月に重慶で孔祥熙の要請で政務処長に再任されていて、その後大後方の財政予算・地方行政事務を担当した。努力したが余り評価を得られず、一九四四年まで五年間同職に止まるが、その間、呉景超らと『新経済』半月刊を創刊し、抗戦建国の諸問題について討論している。四三年秋に、一団を率いて訪米し、戦後救済についての会議に出席、同年末に連合国善後救済総署（UNRRA、連総）——「連合国 United Nations」は日本国が謂う「国際連合＝国連UN」のことである——が成立すると、その中国代表になった。これは戦後の「国際連合」が大戦中の被占領国に対する復興事業援助を与える機関である。四四年末に連総が重慶に事務処を設立するとその受入れのために行政院は善後救済総署（行総）を設立、彼が署長になり、国連との交渉代表職に就任した。この間に日本の敗北があり、国民政府と共に重慶から上海に帰ってきた。しかしアメリカから送られてきた大量の国連救済物資を、援助が必要な荒廃した各地にどのように分配するかというのは大難題だった。国民党官僚の貪欲腐敗によって物資や資金の大部分が掠奪、分け取りされたのだ。全国いたる所でひどい状態だった。民衆の喜びは困惑、怒り、嫌悪に変わった。国連は中国援助物資を世界の他地方に振り向け、対中国物資は止められた。蔣はこの責任を追及弾劾されて、四六年に辞任を余儀なくされた。大衆はこうした現状を長く求めてきた日本からの解放の形として承認できなかった。ハイパーインフレによる生活困窮も伴い、変革を待ち望む強い願望が広がった。共産党はその潮にのって挑戦してきた。国民党と共産党の内戦が始まった後、蔣は四七年に、病気のために辞任した郭泰祺に代わって、国際連合の中華民国代表としてアメリカに渡り、六二年まで十五年に亙ってニューヨークで勤務することになった。国共内戦、共産党の勝利——天命が腐敗した国民党を離れ、その権威は二度と再建されなかった——、蔣介石の台湾行きはアメリカで見ていた。

彼は自由主義者として、一九四九年頃に「中国自由党」の結成を考えたが、夢に終わった（『自由中国』第二巻一、二期）。その後、一九五〇年代に国際連合で烈しいソ連批判——一九四五年八月一四日締結の中華民国との「中ソ友好同盟条約」に違反したソ連の中国共産党支援、第二次世界大戦後の東欧諸国と同じように中共政権はソ連の「傀儡」政権であり、大戦を戦って「連合国」（国連）の五大国の一つになったのは「中華民国」であるとして、中国の国連代表権問題などをめぐった烈しいソ連批判――を行なったことで知られているが（一九五二年ソ連非難案通過）、六二年から六五年までは駐米大使としてワシントン勤務。退職した後、六五年に蒋介石の総統府資政になったが、五七年に院士になっていた中央研究院に帰って、南港に居を構え近代史研究所で以前から心残りだった近代史の研究を継続するつもりだった。しかしこの年、癌のために病に倒れ、ニューヨークで死去した。その遺稿と日記がハーバード大学燕京研究所のライブラリーに保存されているという。*

＊蒋廷黻の学生だと称したフェアバンクの尽力でハーバード燕京図書館に入ったこの資料は二〇一五年に『美国哈佛大学哈佛燕京図書館蔵蒋廷黻資料』（全二四冊、陳紅民・傅敏主編、広西師範大学出版社）として出版された。本来は台湾の外交部に保存されるような秘密性の電報を多量に含んでいるもので、台湾の外交部档案とつき合わせて中華民国の戦後外交を研究するのには重要なものであろう。台湾ではなく、大陸で出版されたところが経済力を含めた「現状」を示しているようである。

『中国近代史』は一九三八年に「芸文研究会出版」というところから、「芸文叢書」の一冊として出版され、その後、同年に避難先の長沙の商務印書館から、三九年にも商務印書館から出版された（『民国叢書』上海書店刊、第二集七五、所収の版本はこれである）。また三九年の青年書店版もあるらしい。学術書籍としてだけでなく抗日戦争を歴史学的に近代史の中に位置づけたものとして広く受け入れられ、読まれたことを示している。蒋廷黻の書は、上で述べた事情からわかるように、抗日戦争初期の蒋介石委員長を中心とする反帝国主義の救国救民族の戦いの歴史的位置を明らかにしたものだった。それに対抗した范文瀾の書は、延安の毛沢東共産党革命を歴史学的に正当化根拠づけるものとなっており、蒋介石と毛沢東、国民党と共産党との対抗の近代史歴史学版という性格を持つことになる。それは歴史研究の作品が現実政治、「現在」のなかで書かれなければならない以上、抱え込まざるを得なかった性格でもあったのだが――さらにそれを中国における政治と歴史研究の関係の特殊な密通が増幅させる――、だが、では「現在」の時点で、中国近代史を書くとしたらどちらに軍配が上がるだろうか。「学問」研究の生命力としては、蔣廷黻の書のほうが今なお生命力を持っていると私は判断する。最近の大陸の研究者（蔡楽蘇・金富軍「蔣廷黻外交思想探析」『清華大学学報（哲学社会科学版）』二〇〇五年一期）も、「神気貫通し、卓越した智識に涵《ひた》り泳ぐもので、数読しても厭きさせない」本だと高く評価している。毛沢東－范文瀾通史が駄目になった理由は簡単である。「改革開放」に路線転換して、階級闘争と一国社会主義をやめて、「国家」・「民族」を基軸に近代の歴史を語り始めたからである。この点の記述は蔣書の方が格段に優れているからだ。だから昨今多くの出版社で本書の復刊があいついでいるのであろう。

彼は探し出した『文祥年譜』『郭崇燾日記』「曾国藩信函」等をこの本で厳密に史料として利用して書いている。しかし通史は、史実の客観的な描写だけではだめで、歴史の変化の内在的な連関を努力して探求しなければならない。そして通史は、事象の時間序列上の前後継承関係、転じ合し変幻する姿を指し示すだけでなく、歴史文化の重要な問題の沿革と変化についての理性的な解釈を含まなくてはならない。古今の変に通じ一家の言を為す、「深く思いて、心その意を知る」、その要領を得る史家の見識が必要だが、この本はそれを具えた本だと思う。

戦後、わが国では中国共産党・毛沢東史観と范文瀾の書が圧倒的な支配力を発揮した。「清貧な」共産党が、アメリカの支援を受けて圧倒的な武力を有していた「腐敗した」国民党を打ち負かして大陸の支配権力を掌握し、そして「社会主義革命」を達成した、その「現実」が、歴史（世界史）の必然的「進歩」を示すかのように思われ、また中国共産党もそう「宣伝」したから、冷戦下でそれこそ圧倒的な力を持った。この共産党の「社会主義革命」・社会主義建設を近代史（歴史）の「ゴール」（終点・目標）とする発展進歩の過程を、階級闘争の「必然性」をもって説明したのが范文瀾の書物だった。戦後わが国でも竹内好が中心になって翻訳が試みられたらしいが、不首尾に終わり、九〇年代も終わりになってようやく日本語翻訳が出た（一九九九年、中国書店刊）。その頃はもうすでに影響力はなくなっていたが。しかし、私が七〇年代に近代史の研究を始めたころは、まだ文化大革命が続いていて、この「宣伝力」が支配しており、范文瀾の書とその流れをくむ共産党の歴史観がまさに依拠すべき基本だったのである。

共産党が権力を掌握すると、蔣廷黻の書はそれこそ、「政治的傾向と記述の偏り」があると非難され、大陸から姿を消した。蔣書はその後、一九五四年に香港・文生書店から、五九年に台湾・啓明書店から出版された。その際、書名を『中国近代史大綱』とし、「小序」が付けられた。前述したように、彼は公職退職後に本格的に近代史研究を再開しようと考えていたが、しかし近代史研究はまだ草創期で本格的な近代史を書くには十年かかると考えていたから、「学を治めるに厳謹」だった彼の意識が、この本は「初歩的な報告」「大綱」であるとさせたからである。かれが死去した一九六五年に台湾で『蔣廷黻選集』全六巻が編まれ出版されたが（六九年に別版発行）、台湾でも彼の歴史研究はその後順調に継承されたのではないようだ。その後、七六年に『中国近代史研究』（九思出版、台北）が出され、『中国近代史』もその中に入れられた（だが第四章六、七節は削除）。かれは、六五年に国連代表を退職した後、コロンビア大学のオーラル・ヒストリー・プロジェクトの求めに応じて自分の経歴を口述し、それが英文で出版され、七九年に台湾の伝記出版社から中国語に訳されて『蔣廷黻回憶録』として出版されているが（大陸では二〇〇三年に「海外名家名作」として岳麓書社から出版された）、清末の激しく揺れる故郷湖南、『籌辦夷務始末』――原書は咸豊帝が大学士杜受田の建議を受けて、館を設けて一八三六年から一八四九年までの夷務に関する上奏文等を網羅的に編集させたもの――など外交史料発見の経緯、『独立評論』の内側、欧州ソ連旅行の見聞、行政院の内情など、実に興味深い面白い本である。しかしこの本もまた三分の二までの抗日戦争で終わっていて、その後のことは語っていない未完成のものである。その後の未完稿の部分の回憶録は先の燕京図書館にあるというが、しかし残念なことに、前掲『資料』には抗日戦争後の回憶録は含まれていない。

大陸では文化大革命が終息した後、その間に極端化した歴史の見直しが進み、蔣廷黻などもタブーではなくなってきたのであろう。一九八五年に左宗棠死後百年の学会が湖南省長沙で開かれた時、岳麓書社が「旧籍新刊」として民国期の書籍の出版を考えていると言ったのに対して、華東師範大学教授だった近代史家・陳旭麓（湖南人）が、蔣廷黻の本を入れたら良いと言ったのがきっかけだったらしく、八六年に陳旭麓が「中古・近代化・民族惰性」（前述）を書き、八七年に『中国近代史』が陽の目を見ることになったのだった。発行時に編者の文正義が「出版についての説明」を書き、蔣廷黻の娘の蔣寿仁（米国在住）の一文「欣慰と回憶」を載せて出版された。その際、例に洩れず、「第四章第七節　蔣総統」部分は、「先入見にとらわれているのを免れない」として削除された。しかし文正義は、その出版意義を次のように述べた。

> かれの学風は、湖南の陶澍、魏源、曾国藩、譚嗣同など同郷の「経世致用」の（世の中を治めるのに実際に役に立つ）学問の薫陶を受け、西洋の人文科学の訓練を受けた中国の「外交史学」のパイオニアで、中国の老朽積弱の原因は何か、出口はどこにあるかを明らかにしようとした使命感を持ち、国家と民族を愛した中国人、正直な知識人の誠実さと良知を示したものだ――アメリカ留学中に羅家倫が蔣廷黻に、黄宗羲・顧炎武を読めと薦め、かれはそれを読んだ形跡もあるようである（筆者）――。

蔣廷黻は、農民を主体とする政治軍事闘争である太平天国と義和団に関して、次のようにいう。洪秀全は新国家あるいは新社会を作ろうとしたのではなく、「新朝代」（新王朝）を建てることにあった。義和団は、その主観的願望は救国家、救民族だったが、そのやり方は逆向きで、惨敗は必然的だったとした。歴史を通観して、民族・国家の生存をはかろうとするならば、「全盤的」（全面的）に西洋文化を接受しなければならない、としたが、自民族文化を否定せず、西洋崇拝一方でもない、社会改革の理想を孫文の三民主義、とりわけ民生主義においている。孫中山の救国、救民族の方案（プラン）は、恭親王奕訢、曾国藩らの自強、康有為、梁啓超らの変法、そして義和団の現代化反対――これが近代中国の三つの救国、救民族方案だったと蔣廷黻はいう（筆者）――を超える「偉大なもの」だとし、その継承者としての蔣介石とその抗日建国を位置づけた、と。

文正義は、この本は、階級闘争を見ていない、全体もやや粗疏で全貌を伝えていない、と付言して述べてはいるが――「階級」はそれ自体として存在するのではなく、政治的に「創られる」ものだということは置くにしても、実際、「捻匪」「拳匪」等という当時の知識人エリートの感覚での表現も散見するし、対外関係が主軸で他領域が手薄であるが（字数制限があった）、また文正義のこのような言及自体も共産党の「審査」を通過させるためには必要なのだが――、しかし陳旭麓も書いているように、「今なお取るべきところがないわけではない」。しかし、私はどうして、なかなかの「名作」、後世に残る「名著」だと思うのである。ましてや、共産党の歴史観の偏狭さが浮き彫りになりつつある昨今では（拙著『氷点事件と歴史教科書論争』、『上海版歴史教科書の扼殺』、日本僑報社刊、を参照されたい）、なおのこと大いに参考にして良い本だと思う。同じように考える大陸の学者たちもいるらしく、前述したように、一九九六年には「民国学術経典文庫」というシリーズの中に入れられて、『中国近代史大綱』として刊行されたし、ここ数年、非削除本が多くの出版社で刊行されるようになった。『蔣廷黻回憶録』を検閲削除した大陸版の『蔣廷黻回憶録』ですら、蔣廷黻のこの回憶録と『中国近代史』が未完成のものであることはたいへん残念だと述べている。

蔣廷黻は、清末の海関に長く勤務したH・B・モースの外交史研究 *The International Relations of the Chinese Empire*, 三巻（一九一〇～一八年出版）を隙の無いものだと高く評価しながらも――アメリカの中国研究の泰斗・フェアバンクはモースの弟子で、一九三二年に清華大学に留学し、蔣廷黻の学生になった――、英米の外交文書のみに依拠した片面的なもので、アヘン戦争、アロー戦争時の英仏連合軍の中国側談判人の描き方が出来てない、と見ていた（岳麓版『蔣廷黻回憶録』一〇〇頁）。それで、中国側史料が重要だとして故宮の『籌辦夷務始末』正本を影印で出版させ、そして、「中国外交史を研究するなら義和団とそれが代表する心理を研究しなければならない、さらに進んでまた中国の民族性を研究せねばならない。この問題は大変大きく、また近代に限るわけにはいかない」と語っている（『蔣廷黻的志事与半生』二一頁）。外交史研究を越えた「新史学」の面目躍如と言うところだ。われわれが該書を読んで、極めて面白く感じるのは、清朝中国の当権者たちが当時どのように考えていたのか、どのように意見を述べたのか、何を感じていたのかが、大変的確で絶妙の文章で表現されており、実に生き生きとしているからである。この絶妙なニュアンスの捉えは中国人ならではのことで、外国人のわれわれには到底およばない芸当なのである。ここには血の通った人間が描かれている。わたしは、范文瀾の古典的文章よりも格段に優れていると思う。

蔣廷黻の書の基本線は単なる「近代化論」ではない。この点、陳旭麓も中共中央宣伝部も読み違えているように思う。近代化は何のために必要なのか。それは彼も言っているように、滅亡を免れ生存するため、国家と民族を救うために必要なのだ、というのである。ナショナリズムの要請である。だから歴史過程は、外国勢力（帝国主義）からの衝撃圧迫（対外関係）の中での「救国救民族」「救亡の道」の模索過程として把握されることになる。その現在形が、七・七事変（盧溝橋事変）以後の「抗日戦争」なのだ。この抗日戦争を戦いぬける軍事的経済的基礎を形成したのが、九・一八満洲事変から七・七盧溝橋までの七年間の近代化政策・軍事経済基盤の整備だというのである。満洲事変後の、すぐにでも日本と戦争すべきだという激昂したナショナリズムの主張――これを「高調」（＝上ずった調子）倶楽部と言ったが、これは清朝時代のアロー戦争時、義和団時期、国民革命期の「革命外交」以来のもので、天津『益世報』の羅隆基らの「銃口は外に向けよ、内に対してではない」という内戦停止・一致抗日の主張が代表的なものだった――、これに、蔣介石は慎重な態度を崩さなかった。この論調に対して、『独立評論』で対日戦争に慎重な論を展開していた蔣廷黻らは「低調倶楽部」――押さえ役の低調な論調クラブ――と揶揄的に評されたのだが、蔣介石と基本的な見解を共有した。民国には時間が必要なのだという点で両者は共通する（董顕光『蔣介石』昭和三十年、一七三頁、黄自進『蔣介石と日本』二〇一一、三章、参照）。そういう点でかれは、かなり冷静な現実主義者で、利害得失、彼我力量の格差、国際環境を計算して判断すべきだ、かつての近代史上の士大夫、清流派のような、感情的な原則主義では進路を誤ると考えた。この激昂しがちな中国の世論は今日でも変わらないが、こうした彼の理解は、アヘン戦争から始まる近代外交史の研究から得た一つの結論でもあった。また、ヨーロッパ史、世界の政治的動向をよく観察した上での判断だった。政治的民主化についても、一気に憲政、共和制の実現に行くわけはない、軍政・訓政・憲政の段階を順に踏まないとだめだ（孫文）、と考えている。その意味で梁啓超などの漸進主義に近く、その歴史認識は歴史研究にも一貫しているとも言える。これが軍事リアリストとしての蔣介石と波長が合った所以だったろう。

だから、とくに第四章第七節「蔣総裁……」は、人民共和国建国後、「その政治的傾向と論述上の偏頗のために非議に遭った」（陳旭麓）。そしてその本は「もはや探し出せなくなった」。そして近代史を捉える基本パラダイムは毛沢東『中国革命と中国共産党』と范文瀾『中国近代史』になっていった（毛沢東－范文瀾通史体系）。岳麓書社から再版本が出たあと、一九八八年に文正義が『人民日報』海外版に「忘れ得ざる人と書」という文章を書いて蔣廷黻を紹介した時、「歴史家としての蔣廷黻は、大陸の多数の読者にとっては、聞きなれないものである。若い人でこの名前を聞いたことのある者も多くはない。たとえ五〇歳前後の人でも、大部分は蔣廷黻がかつて国民政府の高級役人だったということを知っているだけで、かれが近代中国を研究した多くの学術書を書き、史学界の注目を受けたということを理解していない」と述べる状況だった。

我が国でも該書に言及している文献はそう多くはないようである。不勉強の眼では、外交史家・坂野正高の『中国近代政治外交史』（東京大学出版会、一九七三）が、その文献紹介で、「著者は中国における近代的な外交史学の開拓者で」「悟性的」な思考方法を持った非常に頭の鋭い学者である。蔣の『中国近代史』は、「随所に資料を引用し」た、「要を得た通史で味読に値する」と評しているのが最大のもので、それ以外には無い。氏の『中国政治外交史』は蔣に学んだ点が多いように思われる――対外外交史を基軸に近代史を書いたがゆえに、基本線が通っていて、極めて高い評価（佐藤慎一）を得ている。湯本国穂「専門家政治とその民衆包摂――蔣廷黻を中心に」、「蔣廷黻の政治・社会構想」（『千葉大学法学論集』、八―四、十一―三）は彼の政治志向について、中嶋隆蔵『中国の文人像』（研文出版、二〇〇六）が蔣の政治評論「知識階級と政治」を紹介して論じ、横山宏章『中華民国』（中央公論新書）が「革命と専制」を取り上げ、最近では、野村浩一『近代中国の政治文化』（岩波書店、二〇〇七）が一九三〇年代の『独立評論』へと至る胡適を中心にして蔣廷黻の時論をかなり詳しく紹介していて（原論文は『思想』掲載）、これらの彼の政治論と該書の歴史観が深く結びついていることが良くわかる。最近の岡本隆司『李鴻章』（岩波新書、二〇一一）は、『中国近代史』を見つつ書いたものらしいが、蔣廷黻の「露清密約は李鴻章一生の大失策である」という評価を「謗史（歴史を謗るもの）」だ、「密約をあげつらうのは、とても歴史的な考察といえない」「李鴻章の『失策』を指弾するなら、そこ「日清開戦、日本敵視」までつきつめて考えなければ、歴史学にとって……意味はない。有害ですらある」（一八六頁）と厳しく非難し、他の選択肢はとり得なかったのだと李鴻章を弁護しているが、さてどうだろう。

私は別に蔣廷黻の学生でもないが、蔣の名誉のために弁護しておく必要はあろう。その前に、「中国人」の歴史意識にとっては、日清戦争敗北に至る李鴻章の外交、下関講和（領土割譲）と露清密約、庚子外交（北京議定書、東三省交渉）は、民族感情からしても、どうしても評価し得ないものとしてあり続けるのではなかろうか。袁世凱評価も、その朝鮮時代、辛亥革命時、大総統時期の行為から見て、同じように評価はされないであろうと私は思う。

蔣廷黻は「琦善と鴉片戦争」（一九三一）を書いた直後に、「李鴻章――三十年後的評論」（北京大学政治学会出版、『政治学論叢』創刊号、同年一二月）を書いている。呉相湘はこの文を、「『春秋』、賢者を責備す、の心情をもって、近代歴史の中の何人かの枢要な人物の言行を評論し、現代の人に覆轍を踏まないように注意を喚起したもの」と評しているが（『伝記文学』七巻六期）――その背景に一九二九年の中東鉄道事件と革命外交があった――、その中で、蔣は「李鴻章は太平天国と英仏聯合軍の産物である」と書き始める。

上海の紳士達が太平軍の攻撃に直面して安慶の曾国藩に救いを求めたのに対し、幕下の李鴻章に故郷の安徽で淮軍を組織させ上海に送った。李は上海の資金と、ウォード、ゴルドンの洋式軍と協同で江蘇東部を恢復し功名を得た。そして洋務の中心地上海で、（一）武器が西洋に及ばないことを発見し、何とかすべきだと考えた。（二）大官達は洋人を「狼の野心」と見なしていたが、洋人は信義があり、文明があり、付き合える人間で、彼らが中国のために力を出してくれることを学んだ。この功名と教育が、彼の「自強」提出とその事業に大きな影響を与えた。英仏連合軍の北京占領（一八六〇）までは、北京朝廷は各省よりも更に頑固守旧だった。恭親王もそうだったが、この北京交渉で彼は、（一）中国の武器は西洋に及ばない、（二）洋人は華人にその武器を売り教えたいと願っていることを知った。それで変化した。この変化無くして、北京の要人が李鴻章らに代わって朝廷内で（洋務自強の）話をするようにはならなかった。こうして京外の曾・左・李らと京内とで自強が唱えられるようになった。だから李は太平天国と英仏聯軍の産物なのである。新名詞になった「自強」は、「洋式武器を以て洋人を治めること」で、そのために彼は終始軍事に偏重して近代化を進めた。日清戦争の敗北がその失敗と中国の腐敗を全世界に暴露してしまった。その失敗の理由は、（一）は、彼の自強事業を掣肘するものが余りにも多かったこと。事業費用は他省資金の協力が必要だったが、国家意識よりも「縄張り意識」が強く協力せず、不明な御史の言論、翁同龢などの反対者がおり、中国官界の地位を禄とする盗人風役人が多すぎた。（二）は、李の人格だ。李は事業はしたが人は作らなかった。反対者が多かったのは李鴻章の徳望が人を服するに足らなかったからだ。西洋社会では才智で大事を為すことが出来るが、中国では才智の外に徳の感化が無ければだめだ。更に彼の左右（小朝廷、盛宣懐ら非正途出身者）の腐敗である。李の改革は軍事に偏重している（梁啓超もそう云う）。彼は西洋文明の産物である武器を見て実用してその価値を知ったが、その他の二産物——民治主義《デモクラシー》と民族主義《ナショナリズム》——は認識できなかった。だから軍事技術を吸収することを終生の大業、国家の急務とした。それにはやむ得ない理由があった（環境だが略す）。李の事業は失敗したのは、彼の智識と人格、彼が置かれた環境のためであった。彼は「自強」を体とし、「外交」を用とした。自強の技が相当な程度になる前は、外交で弥縫しようとした。だから精力の一半は外交に用いられた。外交総長だ。一八七〇年に彼は、国内の自強は外界の圧力に遅れている、全力を傾けないと存を図るに足らないと考えた。これが彼の根本思想、優れた政治家の眼光だった。

彼は西洋諸国に比べて日本の患を感じた。高麗（朝鮮）は唇歯相依る所で、ここを失えば東三省を危うくし、直隷山東も影響を受ける。国防上極めて重要だと見た。だから光緒五年の国防経費をめぐって塞防（新疆）より も海軍に集中すべきだと言って左宗棠と論争になった。新疆、安南、朝鮮、どれを防衛すべきか。朝鮮を失って安南を保つのと、安南を失って朝鮮を保つのと、どちらを優先すべきか、軽重緩急を衡量すれば、李鴻章の判断は妥当でないとは言えない。保朝鮮が我らの外交の中心になった。だがその外交は一貫してなかった。当初李は、（米朝シューフルト条約のように）朝鮮に西洋諸国と条約を結ばせ、日本を牽制し国際関係の中で保つ方針を取った。しかし李不在時の壬午軍乱で直接介入し、単独の積極政策を取った。ここが戦争前のカギだった。国際協調で朝鮮を保つか、単独でやるか。前者は中国の宗主権をさまたげる、また維持が難しいし、介入でやり通せたから、単独政策を取った。この政策を李の代理人として李以上に積極に進めたのが袁世凱である。それは国際協調、李の当初政策と合わないもので、旧日の宗主権とは異なるものになっていた。李はその流弊を察しなかった。壬午軍乱で日本は自ら朝鮮と条約を結び京城の駐兵権を得たが、清仏戦争中の甲申事変で中国は軍事では勝ったが外交で負けた。李鴻章は伊藤との間で天津条約を結んで、日本が中国と同等に派兵して高麗に入れる権利を許した。後患の種子はここに伏した――李の外交の誤りだということである（筆者）――。当時ドイツ大使が、李に、中国が表に立って列強と交渉し、高麗の独立と中立を担保したらどうか、中国の国防も鞏固になるし、責任も経済も軽くなると言ったが、李はこの国際協調を取らず、単独策を取った。この政策は中国の自強の技が既にかなりの程度になり為すことが出来ると考えたからではなく、日露の対韓消極が永久に野心を放棄したものだと誤認したことによる。この誤解が彼を大霧の中に墜らせた。これが彼の外交の第一の大きな間違いだった。

下関条約後のロシアとの密約が第二の大きな間違いだった。聯盟は代価を支払わねばならない。一旦ロシアに何らかの権利を与えたなら、他国もそれに倣わない訳にはいかない。世界の勢いと利の均衡は維持されねばならないからだ。日清戦争後、中国は国際上、勢力均衡、機会均等の下でのみ生きながらえたのであって、一強国の羽翼の下で生きながらえることは出来なかったのである。李氏の庚子（一九〇〇年義和団事変時の）外交もロシアと結ぶのが上策だとした。東三省［満洲］問題はこれより愈々危うくなった。

彼の弥縫外交の失敗の根本は世界の大勢を見ることが出来なかったことである。これは我々の「事後の明」だが、これを持ち出して批判の根拠にしてはならない。当時、他の者は知識も政策も何もなかったが、李氏は一つの政策を持ち、半知はあった。李は救国は出来なかったが、他の人間については言う必要はない。

これが一九三一年『近代中国外交史資料輯要』を出版した時の蔣廷黻の李鴻章外交への評価だった。「評〈清史稿・邦交志〉」「琦善与鴉片戦争」「最近三百余年東北外患史」や、これらの文章はこの史料編輯の基礎の上に書かれたものだが、彼はその後一九三四年に朝鮮問題の史料を含む「中巻」を出版し、この見解を実証するために英国のパブリック・レコード・オフィスの史料やソ連のアーカイブを見に行き、ソ連大使をして、見解を『中国近代史』に結晶させたのだった。「評論」は、档案史料、一次資料を使った「科学的」近代外交史研究の「開山の人」の、『春秋』や『読通鑑論』のような人物月旦の傾向がある「評論」だが、私はいまなお傾聴に値するものだと思う。『中国近代史』の見解は外交史資料の蒐集・研究、採訪と歴史学研究に裏打ちされたものである。後に彼は中央研究院の林明徳氏の『袁世凱与朝鮮』研究について、背後のイギリス外交を調べるためにロンドンの外交档案を調べるよう勧めている。この自分の見解を実証したかったようである。

三、范文瀾『中国近代史　上冊』

蔣廷黻『中国近代史』が流布している中で、これに対抗するために延安で書かれたのが范文瀾『中国近代史　上冊』である。蔣書と較べてみると、極めて意識的にこの蔣書に対照的に構成されているのが良くわかる。

范文瀾は一八九一年（清の光緒十七年）に浙江省紹興に生まれている。紹興は魯迅（周樹人）の故郷。かれは魯迅より十歳年下、蔣廷黻よりも四歳年上になる。北宋の范仲淹の子孫にあたる書香の家の生まれで、五歳から私塾に入り、旧式教育を受けると同時に、ティモシー・リチャード訳『泰西新史攬要』（マッケンジー原著『十九世紀ヨーロッパ史』、一八九五年、上海広学会刊）を学んだという。戊戌変法期からその後にかけて評判になり、良く売れたこの西洋史の基本書も勉強したらしい。しかし基本は家の学問である国学にあったようで、辛亥革命後、一九一三年に北京大学の国文に入学、古典文学を専攻、大師といわれた黄孝剛（黄侃）から学び、六朝時代の梁の文芸理論の書である『文心雕龍』の研究をした。辛亥革命後の北京大学は、江蘇・浙江学派（浙東の王陽明・黄宗羲や浙西の顧炎武らを祖とする江蘇浙江出身の学派）が桐城派（宋学と唐宋古文八家を尊ぶ清代散文の主流、安徽省桐城の三人の祖で完成されたことからこの名がある）を継いで文学院の一大勢力を作って、旧文学を提唱しており、新思潮に対抗していた。その多くは浙江の章炳麟の弟子・友人たちで、『国故』雑誌を出して保守派を形成していた（周縦策『五四運動史』、岳麓書社版、八四頁）。北京大学では魯迅の授業も受けたらしい。一九一七年に卒業した後、文科研究所国文門（大学院）に進み、一時学長だった同郷の蔡元培の秘書を務めた（胡適が帰国し北京大学教授になった年である）。その後、日本に留学し、河上肇を読んだりしてマルクス主義に接したというが、しかし、この説明「伝説」は、同年に南開中学を卒業して日本に留学した周恩来（一八九八年生れ、原籍は紹興府）が河上肇や幸徳秋水を読んだという留日生活についての「伝説」と同じく、信頼性に欠ける。どこに留学したのかなども不明である。『范文瀾全集』「年表」によると、一九一八年から二一年まで、瀋陽や河南、上海で高等師範中学の教師、銀行員をやっていたが、二二年になってようやく南開中学の教師になり、南開大学国学課程で講義をした、とある。かれは五四運動の後の一九二一年に留学から帰国したと言われているが、そうではなく、就職に苦労したこの期間を「留学」で隠していたらしい。そして、講義内容を一九二五年に『文心雕龍』の註釈書として天津の南開で出している。この経歴で気付くのは、かれは一九一九年の北京の五四運動や新文化運動に関わっていないことだ。政治運動に関わるのは二五年の「五・三〇」運動の天津のデモに参加してかららしい。ここで共産党と接触し、教師をしながらその地下活動とかかわったという。二七年四月、国民革命軍の北伐が南京事件を起こし、蔣介石が上海でクーデタを起こして共産党を弾圧した時、北京を支配していた張作霖は、共産主義宣伝の巣窟だとして、北京外交団の諒承の下でハルビンと北京のソ連領事館・公使館を襲い、李大釗ら共産党員を逮捕処刑した。弾圧は天津にも及び、地下組織（書記李季達、組織部長彭真）が壊滅させられ、范文瀾にも手が伸びたが、校長の張伯苓の庇護で北京に逃れたという。

かれはその後北京で、北京大学をはじめ、いくつかの大学の時間講師で糊口することになるが、天津にいた二五年のころに、北京で古代史家・顧頡剛（一八九三年生まれ、一九一三年に北京大学予科入学、范文瀾と同年生）らと一緒に活動している。顧頡剛『ある歴史家の生い立ち』の「解説」（『古史辨』「自序」、平岡武夫訳、岩波文庫）によると、北京で顧頡剛と兪平伯（胡適の学生で『紅楼夢』研究を手掛け、後に有名な国文研究者になるが、文化大革命時に批判される）が一九二五年に、范文瀾、馮友蘭、潘家洵ら十人と当時は故宮の北にあった北京大学の近くに「景山書社」をつくり、二六年に『古史辨』第一冊をここから出版したという。顧頡剛と兪平伯は北京大学の胡適の国故整理運動の弟子であったが、范文瀾は黄侃、陳漢章、劉師培の系列にいた「伝統国学の最後の学生」だった。だが、同期の顧頡剛の作った学になっていったようである。

術団体・樸社（古史辨学派）には加わったらしい。だから、范文瀾はこのころから古代の歴史研究に関心を持つようになっていったようである。

蔣廷黻は一九二三年に南開大学に来ているから、南開でかれら二人は歴史系と国学だが、しばらく一緒だったらしいが、蔣廷黻が清華大学に移ってきた一九二九年に、范文瀾は北京で新著『文心雕龍』を出版している。二八年に北伐が完成して北京の支配者が替り、彼への嫌疑追及は断絶したらしい。かれらはまた北京で近くをすれちがっている。范文瀾は、このころ古代文学・史学研究の成果を、『水経注写景文鈔』（二九年）や『正史考略』（三一年）、『群経概論』（三三年）として出版している。あまり政治に深入りした風ではなかったが、政治的な活動には関わりを持ち続けたようである。それで一九三〇年に共産党の嫌疑で北平の憲兵に逮捕されたが、北京大校長の蔡元培らの助けで二週間で釈放されるという経験をしている。その後、満洲事変後の一九三二年に北平大学女子文理学院国文系の教授（翌年に院長＝学部長）になったが、危機意識を強めたのだろう、共産党系の左翼作家連盟に加わった。蔡元培・宋慶齢らの「中国民権保障同盟」にも加わって北京で活動したから、同盟の北京の中心人物だった胡適（後に辞任）とも顔を合わせていたのである。そうした中、一九三四年八月に上海の共産党組織が手入れを受け、その際押収された書類の中に彼の名前があり、党資金の北平管理者の嫌疑で北平憲兵隊に逮捕され、南京の警備司令部に護送され監獄に放り込まれた。事実無根だったらしいが、これを救ったのは北平の中法大学学長や大学教授たちの連名の保釈請求で、妻はそれを持って、陳果夫の秘書をしていた「三姑父」を通じて工作し、五か月後の三五年一月にやっと釈放された。当時南京で中央研究院の院長をしていた蔡元培もそれに助力したらしい。

蔣廷黻が政治に転じた一九三五年の頃、范文瀾は、日本軍の華北分離政策に反対する華北の抗日運動を支持し、共産党シンパの嫌疑で逮捕され、北京に戻ってきたのである。息子の范元維は「当時まだ党の組織に参加していなかった」と言っているから、「シンパ」と言っていいだろう。この獄中経験でかれの学風と文風は一変した。彼は、敵に抗して侮りを防いだ「歴史上の愛国志士と民族英雄」二十五人についての民衆教育の読み物である『大丈夫』を書いた。しかし、当局の監視を受ける危険人物として大学は彼を雇わなくなり、外国人が経営していた中法大学、輔仁大学でわずかに教鞭をとるのみだった。

この頃、モスクワではコミンテルン第七回大会が開かれ（七月二五日～八月二〇日）、デミトロフの人民戦線論が討議されていた。コミンテルン中共代表陳紹禹（王明）はこの討論にもとづいて、八月一日にモスクワで「中共の、抗日救国のために全体同胞に告げるの書」、いわゆる「八・一宣言」を発表した。これ受けて陝北にあった中共中央も十一月二八日に「抗日救国宣言」を出した。これで共産党は以前のプロレタリア国際主義から、「民族主義」路線に転換した。こうした世論の転換の流れを受けて三五年末、北京の学生達は禁令を犯して「日本帝国主義打倒」「内戦停止、一致抗日」を叫んでデモを行った。「一二・九」運動である。その後、共産党は地下活動を通じてこうした救国意識に燃える学生、知識人に接触して支持者として獲得していった。各地各界の「救国」組織が結成されていったのはその動きを示している。こうした全国的な動きの中で、范文瀾は三六年に嵇文甫の紹介で開封の河南大学の教授に転じて行ったのである。

かれが政治的な動きを示すようになったのは、このように満洲事変とその後の日本の華北分離（冀東政権・冀察政務委員会）に対する天津北京を中心とする抗日世論の高まりと中共の民族主義への転換の中でのことであった。その意味で、同じ三五年頃に二人は政治化し、蔣廷黻は国民政府側に、范文瀾は抗日民族主義運動側（「救国会」、中共）に傾いたと言えそうである。『独立評論』の同仁が欧米留学組（欧米派）の超一流のエリートだとすると、范文瀾は「西」洋嫌い（息子范元維の証言）の「民族派」で、国学者顧頡剛、兪平伯らのような一九四九年以後も大陸に残った知識人たちも非留学組の「民族派」だったと言って良いようである（それより下層の知識青年たちがソ連に社会的出路を求め共産主義に走っていた)。一九三五、三六年頃にこれら「民族派」は南京国民政府の不抵抗に失望し、国家から離反し始めた。欧米派は「専制」的だがこれを支えるしかないという国家側への協力に傾いた。「民族派」の共産党への期待は、もっぱらその抗日の「民族主義」の主張にあった。決してそれ以前の中共のソビエト論のようなボルシェヴィキ共産主義、ソ連擁護の国際主義による「地主階級打倒の階級闘争」「土地没収の土地革命」への支持ではなかった。中共は「愛国者」として国民の前に現れていたのである。しかしまだ「討蔣抗日」だった。これが「連蔣抗日」に転換するのは、コミンテルン第七回大会以後のことである。

前述したように、日本の脅威を受けた中ソ両国は満洲事変後の三二年末に断絶していた国交を回復したが、蔣介石はソ連と結ぶ必要を感じて、三四年夏に蔣廷黻を私的代表として派遣し、成功した。それでその後緊密化を進め、三五年十月には中ソ文化協会が出来るようになっていた。ソ連にとっても、独伊のファシズムに対抗する必要から人民戦線論を唱えた訳だから、東からの日本の脅威に対抗するには蔣介石と結ぶ必要があった。だから、コミンテルン・ソ連は大会後数か月後、三六年の初めには、八・一宣言の「抗日民族統一戦線」が持っていた「討蔣抗日」の「内戦停止、一致抗日」を「連蔣抗日」の抗日に転換するよう指示を出した(波多野善大『国共合作』、二一〇頁、張国燾『我的回憶』)。これを受けて、同年四月には周恩来と、民族主義的になっていた西北剿匪副司令張学良との間で抗日のための国共合作の延安会談が行われるようになった。こうした流れから西安事変(一二月一一日)が起きるのは間もなくだった。事変発生時に南京政府はその裏にソ連の動きがあるのではないかと疑い、密電でソ連大使蔣廷黻に抗議をさせて大喧嘩になったが(前述)、ソ連は「連蔣・遏日」であって、「倒蔣抗日」ではない、西安の事変は日本を利すると見ているということが分かった。コミンテルン(スターリン)が中共の中にあった蔣介石を殺せという主張(決議)を押さえ、蔣介石の釈放の指令を出したのも、このような国際関係史的な文脈から考えると良く分かるようである。

范文瀾が開封に移ってまだ一年も経たない一九三七年七月に盧溝橋事件が起きた。三八年に蔣廷黻がモスクワから中国に戻り、漢口で『中国近代史』を書いていたとき、范文瀾はまだ河南にいて、三八年六月の開封陥落後も、第二次国共合作下の共産党組織と関係を持ちつつ抗日の工作訓練班を組織したり、新四軍で仕事をしたりしていたのだが、その後間もなくして、四〇年一月に延安に入った。河南で上のような活動をしていた三九年に国民党の反共産党事件が起きて、劉少奇の勧めで延安に行くことになったのである。彼は河南省党委員会で入党手続きをして、劉少奇の毛沢東宛の紹介の信書を持って延安を目指したのだった。途中検閲に引っかかって手紙を棄て、何とか潜り抜け、数か月かかって延安に入った。はじめての大学教授クラスの延安入りだった。延安では毛沢東が接見した。翌四〇年に范は延安で「経学史」の三回の講演を行ったが、毛沢東もこれを聞いて、「提綱は大変いい」「マルクス主義を用いて経学を清算したのはこれが始めてだ」「もし書けるなら、きっと大きく役に立つ」「なぜなら、いま大地主大ブルジョワ階級の復古反動が大変荒れ狂っている。目前の思想闘争の第一の任務はこの反動に反対することである。あなたの史学工作が継続されれば、この闘争に必ず大きな影響がある」と手紙を書いた（『毛沢東書信選集』一六三頁）。この「復古反動」というのは、蔣介石の儒教や曾国藩評価などを指している。また毛沢東は、王明らコミンテルン・モスクワ派のソ連仕込の左傾教条主義の影響を排除するために、中国の歴史の実際と現実の実際を知る必要があると主張し、その必要から共産党の広い幹部党員向けの歴史読本の必要性を主張した。范文瀾がその執筆を委託され、マルクス・レーニン主義学院歴史研究室主任、中央研究院副院長兼歴史研究室主任になって、共産党幹部用の『中国通史簡編』の執筆編集を開始した。これは延安整風運動中の四一、四二年に上・中巻として出版された。その仕事に続いて、中共中央が毛沢東の示唆で、「近百年の中国史」を四部に分けて分担して書かせることにした。経済史は陳伯達、政治史は范文瀾、軍事史が郭化若、文化史が欧陽山に割り当てられた。この任務を受けて、范は政治史を書き始めた。それをやりながら、整風運動の後の四四年に書いたのが、「漢奸、首切り役人曾国藩の一生」である。そして四六年に、政治史が『中国近代史　上編　第一分冊』として出版された時に、その附録としてこの文章「曾国藩の一生」が入れられたのである。

かれは当時、延安の中国共産党中央宣伝部に所属していて、毛沢東『中国革命と中国共産党』（三九年一二月発行）――われわれがよく読んだこの本は、毛沢東の広い歴史的学識を示す著作、毛沢東の史観というよりも、中共幹部・歴史家らが協力して書いた「党文書」だった――執筆に参加し、この論文の「半植民地・半封建」論をもとに『中国近代史』を書いたのである。*

*一九四一、四二年に『中国通史簡編』上編・中編が出た後、延安では「整風運動」が起こされ、幹部もそれに参加させられて作風の自己批判をさせられた。范文瀾も参加させられて、下編の執筆は中断した。范は整風運動で王実味の「野の百合花」批判を担当させられている。彼は抗日戦勝利の一九四五年までに義和団までの歴史を書いたが、その後中央が晋冀魯豫辺区の河北省邢台（平山県西柏坡）に移転したため、執筆は中断、新設の北方大学の校長に就任したので、それまでに完成していた分、義和団までを「上編　第一冊」として刊行（四六年）させたのだと言うが、中央が延安を放棄したのは四七年、西柏坡に移ったのは四八年だから、やはり辛亥革命には触れずに、義和団までで執筆を切っていたのである。

結論を先取りして言えば、蔣介石南京国民政府の抗日戦争の歴史的任務を明らかにした蔣廷黻の書に対抗して、延安の中国共産党の革命主張の歴史的任務を明らかにするという目的で『中国近代史　上編　第一分冊』は書かれ、その中に「曾国藩の一生」が入れられている。そこに、范文瀾書の「党文書」的性格が出ている。従って、該書は四九年の後に何度も書き直され五四年の九版まで版を重ねることになるのである。個人の著作ならばこうはなるまい。政治動向のために書き直されたのである。毛沢東の著作とされるものでさえ何度も手を加えられている。レーニンやトロツキー、スターリンの著作は彼ら「個人」のある時点の思想の結晶であるが、中国共産党はそうした指導者「個人」の思想よりも「経典化」の方が重要だと考えるようである。この党文書『中国革命と中国共産党』の中で、もし資本主義列強の侵略が無ければ中国は自生的に資本主義を発展させ得たのだ、それを圧殺したのは外国帝国主義の侵略だ、という有名なテーゼが出され、後の「資本主義萌芽」研究に道筋をつけたのである。このテーゼは改めて云うまでもなく、政治的な「自尊心」のなせる業に過ぎず、あるいは中共の「社会主義」革命を中国史の歴史的発展の中に接続させるための苦肉の理屈付けで――理論上資本主義の「後」でないと「社会主義」は成立し難かった――、学問的には論証されるはずもないものだった。本体は間違っていないが、誰かが邪魔したからだ、と外部に責任を転嫁する（咎を他人に帰す）民族主義、いわゆる「忠臣－奸臣モデル」（敗戦の屈辱は、皇帝や正論を裏切った奸臣琦善の誤りのせいで、忠臣林則徐なら勝てたのだとする論）に近い論理である。一九五〇年代に中国歴史学界の総力を挙げて「資本主義萌芽」研究が追求されて、厖大な論文の山が残されたが、「萌芽」は「萌芽」でしかなく、木には成長しなかったことが――これとて昔から言われていたことだが――、あらためて分かって断念されたのだった。我国でもこれを受けて五〇年代に大学者たちが中国資本主義萌芽研究に多大なエネルギーを注いだのである――実は、この一九五一年に『毛沢東選集』が編集されたとき書き加えられたもので、毛沢東のその後の神格化とともに、歴史家を縛るものになったのだ。范文瀾の書の書き直しも、こうした一連の政治の流れの中で要請されたものである――。

話を少し戻そう。范文瀾のこのような経歴と延安での位置を考えてみた時、蔣廷黻の書との対照性が良くわかってくる。范文瀾の書は当時よく読まれたこの蔣廷黻書への共産党的対抗の歴史論として書かれたといって良い。それは、毛沢東の新民主主義論、持久戦論が、国民党が言っていた国民革命論、持久戦論に対抗したものであったのと並行していたのである。

蔣廷黻『中国近代史』は、外交史を中心にしながら、「国家」「民族（ナショナリズム）」「社会進化・近代化」を視座にして「救国」の歴史を見ている。それに対して、范文瀾『中国近代史』は「マルクス主義と毛沢東思想を指導とした近代史の開山の作」として、中国近代社会を「帝国主義と中国封建主義が結合し、半植民地・半封建社会に変えた過程」、即ち「人民の」それへの反抗過程として「階級闘争」を主軸に分析し、近代史の「枠組み」と「段階区分」

「系統の観点」を確立したということであるという（陳東林、一九九九）。これは『中国革命と中国共産党』を受けた歴史著作だからで、「階級」という視点から見ているのである（階級闘争史観）。これを「革命史観（公式史観）」、〈毛沢東－范文瀾近代史通史体系〉と呼ぼう――一九九九年に沈渭濱が「導読」で使用したこの概念を使うことにする――。それは「新民主主義革命」の必然性を弁証する前提となっている。しかし、この書は外の世界との関係がうまく描けていない。外界は悪意に満ちた「悪」一塊で、それと関係する者は「漢奸」で、手が汚れていないのは「一窮二白」（貧しく文化技術の無い）の「人民」（組織された近代的プロレタリアートでは無く、無学の農民）だけである。この悪と無辜のゾロアスター教的二元抗争で、外交・内政の絡まった近代の歴史過程が捉えられなくなる硬直した構造、シェーマであり、世界の大勢を知らない国学風である。この農民（貧農）を「無辜」の「善」なる存在に作りあげ、知識人をしてそれに拝跪させたのが毛沢東の思想だが、「毛沢東思想」は「スターリニズム」と「農民反乱の思想」（「流氓」的農民ボルシェヴィズム）*の合体だと思う。

*毛沢東「湖南農民運動視察報告」、「中国社会各階級の分析」を見ると、新たな社会主義「社会」形成の革命エネルギーを近代労働者階級（プロレタリアート）に求める正統派マルクス主義理解（陳独秀など）と極めて異質な、中国の農村に滞留していたルンペンプロレタリアート（無産遊民階級・流氓）の暴力的破壊性に「革命性」を見ている。この農民の暴力的破壊力（ボルシェヴィズム）についてはマックス・ウェーバー『儒教と道教』（創文社版）一六七頁、小林一美『M・ヴェーバーの中国社会論の射程』（研文出版、二〇一二）八〇、四〇八頁を参照されたい。この農民ボルシェヴィズム「民族派」毛沢東への中共指導権の移行は、「大革命」敗北の責任をスターリン・コミンテルンに取らされた陳独秀ら日本や外国への留学組共産党員の排除、モスクワのパンを食った党員派の排除によってはじめて可能になった。中共党史を再検討する必要があるが、ここで「社会主義」「中国革命」の「基本性質」が決定されたように思われる。

では中国近代史は、政治的必要性によってではなく、学問的には、どう描かれるべきなのだろうか。近代中国の歴史が、十全な主権と強い政権を有した近代の欧米の諸「国民国家」の歴史と違った最大の特徴は、アヘン戦争後、半植民地性の国家に陥り、社会も「中古」性（古さ）を持ちつづけていたことである。だから、中国の対外外交問題が内政へ直接的で深刻な影響を与えることになり、多くの内政的措置、施策は外交上の問題の転移で実施されることになったのだ。異なった諸帝国主義国家の中国国内での活動は中国の内政を支配するようになっていった。だから、外交、対外問題が極めて広く、あらゆる領域に影を落としているのが、中国近代史の特質なのである。

この中国の、外力の挑戦・影響に対する反応、措置、変革（自強努力、維新、革命）、これらが中国近代史の歴史の中心軸をなす。重要な内政的な事象に外力の影響と操縦の端緒を見いだせないものはない。だから、対外問題の外交上の影響の内政問題への影響について深く理解しないと、問題の真相を理解できない場面が非常に多いのである――その重要問題の一つがキリスト教布教問題である――。外交史研究、あるいは国際関係の研究が極めて重要で、それ無しには十分に近代の歴史や思想を理解することは出来ない。しかし一方で、「内発的発展論」が一時期唱えられた（朝鮮史でも）。私はその意義を一概に否定はしないが、それでは中国近代の歴史を十分には説明できないと考えるから、採用しない。この機軸で近代史の構造を組み立てるのが一番理解が深まる方法だと思う。そう考えて試論として『中国の反外国主義とナショナリズム――アヘン戦争から朝鮮戦争まで』（集広舎、二〇一五）を書いた。参考にしていただきたい。

まず、アヘン戦争における林則徐への評価についてだが、范文瀾の書はかれを「世界に眼を向けた第一人者」と高く評価し、琦善を「売国奴」としている。これは民族主義からの反外国主義的「抵抗」への評価で、蔣廷黻の書が、林則徐を「剿夷派」の代表とし、士大夫たちの眼中の林則徐と本当の林則徐の二人がいる、林則徐は自分の名誉のために清議に妥協したのだと言っているのに対する真っ向からの反論である。蔣廷黻は以前に「琦善与鴉片戦争」（一九三一）を書いて、「売国奴」といわれた琦善を世界に明るい外交官とし、林則徐を剿夷派として呈示して、世論から非難を浴びたのだが、共産党派は、蔣廷黻の書は林則徐を貶めていると非難した。

次に、近代史の三大高潮について。范文瀾の書は、（一）、アヘン戦争時の反外国運動（三元里抗英闘争とその後）、（二）、太平天国革命、（三）、義和団の反帝運動、この三つを近代の「革命」「反帝愛国」闘争の「三大高潮」とした（該書は上冊、義和団までで、下冊、辛亥革命は書かれていない。書かれなかった経緯は前述したような事情だと言うが、辛亥革命を「反満清」「反封建」「ブルジョワ革命」で書いたとしても、書けば中華民国、国民党評価、二次国共合作中の国民党評価へと繫がり、「政治的」に極めて難しかったろうから、義和団で打ち切ったのである）。これは、蔣廷黻の書が、自強運動、変法運動、義和団を三大「救国救民族運動」方案、孫文の三民主義を第四の方案としているのと大きく異なる見解である。共通するのは「義和団」だけである。

范文瀾の書のこの規定を受けて、四九年以後の共産党の歴史観では、太平天国、義和団、辛亥革命が三大「革命」高潮とされ、一方、文化大革命の後の、革命史観に批判的な「近代化」路線の歴史把握からは、洋務（自強）運動、変法運動、辛亥革命を三大発展段階とする近代史把握が主張された。この「近代化」の線での歴史把握と蔣廷黻の書との差は、またしても「義和団」である。蔣廷黻書が単純な「近代化」論ならば、近代化路線の論と同じく「義和団」は入らないであろう。その把握に近代化論のみでなく、ナショナリズム論があることの証左である。ナショナリズム、「救国救民族」という観点からは、「義和団」はどうしても外せないのである。こうして、革命史観（階級闘争史観）でも、救国救民族史観でも、一九〇〇年の「義和団」をどう考えるかというのは、どうも試金石らしいということが分かってくる。わが国の『新編原典中国近代思想史』（岩波書店）は判断がつかずに、旧来の「農民革命」の部類に入れる誤りを犯している。

范文瀾の書の七つの章が、四九年後に中国近代史の七つの研究課題——アヘン戦争、太平天国、第二次アヘン戦争、洋務運動、日清戦争、戊戌変法、義和団——となり、その後の辛亥革命を加えて、八研究分野にされる。五〇年代に中国史学会が編集した『中国近代史資料叢刊』はこれに基づいて資料集が編纂されている（農民革命論のために『捻軍』と『回民起義』が附加されている）。その後、九〇年代になって『北洋軍閥』、『清末教案』が出されたが、この構造が近代史の基本とされた点からすれば、范文瀾の書はその後も大きな規定力として作用したのである。それが一九五四年の近代史分期問題討論と五六年の全国高等学校歴史系中国近代史教学大綱の決定で大陸の「研究規範」になった。それをまとめたのが林増平編著『中国近代史』（一九五八）で、完成形態が一九八一年の胡縄『従鴉片戦争到五四運動』だった。

だから文化大革命中の一九七二、三年に出版された復旦大学歴史系・上海師範大学歴史系編『中国近代史叢書』（上海人民出版社、全十二冊。日本語訳は、野原四郎・小島晋治監訳『中国近代史』三冊、として一九八一年に三省堂から刊行された）も、基本的にこの枠組みで、胡縄『中国近代史』（狭間直樹・藤田敬一訳、平凡社選書、一九七四年刊）も同じ構造である。私が学生・院生時代に学んだ中国近代史の歴史像はこうした共産党の「近代史」像だったことが良く浮かび上がってくる。

范文瀾は、蔣廷黻が「太平天国運動」と表現したのを、彼の書の中で「太平天国革命」と表現して、共産党農民革命の前身として高く評価した。かれはそれと相即して、その対立項である太平軍を鎮圧した曾国藩を「満洲族」朝廷に屈した「漢奸首切り役人」であると断罪・否定した（一九四四）。それは次の事情と重複したからである。一つは、当時の中共・毛沢東の革命論（『中国革命と中国共産党』）の、「中国革命の対象（敵）」は誰か、帝国主義と地主階級だ、とする軍事史観・階級闘争論を明らかにすることが求められ、この「地主階級」の先人である曾国藩を崇拝し顕彰し*ている政治的「敵」対者・国民党の蔣介石（宋明理学の実践家、大資産階級）を、漢奸・首切り役人の曾国藩と同類だと批判するためだった——郭沫若が古代史研究で秦の始皇帝を批判したのも同じく蔣介石批判が目的であった——。

＊蔣介石・国民党が抗日戦争中に「曾国藩」を称揚するようになった歴史的経緯を簡単に述べておく。辛亥革命後に曾国藩が評

価されるようになったのは、帝政を目指す儒教主義の袁世凱を打倒しようという一九一五年の第三革命「護国戦争」を発動した蔡鍔（湖南人、日本陸士卒、梁啓超の弟子、雲南都督）が、曾国藩・胡林翼の箴言は今の時代の悪弊を的確に衝いた重要なものだと小冊子に編んで彼の軍の兵士に読ませたのが始まりらしい。一九二四年、国共合作の中で開かれた国民党第一回全国大会でソ連の支援で設立が決定された黄埔軍官学校の校長になった蔣介石は、この蔡鍔の小冊子を拡充して、「国民革命」軍の中核を担う将校が学ぶべき「教科書」として使用した。国民党は革命党として太平天国の後継者を自認してはいたが、この頃から革命とともに、「祖先精神の復興」を同時に語り始める。一九二六年の北伐の前線指揮官をしていた蔣介石・唐生智らは自分たちを太平軍を撃滅した曾国藩・胡林翼に擬えていたという。蔣介石は二七年の四・一二クーデタで共産党を弾圧・分離し、南京国民政府を組織すると、太平天国よりも、反乱分裂を克服して統一を回復した清朝政府に自己同一化するようになり、その成功を、同治中興期の英雄的人物（曾国藩、左宗棠、胡林翼ら）の道徳品質と、洋務近代化だけではない儒教による社会秩序の再建に求め、自分のモデルとした。蔣介石は同治中興を失敗とは見ず、曾国藩を「善徳」ある行動者として自らの「導師」とさえした。二八年にははっきりと孔子尊重に転じ、曾国藩・胡林翼の選集が出版されて国民党員の必読とされ、蔡鍔本の新版も続々と出され、中興諸臣の能・才・勇を持つ蔡鍔は「青年のモデル」だとされた。三〇年に江西ソビエトを作った共産党に対して、蔣介石は「厳格に執法、保甲を強化、郷紳の力の再建」という曾国藩の太平天国時の三原則をモデルに囲剿戦を開始する。こうして蔣によって曾国藩・胡林翼は高く評価され、太平天国は低くなった。そして蔣は、歴代の農民反乱は、太平天国から共産党につながる「匪」であり、「古い道徳を保護しなければならない」という「治者」の立場を鮮明にし、国民党は「中国文化精神の真の革命的継承者である」と主張――革命党との主張はなお止めずに――、共産党「囲剿戦」の準戦時体制のために「新生活運動」や、儒教経典「読経運動」を展開した。

一九三二年、満洲事変後の日本による外圧と、共産党の内乱のなかで、蔣介石は「安内攘外」路線を取り、曾国藩は近代史上の偉大な人物で清朝を救っただけでなく全中国を保全した人物である、その刻苦勤勉、堅固な道徳観念を全国民の「忠孝」と「自救」のモデルにしようと呼びかけ、抗日戦争中の国民の精神的動員の象徴にしたのである。国民党は共産党に対抗して、地方支配強化のために士紳層を利用し、かれらに保甲制を用いた統制と農民大衆への儒教的秩序の教化を図り、軍人の精神修養を強化し、曾国藩らの対捻軍掃蕩戦略を対共産党に利用した。こうした国民党の「同治中興」研究からの「新儒教道徳」提唱は、「共産党とうまく競い得る可能性を持った唯一の政治運動のイデオロギーだった」（メアリー・ライト *The Last Stand of Chinese Conservatism*, 三三一頁）。それは「礼の原理の永続」をめぐる競いで、中国を「中国」たらしめているのは「道徳倫理」であり、それこそが中国を存続させてきたのだが、共産党は人々からその「魂」を失わせていると主張した。共産党は、曾国藩は民主を求める人民の革命の戦いを、外国人の支持を得て鎮圧した「反革命」の「財産階級」で、それを「聖賢」にしている蔣介石は「青年を迷わせている」（范文瀾）と批判し、曾は反革命、漢奸の「首切り役人」だ、と断罪したのである。

服喪中だった礼部侍郎の曾国藩は、太平軍が長沙を攻撃した後、北上して一八五三年一月に武昌を占領した頃、朝廷の命で長沙城に入って防衛のための団練・湘勇を組織したが、そのとき司法機関「湖南審案局」を設立して周辺の土匪活動を徹底的に取り締まり（厳格執法）、捕えられた者をみなすぐに「梟首」（首刎ね）にした。それでかれは「曾剃頭」（首切りの曾）とあだ名で呼ばれたのだが、地主階級の曾国藩は異民族（満洲族）・帝国主義の外国人に身を売って、「太平天国革命」（農民革命）を鎮圧したのだ、蔣介石・国民党が、中国国民のモデル、模範人物だと称揚するのとは全く違う人物なのだ、と暴露し・否定した訳である。

范文瀾は「曾国藩の一生」の中で、曾国藩が「『わが国の旧文化（封建文化の反動暗黒面）の代表的人物であり、理想的な人物だとさえ言ってよい』として曾の漢奸、反革命の方法、およびその投降妥協の外交路線を、人民を統治し青年を迷わせる「経典」としたのは、まことに理のあることであった」、と皮肉たっぷりに批判を書いている。かれはこの文章をどこから引いてきたのか明示していないが、この引用符（『 』）部分は、蔣廷黻の書の民国版の四六頁（岳麓版の三四頁）からの引用なのである（カッコ内の傍線部分は范文瀾）。かれはこのようにはっきりと反・蔣廷黻書の性格を明らかにしている。蔣廷黻は太平天国運動を「新たな王朝」を建てようとしたものと見て、それを鎮圧し「自強運動」を進めた曾国藩の方を高く評価した。こちらの方が「救国救民族」だと。范文瀾の見方はこれと全く対蹠的な正反対の評価である。つまり、曾国藩は、「滅満興漢」の種族（民族）革命を唱えた漢人の洪秀全を、満洲人のために鎮圧した満清王朝の「首切り役人」である、曾は「漢奸」だ、というのである。これまた「忠臣－奸臣モデル」で、蔣廷黻書の「民族主義《ナショナリズム》」の捉え方と正反対である。湖南人・青年毛沢東も一時曾国藩を理想の人物と考えていたのだが、こうして曾国藩は共産党によって一転して「漢奸」にされた。

この曾国藩漢奸論をどのように抜け出すのか。曾国藩らが推進した「自強運動」――この動きをどう名称づけるかは大事な問題で、范文瀾はまだ「自強」を使っていたが、共産党派は誰が使い始めたかも不明な「洋務運動」という名称を一九六一年の中国史学会編『洋務運動』資料集八冊で用いて以後、誰もが「洋務運動」を使うようになった。軍事近代化を志向した「洋務」官僚が主導した自救運動というような意味で使ったらしいが、「洋務」は「夷務」を修正した形で、政策目標の意味が字義上も定義出来ない不適当な歴史概念である（樊百川『清季的洋務新政』一巻「洋務新政正名議」を参照）、英訳するとModernizationに、清廷の側から見ると「同治中興」に、「中国国家」という観点から見ると「自強運動」になるのだろうが――は、中国の近代化、救国に一定の役割を果たしたのではないか、これらの問題が文化大革命後の中国歴史学界の論争点の一つになったのだが、一方を評価すれば他方を貶価否定することになるかかる自縛の「政治」の枠組を抜け出すのは極めて困難である――この辺りの「洋務運動」と曾国藩評価問題に関心を寄せたのが故並木頼寿氏で、氏の「中国の近代史と歴史意識」（岩波講座『現代中国』第四巻「歴史と近代化」、一九八九）が丹念に紹介している――。だが、なぜ曾国藩漢奸論が出てきたのか、その歴史的経緯がこのように分かれば、共産党支配下の中国の「歴史学」が政治の侍女であったことを考えれば、その共産党の「評価」＝「歴史観」をひっくり返すことが如何に難しいかが理解できようというものではなかろうか。

この「反満」論、清末の革命派以後の「反満」民族主義を一八六〇年代の曾国藩にまで遡行させ適用させるのが妥当なのかどうかが問われることになるだろうが、わたしは無理だと思う。大学院生時代に、西順蔵先生のゼミで龔自珍を読んだ時に、かれや魏源のような優れた自覚的知識人の王朝体制意識と反満意識について疑問を持って、先生に「かれらには反満意識はないのですかね」と訊いたことがあった。士大夫のかれらは「そんなもの」（所与の体制）として清朝体制を容認していたのだ、というのが先生の意見だったが、今のわたしもそう思う。父祖・自分が生まれ育った帝国・王朝への疑問は、科挙試験のための伝統的教育を幼い頃から受けてきた士大夫知識人には無かったのだ、と考えるのが正しいのではないか。蔣廷黻は、大清はまだ満と漢に分裂していなかったとして、士大夫階級や曾国藩が満洲族の清朝を支持するに至った理由を『中国近代史』で詳論しているが、ほぼ納得できる説明と言ってよい。范文瀾が「太平天国」の反満洲種族革命のみならず、その社会革命性を極めて高く評価する以上、それに敵対した曾国藩は断罪されるべきものとして共産党・范文瀾によって強調された。その民族主義、満漢問題の捉え方自体大きな問題であろう。これらについて考えるには、太平天国の運動自体をどう捉えるかが鍵になるが、共産党派の中国革命の先駆者という太平天国論はもう意味をなさない。それについては、最近訳したジョナサン・D・スペンス『神の子洪秀全——その太平天国の建設と滅亡』（拙訳・解説、慶應義塾大学出版会、二〇一一）などを参考にして宗教的な側面から考えるのが最も良いと思う。本書第七章を参照していただければ幸いである。

これらの詳細は別の機会に論じることとして、蔣廷黻が該書を書いた背景にある、かれの思想認識について、次節でもう少し詳しく触れておきたいと思う。

四、蔣廷黻の歴史認識と時局観

かれの歴史的思想の特徴はまず何と言っても、帝国主義、植民地主義についてのレーニンやスターリン的な捉え方

――したがって毛沢東・共産党の捉え方――との違いだろう。帝国主義、植民地主義を恨み、復讐心で眺めるのではなく、それは世界史の発展情勢が然らしむるところで、絶対的悪とは見ない、というのは特異である。かれは、それをどのように転化利用するかと考えるべきだとする。『中国近代史』第三章第四節で展開されているヘイズやホブスンなどの影響を受けたこの議論、帝国主義と資本主義の捉え方は、レーニン帝国主義論に慣れ親しんだ私などには、少し驚きで、眼を見張らせられた。考えさせる捉え方だと思う。共産党や民族主義者は、近現代になって中国にやって来た外国勢力、経済、文化、宗教すべてみな、中国から富を奪っていく強盗・悪人、害悪の根源だと規定して非難し、排斥してきた。アヘン戦争以来の広東団練の排外運動、義和団の排外から中共へとつづいている排外的（閉関的）で狭隘な「民族主義」の考えである。しかしながら、中国共産党も、改革開放以後、とりわけ天安門事件の経済封鎖が解除されたのち、外国借款と外資導入を積極的におこない――「近現代史」の歴史記述ではこれらはしばしば帝国主義に利を与える「売国的」行為と非難されてきたものである――、技術を導入し、「世界の工場」として経済成長を達成してきたのは、従来からのイデオロギーから言えば自己矛盾的な「路線転換」で、孫文の国際的連繋の中での中国の発展という考えに近いものである。特色は、現今の政策は「中国のためにのみ」導入するのであって――外資は利用しむしり取って捨てすれば良いという考え――、孫文や蔣廷黻の互いに利を得る協力（互利合作＝ＷＩＮ―ＷＩＮ関係）とは少し違う考え方だということである。最近ではアメリカや外国が積極的に中国に投資するよう呼びかけてさえいる。ということは、排外的「民族主義」の帝国主義絶対悪・打倒論のイデオロギーは、飯を食うという意味では実際的でなかったということを自ら証明したのだろう。中国共産党イデオロギーのプラグマチック（実利主義・御都合主義的）な性格をよく示している。しかし、中国人は理性よりも感情で物事を考えるらしく、共産党もまた、文化大革命にせよ、この転換にせよ、きちんと総括説明しないまま、先の帝国主義についての固定観念が「愛国主義」の下に強調されて生き続けている――これは自己矛盾的であるように思われる――。

蒋廷黻のこの世界認識にともなって、当時の中国国民が見せた一気に物事を解決しようという過激なナショナリズムへの批判の意識が出てくる。世界の偏狭な民族主義が、国家を宗教化し、狂信化しているが、このことに対する厭悪感といっても良い。贅言することになるが、軍閥抗争をやっていた中国政治にナショナリズムの精神薬が必要であることは認めるが、それは反国際主義的なものであってはならない、中国が近代化し自強するには国際的な同情と助けが必要なのだ。ナショナリズムの利点（国民的凝集）を収めながら、弊害（偏狭さと反国際性）を免れること、また国際主義の軽佻浮薄さと幻想を免れるのにはどうしたら良いか、その「中和の道」が重要なのだ、とかれは言う。

かれは国際人、二つの世界を生きたマージナル・マンで、珍しく中国人的な偏狭さを免れている。それはかれの履歴からして頷けることだが、しかし、ナショナリティを希薄にした中国人ではない——戦後の国連でのソ連批判を見るとよくわかる——。しかし、国民革命以後のナショナリズムは、中国は神聖であり、中国人だけが愛国的で、自分らこそが中国を救うことができるのだと主張した。こうした熱中主義は往々にして間違いを犯す。中国人が自分の愛国主義だけが公正で、他人の愛国を無視するなら、それは間違いだ、とかれは警鐘を鳴らす。愛国主義というのはナショナリズムの一部ではあるが、ナショナリズムの大部分はそうではないのである。ナショナリズムは往々にして自分の国家に驕慢強傲な態度をもち、外国に対する蔑視卑視の態度を持つ。そうではなく、愛国は謙譲なものでなくてはならない、とかれは考える。

したがって、「革命外交」は糾正されねばならず、冷静に世界的な視野を持って、重要なところから順番に手をつけるべきで、一気呵成にすぐに何でも解決するような態度を採るべきではない、と「革命外交」を推進する南京政府の王正廷外相らに批判的だった——したがって当然、武漢政府外交部長の陳友仁（かれは、太平軍の元兵士で中国を逃れトリニダートに移住して農園を営んだ父を持ち、ロンドンで教育を受け帰国し、孫文の英文秘書をし、国民革命に参加して武漢の外交部長に就任した）にも当てはまる——。かれは問う。満洲事変以前に中国外交当局は、日中の決裂を防止するために全力を尽くしたのかと。革命後に統一国家を建設するためには、中国には時間が必要なのだ。普仏戦争後にフランスがやったように国力が回復するまでは決裂は避けるべきなのだ。時間があれば中国が強くなるのは間違いないのである――抗日戦の初期に中国軍が抵抗できたのは九・一八（満洲事変）以後、七年間の準備の成果なのだという該書の指摘に通じる考えである――。中国が貧弱なのは、すべて帝国主義に原因があるのではない。中国が近代的な組織や知識を欠いていたからで、急務は内戦を中止し、経済を発展させ、近代的な組織を建設することなのだ。それには平和な環境が要るのだ、と言う。

日本と中国が互いに忍耐して協力すること、中国が富強になることは日本にとっても利益になるよう、互利合作すべきなのだが、残念なことに一九三〇年代になるとそうはならなかった。満洲事変後、外相顧維鈞は熱河の錦州附近を中立区にする案を出したことがある。これは、関東軍による熱河作戦によって日本側からも踏み倒されたのだが、中国国内からも反撃を受けた。中国には平和の時間が要るのだと考える蔣廷黻はこの案に賛成で、燕京大学の校務長だったJ・L・スチュアート（司徒雷登）の招きで、燕京大学で講演したとき、この考えを述べた。しかし、多くの教職員から反対を受け意気阻喪している。日本は中国の領土を占めた、中国は必ず抵抗しなければならない。たとえ敗れても、死んでも悔いは無いとする圧倒的な世論だった。全国の学生たちは、鉄道に乗って南京に行き、抵抗を訴えた。列車はそのため運行に支障をきたすほどだった。この感情は、清末の帝国主義中国分割（「瓜分」）の時に聞かれた決意の叫びと同じ響きであった。しかし、世論というのは浮動的なもので、北伐（一九二六年）から九・一八（満洲事変）まで、中国人は打倒帝国主義を叫び、罪を外国（英国）に帰して、自分のスローガン（打倒イギリス）に酔っているようなところがあった。だが、九・一八満洲事変が起きると、打倒を叫んでいたそのイギリスなどの列強に救いを求めた。全国が空手形ばかり切っている有様だ。自分が弱く、外部に頼ることが出来ないなら、妥協し、暫時的に割を食うのも我慢するしかない、というのが彼の考えだった。

第一次世界大戦後、西洋各国は大戦の戦禍に慄いて、戦争を恐れること虎を恐れる如くになった――その感情は「パリ不戦条約（ケロッグ＝ブリアン協定）」に典型的によく示される――。その傷がまだ癒えていなかったところに、「大恐慌」がやって来た。ヨーロッパには、共産主義と資本主義の対立があり、イギリス・フランスの対米戦費債務の問題があり、軍備拡張の防止・軍縮が緊急課題になっているし、戦後の独仏関係、仏伊関係の修復などの多くの問題があって、到底、列国が連合して日本に当たるなどという可能性はない。一方、日本は西洋に対して余力を持つようになった。したがって、日本がワシントン会議で決められた九カ国条約を根本からひっくり返そうとするなら、世界は連合して反対するだろうが、そうでない限り、九・一八満洲事変の事態は短期間には解決し得ないのだ。それゆえ、自分は、一部に保留と考慮を残すが、リットン調査団の報告勧告に基本的に賛成する、と述べた。当時のかれのこの国際認識が極めて正確なものであったことは、一九七三年にクリストファー・ソーンが書いた *The Limits of Foreign Policy, The West, the League and the Far Eastern Crisis of 1931-1933*（『満洲事変とは何だったのか』市川洋一訳、草思社、一九九四）がはっきりと明らかにしているところで、さすがに後にソ連大使を経験することになる優れた外交史家の見識であった。史実もそれを証明していた。

だが、では、それを受け入れながらどうするのか。中日の経済接近、「互利合作」をしながら、国家の近代化をすすめ、出口を探り、対外的にはソ連と協力することが重要だという。日本が武力で創った大陸帝国は、より大きな武力でなければ潰せない。それを蓄えるには時間、五年から十年の時間がかかる。そのうちに内戦を停止し、改良しつつ、ソ連とも互利協力することが必要だ、というのである。

こうして、中国にとっては、ソ連をどう認識し、どう対応するかがますます重要になってきた。かれの関心は、東北・北に向かい、ロシア、ソ連研究になった。学術的には「最近三百年東北外患史――従順治到咸豊」（『清華学報』第八巻一期、一九三二年）を書いた頃からだが、その中で一八五八、六〇年の愛琿、北京条約締結のときの「ロシアの友誼」の代償として清朝が支払った大きな「代価」について書いている（『近代中国外交史資料輯要』にも「ロシア友誼の代償」の章が入っている）。一九三二、三三年にその他「ボロディン時代のソビエト・ロシアの極東政策」「中露復交」「蘇ロシア中東鉄道を売りに出す」などを『独立評論』に書いている。かれは、スターリンを地道な民族主義者、ピョートルの後継者と見ていた。スターリンの外交は国際主義のそれではなく、ソ連国家の利益を守るためのものである。ドイツでナチスが勃興した後、ソ連の軍事外交の重心はヨーロッパに移った。ソ連は極東で守勢を主としている。中日間の戦争で中国を支援はしても、ソ連はかなり長い間、兵を出して日本と戦うことは出来ない。ソ連が中国と肩を並べて戦うようなことは望んではならない。ソ連は何としても日本と戦争はやりたくないのだと云った――ソ連は西と東で戦争を構えることは出来ないからで、のちに中東鉄道を日本に売る（一九三五年）などの姿勢に転じるのだが、私には、ロシア人の日露戦争、シベリア出兵を味わったその後遺症が出ているようにも思われる――。

蔣廷黻は、ソ連は日本と戦争したくないから、しきりに中国に抗戦をやらせようとしている、と反感を持った。しかし、ある国家が自国の安全と利益を考慮するのは普通のことで正常だ、とも客観的に理解している。だから、中国人が日本は敵でソ連は友だ、というのは間違いだ。ロシア・ソ連が歴史的に中国主権を犠牲にして自分の東北利益を日本と分け合ってきたことを考えよ、それを友とするのは間違いだ。安易にソ連に期待するのは誤りであると云う。かつて「三国干渉」に中国人が感激し、李鴻章がウィッテの手玉に乗って露清密約を結び、ロシアの狼を家の中に入れたことを考えればよく分かる（『中国近代史』第三章）と言いたかったようである。

ソ連は欧州問題を最大の問題としたため国際連盟に加盟した（一九三四年）。かれらは以前、この国際連盟を資本主義国家の芝居だと言っていたのに入ったのだ。それは、自国利益のため、つまり平和を欲したからだ。それによって、ソ連にとって極東は「次要」（二番目に重要）になり、それ以後極東では戦わずに退いている。中東鉄道の日本への売却交渉がそれを示すが、自分の極東利益は日本に譲歩しつつも、極小の犠牲で平和の目的を達している。日本が得たものは極わずかで、大勢には関わらない。一九三七年の初めに蔣廷黻は、ソ連は自分は対日戦を避け続けながら、中国人民をそそのかして、政府と対立する抗日風潮を作り出している。国際連盟でもソ連は一度として中国を助けたことはない。中日紛争でも、一度として中国の味方をしていないのである。醒めたソ連との協力こそが必要なのだ、と述べていた。該書を書く前の三七年一二月、日中戦争が始まってから、かれは任地のモスクワから、ソ連は積極的に出兵してわれらの抗日を助けることは出来ない、と報告していたのだった。

私は岡本隆司（『李鴻章』岩波新書）と違って、「露清密約」を結んだ李鴻章外交への蔣廷黻『中国近代史』の「評価」は、前述したような彼の外交史資料研究に加えた、こうしたロシア・ソ連研究と「現場」感覚から生まれた「卓見」だと思う。当時の中国人の心理背景、李鴻章の交渉心理についての該書の記述は、昨今の中国の研究者も賞賛するほどの「リアリティ」を持っている。該書のハイライトの一つであろう。梁啓超も露清密約は「髪一本引いて全身が動くように、全中国に大きな誤りを造った」、その李を「どうしても許すことが出来ない」と「評」している（『李鴻章』）。李のロシアへの軽信と屈服、東清（中東）鉄道建設の認可は果たして避け得ない「選択肢」だったのか、蔣の「李鴻章――三十年後的評論」を踏まえた上で、改めて考えて見ても良い研究課題ではあるだろうが、その際、百万ルーブルと言われるロシアから李鴻章に与えられた贈賄の意味するものや、人民共和国成立後の中国人（共産党）の「ソ連一辺倒」から「中ソ論争・中ソ対立」までの歴史も考慮に入れたらなお良いであろう。

参考のために蔣廷黻が『回憶録』で次のように言っていることを付け加えておきたい。李鴻章の資料は、彼が清廷を代表して一八九六年のニコライ二世の戴冠式に出席した以前のものは全て揃っている。しかしそれ以後の五年間の資料、一八九六年から一九〇〇年までの資料は無いのである。なぜ無いのか。南開時代に自分はこのことに関心を持って李鴻章の助手や秘書など多くの人に訊ねたところ、いろいろ解釈が出たが、当時の人々が最も確からしいと認識していたのは、次のような話である。李鴻章の資料の編集責任者は有名な学者だった呉汝綸で、当時保定の蓮池書院の山長（学長）をしていた。李鴻章の手稿はみなここに送られて、木工によって版木に刻まれ印刷に備えられていた。後に、北京のロシア公使館の何人かの館員が保定にやって来て、版木の保管人に金を握らせて、一八九六年から一九〇〇年までの版木を全て毀してしまった。証拠隠滅である。李鴻章は晩年北京のロシア公使館と密接につながって仕事をし、九六年に露清密約、東清鉄道契約を結び——当然、北京の清廷を説得して同意させてだが——、九八年の旅順大連租借にも関わっていたからだ。ロシア革命後のソ連が公開した旧帝国の文書は、九八年にウィッテがそれらの交渉を成功させるために五十万ルーブルを贈ったことを載せている。帝政ロシアはこの不名誉なことを公開させたくなかったらしい。いつの日か、この五年間の資料が発見されることを望む。そうすれば、李鴻章に関する資料は全て揃うのである（伝記出版社版九六頁、岳麓社版一〇一頁）。

そして『中国近代史』には、西欧諸国（とくにドイツ）の李鴻章への歓待は「三国干渉」の「報酬」目当てだったことも書いてある。その後の帝国主義中国分割「瓜分」の動きはこの三国干渉への「報酬」問題から始まったことは拙著『義和団の起源とその運動』その他で示しておいたが、わたしは蔣廷黻のこの考えに深く賛同するのである。

蔣廷黻の近代史、現代世界の認識をこのように見てくると、『中国近代史』の内容と立場が良く理解できる。一言で言えば、西洋近代世界に接応（外交的対応）しながらの救国救民族の対抗模索（自強・近代化努力）を近代史の中に見ようという歴史意識で一貫しているといって良い。

現在、近代史「通史体系」としてあるのは「毛沢東‐范文瀾通史体系」と「西洋の衝撃論」であるが、前者は既に指摘したように、蔣書に対抗して延安で「マルクス主義階級闘争理論」を指導にし、階級分析を研究方法にした書で、一九四九年以後、これが「伝統モデル」「規範」になった。そして毛沢東の死から五年後に出た胡縄『従鴉片戦争到五四運動』（一九八一）が毛史観の末尾を告げた。しかし公式史観は、胡縄のような「五四運動まで」でなく、共和国建国まで、そして共和国史を、という風に「無総括的」に階級闘争論を抱えたまま「断代史国家史観」へ雪崩れた（代表が張海鵬）。文革後日本でも「毛史観」からの脱却が言われたが、所謂中国派、戦後歴史学派はその形成の歴史的根源にまで遡って、如何なる性格を持ったもので、何処が限界性なのかを「自己点検」しなかった。蔣廷黻書への書評（杉山文彦『中国研究月報』二〇一三年一〇月）は、革命史観は「幻想なりに」「魅力に満ちたものであった」とノスタルジックに感想を漏らす。それをしない内に、「つぎ・つぎ」に、「なり」ゆく、「いきおひ」に流され（丸山真男）、いまの研究を語る。この体質は日本思想史の問題であろう。

この毛‐范体系に対抗する通史体系は、現在、フェアバンクの「西洋の衝撃」論しかない。その限界が言われて、弟子のP・コーエンが *Discovering the Chinese History*（佐藤慎一訳『知の帝国主義』）を書いて、中国に内在した視角から見るべきだと言ったが、では、彼の義和団研究 *History in Three Keys* はというと、あまり内在的ではない。事件、経験、神話化という記憶をめぐる歴史論になった。最近の言論でも中国人のナショナリズムの「深層文化」・アイデンティティや心理構造については、外国人の理解には限界があると述べ、手をあげている（ワン・ジョン『中国の歴史認識はどう作られたのか』東洋経済、二〇一四）。中国の近代史は対外問題が最大課題で、内政はその対応だったから、西洋の衝撃論はそう簡単に否定しきれないのである。だがこの「西洋の衝撃」論がどうして出来たかと言うと、前述したように、H・B・モースの弟子のフェアバンクが一九三二年に留学した清華大学で、蔣廷黻の近代外交史研究と出会ったことが源流なのだ。蔣は先生、彼は学生である（フェアバンク前掲書一三〇頁）。彼の通史のキーワード「西洋の衝撃と中国の応答」、「帝国主義」、「近代化」の初型は蔣廷黻の「中国与近代世界的大変局」、『中国近代史』に見えている。ということは、今のところ近代史通史体系としては、蔣廷黻近代史と毛‐范通史体系しかないということになる。一方の限界を指摘するならば、その政治権力によって「文革的」に抹殺された他方はどうだろうか、と再考してみるのは当然であろう。だから該書を注付で翻訳し、詳しい解説を加えたのだが、前掲書評は紹介と感想が中心でこの辺りの学術的位置のところに踏み込めていない。

この毛－范体系に替る体系を「社会史」で構築しようとしたのが、華東師範大学の陳旭麓で彼の遺稿『近代中国社会的新陳代謝』（一九九二）がそれである。蔣廷黻書を再版するよう推薦したのも彼である。革命史観を脱却しようとしたとき、蔣書を最も参考にしたのだ。だから、毛－范体系を克服しようとするなら、蔣廷黻近代史は多くの示唆を与えてくれるのである。陳の弟子の沈渭濱（一九三七－、復旦大教授）は一九九九年の上海古藉出版社版『中国近代史』の「導読」（『蔣廷黻《中国近代史》・導読』華東師範大出版、二〇一四）で、「当代中国史学の近二〇年来［改革開放以来］の近代史研究を少し回顧してみると、驚くことに、我々はまさに懸命に蔣廷黻が提出した近代化の研究に力を注いできたのであり、且つまた、大部分の研究者は程度は違うが蔣廷黻の六〇年前の（近代史の）構造［建構］と言語［話語］体系を繰り返すか、彼の分析枠組み［框架］を使用していることを発見する。だから彼と彼の著作を重視し、それの研究を進める意義も言わずして分かるだろう」と書いている（三八頁）。的確な反省と指摘である。

だが、この華東派にも問題がある。「近代化」論だけで近現代史を見て十分なのか、である。洋務・変法・辛亥（↓五四新文化、改革開放）の線で見ると、反外国排外運動も太平天国も、民族運動（迷蒙な義和団）も「無価値」なものとして落される。しかし現実歴史にはこの攘夷・排外・反帝運動は延々と累積している。また、洋務・変法・辛亥も内的自生的に生まれたのかといえば、そうではなく、対外関係の刺激で起きた内政的な反応である。だから私は、「対外問題」が中国近代史の主線で、それに内政が反応した（蔣廷黻の観点に近い）と考えると両者が絡んだ歴史展開が解けるとして、『中国の反外国主義とナショナリズム』を最近書いて近現代史を考えて見た（該書六頁参照）。前述したように、国内階級闘争を主線で見る公式史観では外国は「悪の帝国主義」一塊で、外国と繋がる者は悪の手先でしかなく、世界史・対外関係の意味や性質、その変化と応答性質の変化への関心を失う。だから毛の死後、「階級闘争」と「一国社会主義」を止めて、「改革開放」「近代化」に転じると、階級闘争史観は「世界」と連関した現実（歴史）

を説明する能力を失った（もともと社会進化論＝近代化論が無い歴史観だから適応不能だが、「社会主義」になりさえすれば「国家」「民族」の問題も「近代化」も全て解決するという「主義《イデオロギー》」の「幻想《ビジョン》」の「喪失」と共に破産したのである、この点が肝心である）。こう考えて、対外問題を主軸にし、その反応《レスポンス》である「反外国主義」「ナショナリズム」「文化的民族主義」をカギに近現代史を一貫して見てみようというのが拙著の企図になった（近代化論は脇に置いた）。そして、近現代の中国ナショナリズムは外国の対中国姿勢の変化と相即して質的変化をしながら変相的に展開していったのだ、という把握になった（本書第二章を参照されたい）。ところが、拙著への書評（『中国研究月報』二〇一六年一月号、東大大学院・古谷創）は、私の「反外国主義」「ナショナリズム」による近現代史把握に疑義を呈し、驚天動地にも「ナショナリズム」概念での把握は性急すぎると否定する。彼は、反外国主義、ナショナリズムが変相的で内容的にも変化しつつ展開していること（外国人嫌い、反外国主義、民衆ナショナリズム、文明排外、高文化ナショナリズム、国家主義、共産主義）が読解できないらしい。

例えば、毛－范体系がいう三大革命高潮だが、太平天国、義和団、辛亥革命の展開をどう内在的関連で説明するかに限って云うと、この歴史過程は人民闘争の「発展」などではない。太平天国の「反乱」は西洋の衝撃そのものである。プロテスタント布教の結果である。それに対する反応が儒教文化防衛者・曾国藩の湘軍（これはアヘン戦争時の抗英、広州入城阻止の「攘夷」運動・外国人嫌い「ゼノフォビア」の系譜を引く）と、反キリスト教事件（江西湖南）だが、この教案が太平軍の刺激を受けた在地カトリック教徒の動きが呼び起こした事件であることが実証されたことで、反太平がその後の仇教運動の高まりと繋げられ得た（この儒教防衛者で洋務派の曾国藩が天津教案を外交処理した所に悲劇性がある）。この反太平軍湘軍－仇教の士紳の思想潮流を代表するのが湖南人・元湘軍将校の周漢で、曾国藩のこの流れが帝国主義時代の「義和団」期の反キリスト教（反帝・国家擁護）へと「内在的に連関」するのである。だから、太平天国と義和団は繋がるとしても対立的にである。辛亥革命は、義和団以後の高文化ナショナリズムによる、投資主義に「転換」し鉄道利権を奪う列強に国を売り人民を裏切る満清政府を打倒せよという反外国主義と反満種族（反韃子）主義、日露戦争以後の新思想ナショナリズムで起きた種族・共和革命、「帝国（アンシャンレジューム）の解体」である。「ブルジョワ革命」（毛史観）ではない。太平天国と日清戦争の間が「洋務」、日清戦争と義和団の間が「変法」、義和団と辛亥の間が「革命」という三段階論（小野川秀美説）が正しい、というのが拙著の説（溝口雄三説批判）になっているのであるが、こうした公式史観とは違った近現代史の把握についてその当否を論評する知識能力も書評者は持っていないようである。

少し話を戻す。しかしながら、この蔣廷黻の政治社会思想や政治的な立場を理解することは、『中国近代史』の理解を助けることにはなるけれども、それで歴史書としての該書の内容がすべて理解できるというのでもない。該書にはそれを超え、現在に響く斬新な学問研究・歴史研究がある。それをこそ、わたしたちは読み直してみる必要があろう。

上に触れた太平天国と曾国藩評価や露清密約と李鴻章の評価以外にも、私が翻訳しながらでも注目すべきだと考えたいくつかの論点を挙げれば、次のようになる。

●アヘン戦争と林則徐の評価のパラダイムへの疑問の提起。――中国政治世界の二派への分裂傾向と「奸臣－忠臣モデル」については、『中国の反外国主義とナショナリズム――アヘン戦争から朝鮮戦争まで』で若干論じた。
●官場の士大夫階級の清流意識とそれと同調する輿論の存在。
●中国歴史の循環構造と民衆反乱の関係――これについては「王朝交代と農民反乱の循環構造」（吉尾寛編『民衆反乱と中華世界』汲古書院、平成二四年、所収）で論じてみた。
●朝貢―冊封システムと中国の「国防意識」との関連性。

●「海防」「塞防」論争で、英将ゴルドンが再来華して、露清戦争になった場合について軍事的助言を行い、論議を決定づけたこと――これら「国防問題」は人民共和国の歴史（外交史）を考える上でも大いに参考になるだろうと思う。
●李鴻章以来の慎重な対朝鮮政策が、「壬午軍乱」時に直接干渉に転換したこと（張樹声と薛福成、馬建忠の役割）、これが日清間の衝突の直接的背景になったこと。
●日清戦争が中国にとってどのような意味をもったか、北洋艦隊と黄海海戦の位置。
●中国史で「変法」が成功しない理由として挙げる、王莽、王安石、康有為の「変法」の歴史。
●義和団を支持した清朝官員たちは「愛国分子」であったという指摘。
●軍権が政権だった民国の軍閥の起源が「私軍」としての湘軍・淮軍・北洋軍だったという指摘――そうすると、共産党の軍隊＝人民解放軍はいつ「私軍」ではなく、「国家」の軍隊になるのだろうかと疑問を持つことにはずである――。
●前述した「帝国主義」の捉え方、露清密約で李鴻章をたらしこんだウィッテの手口と李鴻章が狼を部屋に引き入れたという指摘。
●辛亥革命前の「満漢対立」の深刻さの指摘と、辛亥「革命後」の混乱についての梁啓超の指摘の正しさ。
●鉄道国有化政策が合理的なものだったことの指摘――これは私も同意していたが、鉄国有化反対論は別の文脈から出てきたことは、『中国の反外国主義とナショナリズム』第五章「辛亥革命をどう捉えるか」で論じておいた。
●辛亥革命が清朝帝国の自壊（解体）であったことの指摘。
などである。

これらの諸点は私の中国近現代史研究の見解と非常に多くの点で一致し、同意するところが極めて多いのである

（幾つかの点は、拙著『清末のキリスト教と国際関係』、『中国の反外国主義とナショナリズム』で論じているので、参照されたい）。

なぜだろうかと、考えてみた。結論は、蔣は「歴史」を「中国外交史」で研究しているからだ、と思い当った。中国はフィールドで、研究対象は人間（社会）とその「歴史」なのだ。私は「東洋史」出身でなく、「東洋史学」ジャーゴンの世界に縛られずに社会科学市民学派の思考に慣れていたところから中国史研究に入り、大学での職分も「歴史学」だったものだから（第九章参照）、考え方が「歴史学」的、世界史（西洋史）的、社会科学的で、蔣廷黻の発想、思考、文体に全く違和感がなく、むしろ親近感を抱いた。范文瀾の古典文は何度読んでも頭に入りにくかった。マージナル・マンとして、蔣は自分とどこか似ているところがあるような珍しい中国人だと思ったのである（レベルは全く違うが）。そうした思考で中国近代の「歴史」を捉えると、何処かしら似てくるのかも知れない。

なかでも、義和団を第三の救国救民族の方案であり、清朝官員は中国を防衛しようとした「愛国分子」だったという指摘は、類書に例を見ない「卓見」である。義和団研究の「専門家」として、私はわたしの研究結論（『義和団の起源とその運動――中国民衆ナショナリズムの誕生』）と同じこうした見解を、四十年前に中国史研究を始めてから、はじめて読んだ。これを彼は一九三八年に既に書いていたのである。このように説明すると、民族・国家の危機での清朝擁護（国家擁護）の『扶清滅洋』スローガンの出現がきちんと説明がつくのである。共産党流の、「扶清滅洋」は「農民階級の歴史的な限界性のある民族革命思想」、「人民の反帝国主義の原始的形式」であるとする歴史観（中国義和団研究会会長・中国史学会会長の張海鵬）は、階級論的に無理にねじ曲げた歴史の解釈であり、歴史を素直にきちんと説明できないのである。世界の義和団研究は、この中共マルクス主義の義和団論とアメリカ人宣教師の義和団論にずっと振り回され続けてきたのだった。

欧米の義和団研究について言えば、V・パーセル、P・コーエン、J・エシェリックの研究も、義和団は「反清」なのか「保清」なのかという肝心な問題について明確にしていない。一九四九年以後に中国共産党が歴史上の農民反乱を「起義」だと価値的に全面的にひっくり返し、歴史を作りかえた影響が作用しているのだと思う——私もその流れを汲む日本の「社会経済史」研究を背景にした「抗租抗糧」闘争、農民戦争研究という「階級闘争史」研究の中で勉強を始めたので良く分かる——。中国人学者も「扶清滅洋」の二重性（保清と保中国）と言って、明言を避けている。義和団が「保清」の運動だとすると、満洲族の清王朝国家を支持した運動になるから、「滅満興漢」の農民革命政権である太平天国に続く反帝反封建の階級的な「革命」運動の高揚だとする毛沢東－范文瀾体系と合致しなくなるからである。私は、「扶清滅洋」は文字通り、「清朝を扶け、洋を滅ぼせ」と理解するのが、諸事実からして正しい、と前著その他で主張してきたが、該書で蔣廷黻が述べる救国救民族運動だという見解は、私と同じ理解である（第三章参照）。大衆には清朝が「中国《チョングオ》」国家だったのだ——この「中国」概念は、第二章二節で論じている意味である——。義和団の大衆運動は「排外」「保清」（帝国主義分割を仕掛けている外国人を排斥して、清朝を扶け、「中国」文化を護る）だったとするのが正しい（第三章参照）。

この点については、愛新覚羅・恒懿『世紀風雪』（ＮＨＫ出版、二〇〇七）が、外国に「我らが江山」（満洲族が手に入れ父祖以来統治してきた「家産」としての大清帝国の領土）を奪われてなるものかとして、義和団と提携して排外に出た載漪（道光帝の孫、光緒帝に代わる予定だった大阿哥・溥儁の父）ら満洲族宗室・愛新覚羅氏・親貴の考え（「満洲族国家主義」）をよく書き示していて、両者が合流し得たことが良くわかる——立山の邸宅と北堂教会との間が地下道で結ばれていたなどと荒唐無稽な話を真に受けた部分もあるが（一六八頁）——。著者は載漪の曾孫に当たり（大阿哥・溥儁は著者の祖父の弟、大叔父）、著者が父祖から伝え聞かされてきた、新疆に流された載漪以来の一族の波乱の歴史の語りを基に、懸命に百年の歴史を調べ回顧整理したもので、愛新覚羅一族に伝えられてきたこの「満洲族国家主義」の思想と感情が良く出ている。

また『中国近代史』における戊戌変法の捉え方も最近の吉澤誠一郎『清朝と近代世界』（岩波新書、二〇一〇）の叙述と比較してみると、どちらが歴史的リアリティを持つか考えさせられるであろう。蔣廷黻が言うように、康有為の言論は当時の士大夫知識人の共通感覚的な伝統思想の姿で、その破壊と読み直し、改革を唱えたという「境界・界面性」を有していたがゆえに、きわめて大きな衝撃を知識人に与えたのであって、公表された思想が現実の人々とどう切り結んだのかにかかっていた。この点、該書の指摘は我々をかなり納得させる力を持っている。戊戌の反動として義和団があり、どちらも挫折した。だから該書が言うように、戊戌変法と義和団という第二、第三の救国方案（運動）を経てはじめて、孫文らの革命論が人々の心を捉え、現実的な力を持つようになったということになる。この意味で、「自強（洋務）」、「変法」、「革命」という、小野川秀美氏以来のいわゆる変革思想の段階的発展論――溝口雄三氏はこれに反対して「基体」論を唱えたが――には、自強と変法の間に「日清戦争の敗北」があり、変法と革命の間に「義和団事変の敗北」が挟まれている。この間に、敗戦の衝撃による変革思想の段階的変化を見るべきで、溝口雄三氏の基体論や辛亥革命論には支持し難いところがある（前述した）。

我が国ではなぜ、戦前や戦後直後に学問研究を始めた偉い学者先生たちは蔣廷黻の『中国近代史』をきちんと翻訳し紹介しなかったのかと、わたしは今でも疑問に思い、残念に思うのである。日中戦争中には、中国語のできる多くの知識人が大陸に居て、「敵国」の抗日世論の情報を捜集していた筈で、その作業でも本書は網にかからなかったとするなら、この国の情報網は一体何を捉えていたのだろうかと疑問に思い、また戦後は、その大日本帝国の「敗戦」と「中国共産党の革命の成功」の「衝撃」とその「栄光」による、戦前の歴史意識のパラダイム転換と人民共和国べったりの姿勢が該書を無視させたのであろう。わたしは蔣廷黻書を翻訳しながら、権威ある「戦後歴史学」の中国近代史研究に何かすっぽかされていたような感覚、裏切られていたような感覚を覚えざるを得なかった。該書を読むと、このように、私のような中国史専門家のみならず、いろいろと知的刺激を受けて考え、見直してみよう思わせられるはずである。それは、十余年前に出た茅海建（中国・近代史研究所）の『天朝的崩壊――鴉片戦争再研究』（三聯書店、一九九五年）を一読してみればよく分かる。しかし日本では、今日でもその価値と意義を失わない王芸生『六十年来中国与日本』（一九三二年刊）――満洲事変に刺激を受けて書かれ、蔣廷黻も高く評価した書で、その資料の档案は外交部次長だった曹汝霖から「大公報」社主の呉鼎昌に渡され、呉から記者の王芸生に与えられた――でさえも、戦前に長野勲氏らによって前半部分が訳出されたが、戦後は村山政権後の日中歴史研究においてさえも、全く手が付けられずに放置されたままになっている。このように我が国の中国近現代史研究の姿、現在に、私はある種の寂寥感を感じてならない。

中国の人々は、近現代史のいくつかの転換点で、蔣廷黻（や胡適）などと違った「急進主義」ばかり選択してきたようである。一気呵成に何でも解決できるのだという意識、「急進主義」、それに衝き動かされた歴史だったのではなかろうか。太平天国、義和団、辛亥革命、五四運動、革命外交、毛沢東革命と社会主義建設、文化大革命また然りである。中国の近現代史と人民共和国の歴史、そこに累積する厖大な死者・犠牲者とその痛みを振り返りながら、「その都度の選択は果たして正しかったのだろうか」と呟いた中国人の友人の溜息にも似た感慨を、私も同感をもって受け止めるのである。そして私には、中国、中国共産党の「中国近代史像は歪んでいないだろうか」と、それを相対化して考えることを促しているように思えてならない。経済成長著しい現在が良ければすべて良い、という訳には行かないであろう。先駆的にこうした問題提起をしたのは溝口雄三氏だが、しかし、わたしは溝口氏とはかなり見解を異にする。辛亥革命については氏の論と違った見解を『中国の反外国主義とナショナリズム』第五章「辛亥革命をどう捉えるか」で書いておいた。その他については改めて論じることにしたいと思う。

「中国革命」についての中国共産党の「言説」（歴史観）から距離をおけるようになった今日、満洲事変から日中戦争にかけての時代の良質な中国人知識人の歴史観を、改めて日本の学生や読者に該書で味わって読んでいただき、公式史観、戦後歴史学からの「歴史像」の転換（パラダイム転換、あるいは相対化）のために、いろいろと考えてもらう参考、歴史資料になれば、蔣書の邦訳者としてはこの上ない幸いである。勿論、七十余年前の作品でいろいろ不十分な点もあろう。が、折しも岩波書店から若い世代の「中国近現代史シリーズ」六冊が新書版として出版されている。『新編原典中国近代思想史』も刊行された。蔣廷黻『中国近代史』に相応するそれらの巻冊にわたしはいささか異見を持つものだが、比較して読んで見ていただけると、七十余年の間の学問の「変遷」、「進歩」、あるいは「不進歩」が感じられるであろう。また予告として「中国近現代史をどう見るか」という冊の名も出されてもいる。本書もそうした傾向を受けて書名を付けた。そういう中国の近現代史の「見直し」の時代なのである。

【付記】蔣廷黻『中国近代史』の邦訳出版に際しては、大変苦労した。私は「名作」だと思って、中国学専門の出版社を中心に多くの書肆に訳文を送って相談し打診してみたのだが、いずこもみな通説と異なるからか、訳者が信用できないのか、中国当局が怖いのか、踏み切る勇気が無いようで、ほとんど全てうまくいかなかった。講談社学術文庫に是非にと勧めたが、編集者は価値が分からなかったのだろう。結局駄目だった。最近の編集者は知力眼力が無いと思う。もっと権威ある大学の教授だったら、出版する気になったのでしょうが、私などの無名度では駄目であった。最後には台湾の行政院の出版助成でも申請するしかないかとも考えたが、出来れば政治色があると見られるのを避けたいと思い、断念した。そうした状況の中で邦訳書が陽の目を見ることができたのは、ひとえに東京外国語大学出版会の前編集者竹中龍太氏の眼力と尽力によるものである。改めて氏の識見に深く感謝を申し上げたい。

〈参考文献〉（アイウエオ順）

愛新覚羅・恒懿『世紀風雪』、ＮＨＫ出版、二〇〇七。

袁道豊「蔣廷黻駐蘇聯大使任内的事蹟」、『伝記文学』第七巻六期。

王聿均「蔣廷黻先生対中国近代史研究的倡導」、『近代中国史研究通訊』第一期、中央研究院近代史研究所刊、民国七五年、台北。

岡本隆司『李鴻章――東アジアの近代』、岩波新書、二〇一一年。

小野川秀美『清末政治思想研究』、みすず書房、一九六九年、平凡社東洋文庫、二〇〇九年。

片倉芳和「書評：Paul M. Evans, *John Fairbank and the American Understanding of Modern China.*」『辛亥革命研究』第九号、一九九〇年。

「学者蔣廷黻銜蔣介石訪蘇記」杜華訳（ソ連国家档案極所蔵副外交人民委員ストモニアコフ談話記録）、『伝記文学』第六六巻三期。

クリストファー・ソーン『満洲事変とは何だったのか』、市川洋一訳、草思社、一九九四年。

P・コーエン『知の帝国主義』、佐藤慎一訳、平凡社、一九八八年。

P. Cohen, *History in Three Keys, The Boxers as Event, Experience, and Myth,* Columbia University Press, 1997.

胡　適「建国与専制」、『独立評論』八一号、民国二二年一二月。

胡　適「再論建国与専制」、『独立評論』八二号、民国二二年一二月。

呉相湘「蔣廷黻的志業」、『伝記文学』第七巻六期。

蔡楽蘇・金富軍「蔣廷黻外交思想探析」、『清華大学学報（哲社版）』二〇〇五年一期。

蔡楽蘇・尹媛萍「蔣廷黻史学理念釈要」、『転型中的近代中国』（桑兵等主編、社会科学文献出版社、二〇一〇）所収。

蔡美彪「范文瀾治学録（代序）」、『范文瀾全集』第一巻所収、二〇〇二年。

邵循正『中法越南関係始末』、河北教育出版社、二〇〇〇年。

蔣廷黻『中国近代史　外三種』、岳麓書社、一九八七年、長沙。

蔣廷黻『中国近代史』、岳麓書社、一九九九年、長沙。

蔣廷黻『中国近代史』、沈渭濱導読、上海古籍出版社、一九九九年、上海。

蔣廷黻「李鴻章――三十年後的評論」、『政治学論叢』創刊号、北京大学政治学会出版、民国二〇年、北京。

蔣廷黻「革命与専制」、『独立評論』八〇号、民国二二年一二月。

蔣廷黻「論専制並答胡適之先生」、『独立評論』八三号、民国二三年一二月。

『蔣廷黻選集』全六巻、文星書店、一九六五年、台北。

『蔣廷黻回憶録』蔣廷黻英文口述稿、謝鍾璉訳、伝記文学出版社、民国六八年、台北。

『蔣廷黻回憶録』蔣廷黻著、岳麓書社、二〇〇三年、長沙。

J・スペンス『神の子　洪秀全──その太平天国の建設と滅亡』、佐藤公彦訳、慶應義塾大学出版会、二〇一一年。

張玉龍『蔣廷黻社会政治思想研究』、社会科学出版社、二〇〇八年、北京。

張平群「南開・行政院・聯合国」、『伝記文学』第二九巻五期。

陳之邁『蔣廷黻的志事与平生』、伝記文学出版社、民国五六年、台北。

陳之邁「蔣廷黻其人其事」、『伝記文学』第七巻六期。

沈渭濱「蔣廷黻著『中国近代史』導読──兼論近代史通史体系的推新出新」（蓬萊閣叢書・蔣廷黻撰『中国近代史』、沈渭濱導読、上海古藉出版、一九九九年、『蔣廷黻《中国近代史》導読』、華東師範大学出版社、二〇一四年、所収）。

陳紅民「前言」、『美国哈佛大学哈佛燕京図書館蔵蔣廷黻資料』全二十四冊、陳紅民・傅敏主編、広西師範大学出版社、二〇一五年六月、桂林。

陳東林「跋　五十年後の回想──范文瀾『中国近代史』を読み返して──」（邦訳　范文瀾『中国近代史』、中国書店、一九九九年、所収）。

波多野善大『国共合作』、中公新書、一九七三年。

范元淮「我的父親范文瀾在河南的一段経歴」、『范文瀾全集』第一〇巻所収。

『范文瀾全集』全一〇巻、河北教育出版社、二〇〇二年。

范文瀾『中国近代史』、横松宗・小袋正也訳、中国書店、一九九九年。

范文瀾「抗戦初期我在河南的救亡活動」、『全集』第一〇巻所収。

「范文瀾年表」、『全集』第一〇巻所収。

坂野正高『中国近代政治外交史』、東京大学出版会、一九七三年。

樊百川『清季的洋務新政』、全二巻、上海書店、二〇〇三年。

傅安明「漫談廷黻先生的文章風格」、『伝記文学』第二九巻五期。

馮志翔「蔣廷黻先生与湘潭益智中学」、『伝記文学』第二九巻五期。

J・K・フェアバンク『中国回想録』、平野健一郎・蒲池典子訳、みすず書房、一九九四年。

海士（Hays）著・蔣廷黻訳『族国主義論叢』、新月書店、一九三〇年、上海。

茅海建『天朝的崩壊——鴉片戦争再研究』、三聯書店、一九九五年、北京。

溝口雄三『中国の衝撃』、東京大学出版会、二〇〇四年。

Mary Wright, *The Last Stand of Chinese Conservatism, The T'ung-Chih Restoration, 1862-1874*, Stanford University Press, 1967.

李恩涵「中国外交史研究」、『六十年来的中国近代史研究』、中央研究院近代史研究所刊、民国七七年。

李　済「蔣廷黻先生対学術界的貢献与関切」、『伝記文学』第二九巻五期。

劉学銚「我所認識的蔣廷黻」、『伝記文学』第二九巻五期。

劉鳳翰「蔣廷黻対中国近代史上幾個問題的見解」、『伝記文学』第七巻六期。

梁啓超『李鴻章——清末政治家　悲劇の生涯』、張美慧訳、久保書店、昭和六二年。

林文仁「介於両個世界之間——蔣廷黻和他的中国外交史研究」、『中国歴史学会史学集刊』三十一期、民国八八年。

魯濱孫（ロビンソン）『新史学』、何炳松訳、上海古藉出版、二〇一二年。

ワン・ジョン『中国の歴史認識はどう作られたのか』、東洋経済、二〇一四年。

第二章　「中国」ナショナリズムの歴史的展開
――その歴史意識をめぐって

はじめに

佐藤でございます。三月三一日まで本学で講義をしておりましたが、今は素浪人の自由の身で、快適な日々をすごしています。しかし退職前に最後のご奉公をしてくれというので、市民講座での話を引き受け、今回話させていただくことになりました。今日の話は、レジュメを用意しました。性格的に脱線する気味ですので、それに沿って話をします。

さて中国ですが、どうも「中国の影」がうろついて仕方がない。春になると黄砂、その次はＰＭ２・５、小笠原ではサンゴ漁船、南シナ海の環礁埋め立て、尖閣問題（領海侵入）ですね。今日のニュースを見ても、習近平がプーチンと会談、と出ています。安倍首相のアメリカ議会での、夏までに安保法制を通すという約束演説の背後にも、「中国の影」が見え隠れしていましょう。

でも「中国」って何だろう。説明しきれないところがあって、もどかしい。中国の摑まえ方にはいろいろあるでしょう。言語、文学、哲学、宗教、……経済、政治などなど。この国は巨大で、歴史の深い国でして、我国の文化が多くを負った国です。日本は二つの文化的負債を負っています。一つはこの中国文明。もう一つは近代の西洋文明です。我国の文字、宗教・哲学の思想、政治、文学、農業、工芸などの基本は中国文明の輸入に負っています。ですから、話は中国のことですが、日本のことを念頭に置きながらお聞きください。このように近くて交流のあった国ですが、「近くて遠い国」です。日本は中国をモデルにしてそれに附いてみたり離れたりしながら、どのように向き合ったらいいのか、いろいろ失敗を重ねてきました。

わたしも長く中国研究をしてきましたが、近現代の歴史を振り返りながら、中国の対外的な姿勢、振舞の基本的なありようを整理して考えてみようと思います。到底細部まで話すことはできませんが、中国近現代史の話を東アジアの国際関係などを踏まえてざっくりと話しをし、どう中国と向き合ったらいいのかということを考えてみたいと思います。高校その他で学んだ日本史、世界史の知識を思い出し、引っ張り出しながら聞いていただけると幸いです。

一

はじめに術語の問題についてお話しします。ナショナリズム Nationalism は Nation ネーション・イズムです。Nation とは人間集団を指します。もとは西欧語（仏語ナシオン、独語ナツィオーン）です。これを日本語では、民族、国家、国民といろいろに訳します。漢語にするときに、最初は「族国」と訳しました（張君勱・蔣廷黻）。なぜか、西欧では Nation と State 国家が一致した Nation(al) State 国民国家がフランス革命後に一般化し、それが世界に広まったからです。「族国」も Nation という人間集団（民族、国民とも訳しますが）と State 国家とを一致させようという宗旨を組み込んだ苦心の訳語だったようです。「国家」というのは古代から存在するのですが、Nation というのは近代になってから出来たものです。ではネーションとはどんなものでしょう。

ネーションは人間集団を指す言葉ですが、家族のような意味で「自然的」あるいは「生物学的」な集団ではありません。また個人が自然の権利（自然権）を持っているという意味では何ら自然の権利を持ってはいません。ネーションは、定義しうる、はっきり認められる「実体」ではなく、また普遍的なものではありません。ネーション発生は歴史上特定の時期に、世界の特定の部分に限定されます。ネーションは任意の結合以上の何ものかであって、因習の粉飾に覆われながらも、自分の土地（patrie）と言語に愛着や、家族の親近感よりも広い親近感のような自然的・普遍的な要素をそれ自身の中に持っているものです（E・H・カー『ナショナリズムの発展』五七頁）。

このようにネーションは近代になって生まれた概念なのですが——もっと限定的には、西欧のキリスト教世界、自然法、世俗的個人主義の伝統の中から生まれたのです（始祖のようなルソーの「人民」（ピープル）やフランス革命などその歴史的経緯については省略します）が、主観的な眼には大変古いように見えるが、新しいものです。「伝統の発明（Invention of Tradition）」です。そして政治的には大きな存在ですが、哲学的な内容は極めて空疎なものです。端的に言えば、「想像の政治的共同体」（Imagined Political Community）、イメージとして心に描かれた共同の人間集団（B・アンダーソン）と言って良いでしょう。あらゆる共同体は自らは何らかの同一性（Identity）を持つ集団としてイメージする営みとともにあります。つまり「われわれ」は共通の祖先をもつ集団だ——清末革命派の反満思想の黄帝子孫＝漢民族、年号も黄帝紀元に、という意識を思い浮かべると良いでしょう——、共通の歴史、共通の言葉、共通の宗教・神を持つ集団だ、という風にです。神話、歴史、言語、宗教という「文化」（凝集の核）を同一性（アイデンティティ）とする集団と言って良いでしょう。

しかし、このアイデンティティ形成は「他者」を必要とするのです。自分が何者であるかを知るということ、自分が自分であることの確認は、自分が他者との関係の上でどこに立っているのかを知ることとほぼ同義です。他者とのコミットメント（関与）、交渉することによってそれが確認され、自分のものになる（Identification）。そして他者との交渉と確認が、自分に何が善で何が価値があり、何が為されるべきで、何に反対すべきかを決定するための枠組みや地平を教えてくれるのです。こうした世界認識の在り方、目的の決定、というアイデンティティ、即ち個々人の言動の根拠を為す価値観が形成されるのです。集団やネーションも同じで、他集団との交渉と比較を通じた、集団の独特の世界解釈・認識の自覚、集団が果たすべき役割・目的を指示する価値観、即ち集団としての存在を価値づける根拠、アイデンティティが形成されるのです。

こうした集団的アイデンティティを持った「文化的」単位（共同体）を「政治的」単位（共同体）と一致させようというのが「ナショナリズム」である、とA・ゲルナーは簡潔に定義します。近代の歴史上よく見られた植民地支配からの独立、ある地域の既存国家からの分離独立を求める民族主義運動というのはこうした、文化的単位――それが原初的なものであるか、構成されたものであるかは問わぬにしても――が、自己主張をし、他者である宗主国あるいは現国家と対立し、それらからの統制・制裁・強制力による支配（権力支配）を受けない独立した主体（政治的単位）として自己を確立し、認知させようという運動です。これが「政治的」という意味です。他者との対立関係、権力関係の問題だと言って良いでしょう。つまり両者は「一致」すべきであり、「一致」させねばならないというという「政治的」運動です。

ところが中国の場合はこのベクトルが揺れ動き、「逆」になっているように思われます。個人は自分にとって重要な他者（親や教師、友人）との交渉において、自分が受け入れられ認知されることによって、自分の尊厳性が保たれ、自分の存在の意味（Identity）を確認できるのですが、同じように集団的アイデンティティも、他者（他集団、他国家）から自己に相応しい認知を得ることによって世界における自己の地位を確認し、自尊心を満足させることができるのです。しかし、相応しい認知が得られないと、「傷つけられた自尊心*」が自己主張の根拠となり、認めさせようという政治的主張、ナショナリズムの運動として噴出してくることになります（米原謙「東アジアのナショナリズムと近代」、チャールズ・テイラー『自我の源泉』）。

＊「傷つけられた自尊心」の代表例として義和団事変における清朝の「宣戦上諭」が挙げられます。拙著『義和団の起源とその運動』（七四四頁）を参照して下さい。

世界（国際政治社会）の中で認められるためにはどうしたら良いのかをめぐっては考えの違いが出るでしょうが（例えば、蒋介石と胡適の違い）、さし当たってこの政治的運動を担い、政治的単位（国家）を支える人民（ピープル、人間集団、ネーション）の範囲をどう考えるか、が問題となる。辛亥革命のときは、反満革命運動だから、「黄帝子孫」の文化を持つ漢族の満洲族支配からの離脱・独立、という主張で良かった。しかし革命によって中華民国が大清帝国に代ってその版図と人民を相続する段になると、孫文も、「漢族国家」を言う訳にはいかなくなり、「五族共和」＝漢・満・蒙・蔵・回の「五族共和」（五族が共に和す）を言った。「五族」が中華民国の主権をもつ「国民」をなすと。そして国旗も五色旗にした。しかしその後の民国の混迷で、孫文は「五族共和」は間違いだったと否定しました。そして国際社会から苛められた政治単位・中華民国の領内にいて、諸軍閥の「専制」支配を受けている人民《ピープル》を「中国民族」に仮想して、この「中国民族」の「国民」で革命をやり直す（国民革命）という考えを持つようになった。これは大漢族主義＝中国民族主義への転換でした。蒋介石（国民政府）も同じです。「中国民族」が「ネーション」であるという仮想であります。

つまり、このように、民国以後のナショナリズムは、（1）国際社会の中の中華民国の政治的単位の統一範囲（清朝帝国からの相続版図）が先に前提とされ、その空間を埋めている諸民族人間集団を「一つのネーション」と仮想し、立ち上げることによって成立していること、（2）したがって、その実質は「大漢族主義」にほかならないこと、他民族は「劣等民族」「二等国民」に位置づけられるにとどまり（今日の「少数民族」と言う言い方になる）、主権的地位にいない。「政治的単位」が先に置かれ、その中身を「一つ」の「文化的単位」で満たさねばならぬ、そのために新しい「民族」概念を作りあげる、という風に進んだのです。昨今の「中華民族」論も同じである（後述）。なぜそうなったかを歴史的に眺めてみましょう。

二

話を始める前の前提知識です。清朝中国に就いて地図で説明します。中国は二つの自然地域に分けられます。長城の内（漢族農業地域）、と外の藩部（満洲、モンゴル、ウィグル、チベット各族の遊牧・半農半牧地域）です。この農耕・遊牧二つの世界を統合しているのが満洲族の朝廷、清朝帝国統治です。二重帝国と言われます。これが十九世紀にヨーロッパ勢力と出会った時の「政治的単位」だったのです。

帝国は周辺諸民族とどのように関係を結んでいたかということが重要です。（概念図）：中心は京師、天子の所在地（北京）で、長城のすぐ南です。長城は年降水量五百ミリの線ですから、その外は遊牧（半農半牧）、内側は農耕世界で、その境界に位置しています。長城内は中華帝国で、外側の諸民族はそれとは異なった法で理藩院が統治します。そこから周辺諸国（北はロシア、西はネパール、南はベトナム、タイ、ビルマ、東は琉球、日本、朝鮮）へ繋がり関係を持っていた。清朝は漢族だけの世界ではない。モンゴル帝国の継承者としての内陸ユーラシア帝国の側面が強いのです。国内統治（概念図）：これは政教一致の国家体制、皇帝教皇主義体制です。皇帝は政治権力を持つだけでなく一元的なイデオロギー統制もやる統制国家です。こういうことを頭に入れて歴史というものを考えてみましょう。どのように自分たちの国家、ナショナリズム、対外観、民族文化などを考えていたのか、と。

「中国」・チョングオという国号はどこから来たのでしょう。昔の清国の時も、アヘン戦争の頃から「中国」という言い方はあり、史料にも文字として出てきます。最も有名なのは、ドイツの膠州湾占領の危機の中で発動された一八九八年の戊戌変法の時に、満洲人（旗人）が、康有為・梁啓超を「保中国不保大清（中国を保つが大清は保たぬ）」とい

〈図表 I〉清朝の帝国統治の領域・構造

●清朝の統治構造

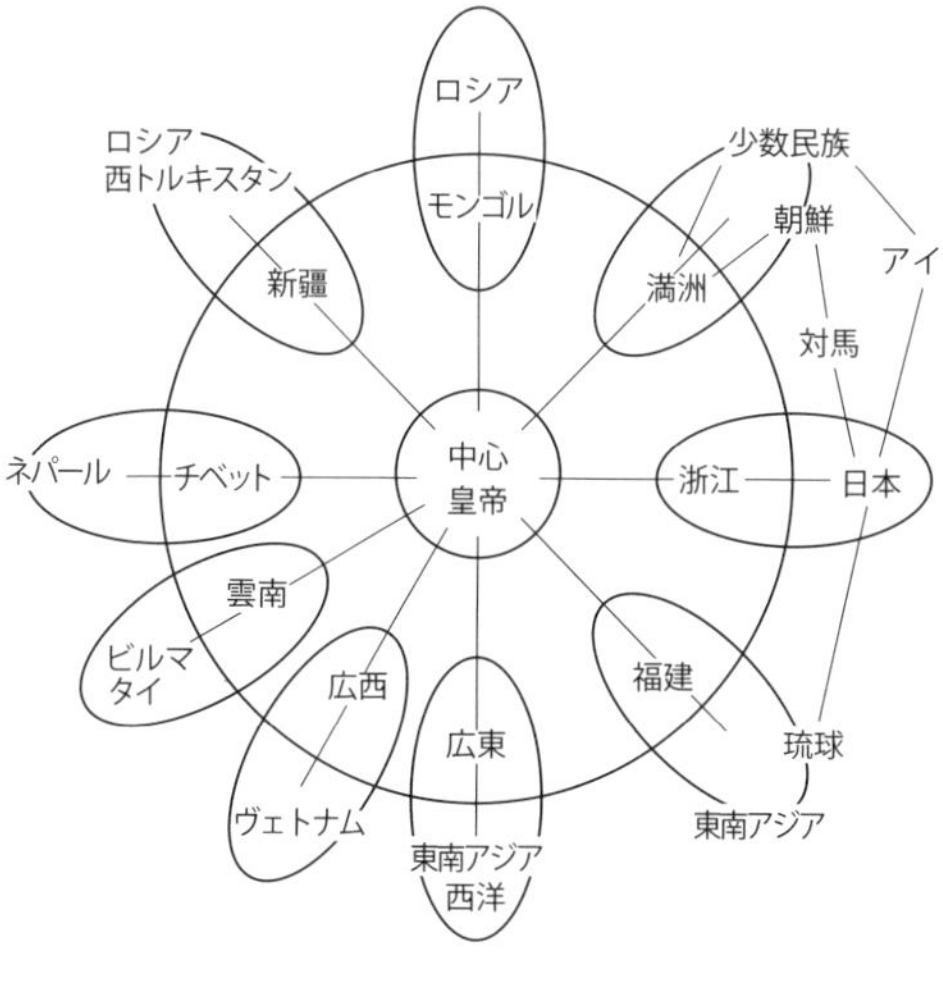

●中心—周辺構造からみた清朝

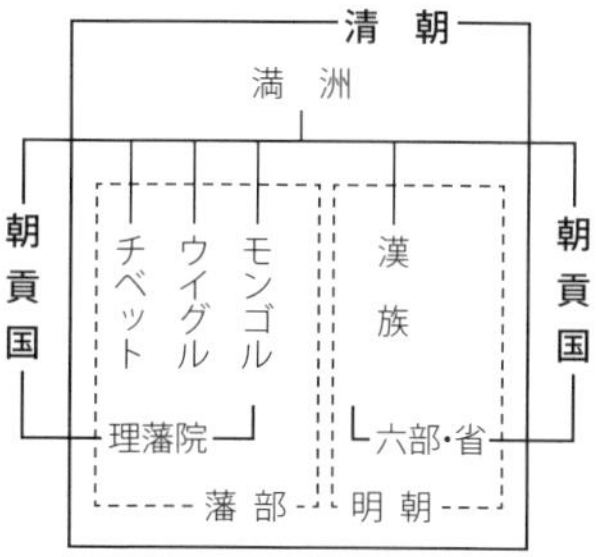

（出所：茂木敏夫『変容する近代東アジアの国際秩序』山川出版、1997、より）

う罪名で非難したものです。これは、文化実体としての「中国」と、王朝・国家（政治的単位）としての「大清」が乖離し始めたことを示しています。ですから満漢対立を抱えた「中国」ナショナリズムはこの頃から兆し、次第に「大清」は見放され始めるのです。「扶清滅洋」を掲げた義和団大衆はまだ「大清」を「中国」だと思っていましたが、八ヶ国国聯軍の北京占領の頃から「反清」に転じ始めます（詳しくは拙著を参照してください）。現在は中国です。その後中華民国、中華人民共和国に国号は変わりますが、「中国」というのは何かといいますと、中華民国の略か、中華人民共和国の略か、というと、そうではありません。

清朝帝国もその末、二十世紀初めに、世界の近代国民国家諸国と肩を並べて自分の国家（政治的単位）を立たしめようとすると、彼らは、共通の歴史と文化を持った人間集団＝ネーションというものを考えるためにも、自国の歴史を考えざるを得なくなった。その時初めて、自分達には王朝名（秦、漢、隋、唐…）はあるが、それら全部を包含する実体の国名が無いことに気が付いた。自分の国を何と呼んだらいいのか、戸惑った。それで、「中国・中華には自尊自大の気味がある（が）、……やはり口頭の習慣とするところのものをもって「中国」を使うしかない」とした（梁啓超です——＊以下に原文を訳しておきます）。つまり清国（チングオ）ではなく、日常的に口で「チョングオ」と云っていた「中国」を使って表記するようにしたというのです。

＊亡命先の日本にいた梁啓超は『中国通史』を書き上げようとして、『中国史叙論』、第三節「中国史之命名」、『飲氷室文集之六』、光緒二十七年（一九〇一）、で次のように述べています。

「吾人の最も慚愧するところは、我国が国名無きことの一事にまさるものはない。尋常の通称はあるいは諸夏といい、あるいは漢人といい、あるいは唐人というが、みな朝（代）の名である。外人がいうところは、あるいは震旦（ゼンダン zhengdan、古代インドの中国呼称シニスタン、秦 qin の土地と言う意味）といい、あるいは支那（ジーナ zhina、古代インド、ギリシャ、ローマなどでの中国呼称、秦 qin の転訛）というが、みな我れ自ら命ずるところの名ではない。夏漢唐などの（王朝）名を以て吾が（歴）史を名づくるときは、すなわち国民を尊重するの宗旨に戻り、震旦、支那などの名を以て吾が史を名づけるときは、すなわち名は主人に従うという公理を失することになる。中国といい、中華というのは、自尊自大で、譏（そしり）を傍観に貽（のこ）すを免れないが［傍らにいて関係しない者にそしり・とがめを生じさせるのを免れないけれども］、しかし一姓の朝代を以て我国民を汚すは不可なり。外人の仮定を以て我国民を誣するはなお不可なり。三者倶に失するの中において、万已むを得ず、なお吾人の口頭の習慣とするところのものを以て、これを称して「中国（チョングオ）史」と曰わん。いささか驕泰（おごり高ぶって我がまま）ではあるけれども、然し民族が各おのその国を自尊するは今の世界の通義（世界に広く通用する道理）にほかならぬ。我が同胞が苟（とりあえず）、名と実を深く察する（この名前の立派さと今の実際の貧弱さとをよく理解する）ことは、その精神を喚起する一つの法門（やり方）でないことも無いだろう。」

【注】——ここでいう「国民」とは、一九〇〇年の八ヶ国聯軍の北京占領のように世界各国から苛められているこの「国」「国家」state の「民」という意識で、その「国」「国家」の歴史を書いて、それを自分たちの共通のもの（共通の歴史的記憶）にして奮起させたいが、王朝の断代史ではなく通史として書くとしたら、この「国」をはたして何と呼んだら良いのかという問題で、その全部をひっくるめる罩（ベール）みたいなものを、当時みんなが口頭で自称していたチョングオ「中国」と呼ぶしかない、というのである。日清戦争後に日本人が清国人を「チャンコロ」と蔑称（差別用語ですが歴史的には抹殺できないので使用します）で呼ぶようになったのは、彼ら留日生が自分たちを「チョングオレン（人）」と呼んでいたことの音訛ではないかと思われます。この文章は岸本美緒『中国の歴史』（ちくま学芸文庫、三四－三五頁）でも訳されて使用されていますが（川島真『近代国家への模索』岩波新書、八一頁も同訳を使用）、翻訳文とその中身の解釈が少し違います。

「チョングオ」というのはどういう意味かといいますと、当時西洋人も多く中国に居ましたから、彼らはそれを「Middle Kingdom」と訳していました。「中央の王国」という意味だというのです。ですから、梁啓超ではないですが、中国・中華は「中央の王国」「中央の華」という「自尊・自大」な意味を持っている語句で、周辺から非難されそうな名なのです。言い換えれば、天の下、宇宙・世界秩序の中の中央に位置する「文化」「文明」の中心だという「傲慢な意識」を示すのです。そして自分の統治と教化の及ぶ範囲が「天下」で、それの外、つまり「化外」(文化的教化の外)の民は、蛮夷・生蕃(バーバリアン)であるということになります。『左伝』は「我が族類に非ざれば其の心必ず異なる」と言っていますが、その「族類」意識が南宋時代の儒学(朱子学)による増幅を受けて「華夷弁別の意識」に拡大して、「中国」は世界帝国で、文化文明的にも世界の中心だと思っていたわけです(自大意識)。

しかし日本はそういう訳にはいきません。「辺境日本」ですから。「近代の超克」や大東亜共栄圏を言った戦時中の一時期を除いて、「中心」だなどという意識はありません。ではこの日本という国号は何時からでしょう。七世紀からですね。それ以前は「倭」と呼ばれていましたが、「隋」との関係で、「日出処の天子、日没処の天子へ」と書いた。「国家」(政治的共同体)意識というのは他者(共同体)との関係の中で生じます。自意識が出てきたということです。隋唐帝国の成立の影響を受けて、七世紀になって始めて「日本」はできた。著名な歴史家網野善彦氏が言ったことです。「各民族が自らの国を尊ぶのは世界の通義」(梁啓超)とはいえ、「日本」も「中国」も、古代ギリシャのポリス、ローマ共和政、憲法や共和国理念などと比べての話ですが、その「政治的共同体」の「理念」はなんかあまり明瞭ではなく、自然主義的ですね。それ自体で偉大だ、だったのではないでしょうか。これが中国ナショナリズムの「感情」の傾向でしょう。この辺りは内田樹『日本辺境論』(新潮新書)に良く書かれていますので参考にしてください。

辛亥革命が起きて「中華民国」が出来ますが、この革命は満洲族に対する漢族の反満種族主義(反韃子主義)の性格を持っていたのですが、これについては詳しく述べません(近著『中国の反外国主義とナショナリズム』の第四章を見てください)。この革命の前後、「中華民国」を作ることになりましたが、そのためには「領土」が要りますが、これは漢帝国領土の復興と考えました(章炳麟「中華民国解」=反満漢族種族主義の代表です)。でもそれを内側から支える中身

＝人間集団が要ります。つまり国家の実体である「国民」（ネーション）です。反満漢族種族主義ですと、漢民族国家しかできません。清朝世界帝国は相続できない訳です。そうすると、清朝世界帝国を承継した政治的枠組みを内側から支えるにふさわしい中身（人間集団）が要る。帝国内にいた諸民族――この時外モンゴルとチベットは独立を宣言していましたから――を集めて、帝国（「民国」）の分裂を避けて政治的統一性を維持しなければなりません。これが「五族共和」です。「五族が共に和す」という意味です。しかし中華民国は Republic of China ですから、辛亥革命はやはり「共和 Republic」理念に導かれたわけです（孫文の『三民主義』を見ると良く分かります）。すると少し厄介な問題が出てきます。「共和」革命といってもその意味が定まらないという問題です。それも大きな問題ですから近著を参照してください。この「共和せる」五族（それを象徴するのが革命当初の「五色国旗」ですが）が中華民国「国民」、ネーションを形成するしかない。ところが統一がうまくいかない。後に孫文は「五族共和」は間違いだったとして、孫文は「一つ」の「中国民族」を言い始めます。蔣介石もこれを踏襲します。現在の習近平などが言う「中華民族」という言い方は、第一次大戦後の世界的なナショナリズムの勃興という国際社会の中での自分たちの民族的立ち位置、復興を考える中から出てきたようです。代表が李大釗ですが、かれの「青春」や「新中華民族主義」（一九一九年）などに見られる、「中華民国」という「国体」＝政治的共同体の形・ありように属しているという視角からの発想によって出て来る。その単位内の民族は一つの「中華民族」を形成し、再生させなければならない。民国当初の五族「共和」ではなく、「融合」による再生だ、と。この辺は、後年の抗日期の顧頡剛などの先駆を思わせます。

一九二〇年代は、第一次大戦後のヨーロッパで「西洋の没落」を見た中国人から、モデルとしての西洋への幻滅が生じました。それから生じた東西文化論争の盛行に見られるように、中国文化こそが世界を救うとその復興が叫ばれるようになりました。「文化的民族主義」の傾向です。それと併行するように、二つの世界主義の思潮が中国を席巻します。ロシアマルクス主義（ボルシェヴィズム）とアメリカ思想（ピューリタニズム等）です。これらの刺激を背景にして、ワシントン会議（一九二二）での挫折を機に中国で反外国キリスト教や国権回復の動きが出てきます。一九二五年の五・三〇運動後は、民族主義・国家主義などが大きく勃興し、反帝国主義・反軍閥の国民革命に突入することになりました。この時期の「文化的民族主義」の傾向は、追い込まれた状況下の最後のナショナルな抵抗の砦として「文化」（あるいは文化的矜持心、自尊心）がクローズアップされてきたからです（教育権回収問題や蔣介石の新生活運動）。マルクス主義も民族的性格を強めます（李大釗の中国マルクス主義）。しかしまだそれによる実体、ネーションという人間集団の形成（国民形成）は主体的には形成されませんでした。

この中華民族論が更に強く強調されるようになったのは、満洲事変の刺激でした。それは日本軍が作り上げた満洲国の「五族協和」論——第一次大戦後の「民族自決論」を一定に背景にして、満洲族、モンゴル族、漢族、朝鮮族、大和民族（日本族）の民族的権利、独立性を保障したうえで、「五族が協和」し「王道楽土」を築くというイデオロギー——に対抗するために、満洲は「中国」の不可分の領土である、一体だとし、その侵略に抵抗する主体の「われわれ」は一つの「中華民族」なのだ、という主張になります。学問的にはこれは民族理論を逸脱したものだと、民族学者たちから批判が出ます。政治的単位としての「国家」と文化的な「民族」とは違うのだ、中国国家としては「多民族」国家なのだという批判です。費孝通なども反対しましたが、これが中華民族論の二度目です。三度目は文化大革命後の国民的分裂を弥縫しようとした費孝通の「中華民族多元一体化論」です。これで一応学者の間からも異議が出なくなりました。そして四度目が習近平（胡錦濤も）らの「中華民族の夢」という「国民統合論」です。

アーネスト・ゲルナー『民族とナショナリズム』は、「文化的単位と政治的単位を同一にしよう」というのがナショナリズムだ、と簡潔に定義しました。としますと、今見てきましたことは、「政治的単位」に「民族、文化的単位」を無理やりくっ付け、一体化させようという「政治優先の考え方」だと見えて来るでしょう——厳しい国際環境の下で何とか政治的統一性を確保しなければならない、その枠組みを内側から文化的に支えるイデオロギーとして、文化的民族主義、我々は同じ独特の（特殊な、優れた）文化（歴史）を共通に持つ＝文化意識の共通性を持つ、一つの民族なのだ、その生存と発展こそ図らねばならないという要請に、知的に応えたものというべきでしょう――。つまり歴史がこうした思惟を強いた面です。なぜなら、中国近代の歴史はこの対外問題が主軸で、内政はその反応だったからです。歴史がそれを強いたとも言えます。ここに中国の民族理論の曖昧さがあります。スターリンはグルジア人でしたから、マルクス主義者でありながら民族に良く関心を示し、ソ連の民族問題の取り扱いの中心にいました（後述）が、そのスターリンの教えを受けたはずの中共は、大漢族主義に堕しました。

「中華民族」には言語共同体としての中核言語（例えば、「中華語」など）はありません。あるのは、漢語――私はこれを「中国語」というのも少し疑問に思っています。中国国内的には「漢」語と言い、対外的には「中国」語と言います――、モンゴル語、ウィグル語、チベット語……です。これらの言語を話し異なった宗教を信じる諸民族を皆ひっくるめて「中華民族」などというのは民族学的に正しいのでしょうか。中国の民族問題の根源――政治の優先――はここに在るでしょう。

中国の民族政策は、民族の分離独立権を理論表面上は認めていたソ連、スターリンのソ連よりも平等ではありません。西ヨーロッパの国民国家形成を既定の前提としてものを考えていた欧州マルクス主義には民族問題を真剣に考える必要があまりありませんでした（例外がハプスブルク帝国を引き継いだオーストリアの社会民主党です）。「階級」こそが焦点だったのです。東へ東欧、そしてロシア帝国に行きますと、西ヨーロッパ風にはいきません（ハンナ・アーレント『全体主義の起原』2、第四章参照）。レーニンには余り民族についての問題意識はなかったようです（M・レヴィン『レーニン最後の闘争』はグルジア問題でレーニン擁護ですが）。それを担ったのがグルジア出身のスターリンです。スターリン時代の少数民族の清算（ウクライナ人、バルト人等）はもっと研究すべき大きな問題ですが、かれの民族や言語についての理論は今日でも無視できない仕事だと思います。ところが当初この民族理論を継承したはずの中共は、主要敵・

国民党打倒のための統一戦線の必要から、当初は民族自決論を支持しますが、一旦権力の座に着きますと、民族自決論（分離独立権）の否定に傾いていきます。その最初が建国前の一九四七年の内モンゴル人民政府の否定です。大漢族主義だと言わねばなりません。孫文・蔣介石の国民党の民族政策を見てもやはり大漢族主義ですから、共産主義者、国民党を問わず、大漢族主義は政治イデオロギーを超えた漢族の民族文化体質というものになっているようです。その歴史的根源については後に触れます。

それを最も良く示す言葉が「少数民族」という言い方です。「大」「小」という言い方――小は大に従え、子は親に従え、幼は長に、弟は兄に従え、という考え、劣等民族、二等民族という侮蔑意識の現れ――です。儒教的な自然主義と言っても良いでしょう。我国を蔑むときに「小日本　シャオリーベン」と言いますね。われわれは「大中国ダーチョングオ」だ、と。大民族・大国も小民族・小国も同じく、神・ゴッドから与えられた命をもって、その地と人民を統治しているのだから、統治者は「平等」な権利を持つのだ、とは考えない。この考えは、宗教改革以後の宗教戦争の悲惨な経験を経てアウグスブルグの宗教和議、ウェストファリア条約で決められ定着していった近代国際関係の基本原則なのですが、その背後には神から与えられた同等性があったから、こういう形で和解し得、成立し得たのです。天賦人権論と同じです。ところが中国的世界（東アジア）でこれはありません。相応するものといえば「天」ということになる――朝鮮、日本、ベトナムはそれぞれ小中華世界を作りますが（後述）――。

中国は自分の居る所を中心に世界を考えましたから、それが天下＝世界そのものだった。だから、平等な他者を持たなかった。中国人は「自然的秩序」でしかものを考えない。「神」（超自然的存在）の意志によって秩序が作られているとは発想しない。「中《まんなか》に在る」ところ、「文明の華」（中華）の咲くところの中心に皇帝がいる、これが周囲の四夷を睥睨する、その支配の及ぶところ「天下」に並ぶところない存在である。他者はみなバーバリアンです――こうした発想をギリシャ人も自らをヘレネス、周囲をバルバロイとしていたことはヘロドトスの『歴史』に出てきますから、キリスト教以前の自然的発想のようです——。平等な他者を持たないのです。しかし中国史を見ますと、匈奴、鮮卑、契丹、女真、蒙古、満洲など北方民族に攻め入れられ、屈従し和平条約を結ばされ、貢物を差し出したこともありました。が、自分たちが負けたとは考えなかった。北狄の武力の前に頭を垂れはするが、精神的には屈していなかった。文化的優位の意識は確信として、夷狄は夷狄であって、彼らが優れているとは思っていないから「悔しい」が、敗北とは考えない精神的勝利法を編み出した（南宋の思想が典型です）。ではこうした皇帝の支配の及ぶ天下秩序は周辺諸民族・諸国家とどのような関係を結ぶことになるのでしょうか。それを端的に示すのが「朝貢－冊封体制」です。皇帝に対して臣従を示すのに貢物をもって一年一貢とか、二年一貢とかのように、京師に詣でる。これを「礼部」（旧式の外務省）が接待し、その臣従への反対給付として恩恵を下賜します。その経済価値は貢物に数倍しますし、少しの交易も認められましたから、中国物産を持ち帰った使節団はこれを故国で売買しますと相当な利益が得られます。これを朝貢「貿易」といいます。ですからこぞってこの朝貢貿易に参加しようとします。それを整理するのが親疎原則（親族関係と同じですが、国防上への配慮からその重要度が決まります）です。上下のその相互関係の在り様を示すのが「礼」です。ですから対外関係は「礼部」が処理することになり、礼儀・儀礼が最重要になります。そしてこの臣従に対し、上から「王」や「侯」の称号を与え、最終権威・皇帝からの保護と権威を付与する。これを「冊封」といいます。この「王」称号を自国に持ち帰りますと、この世界「権威」を背景にして国内諸勢力を抑え、ミニ皇帝として政治体制を整えます。「倭の五王」が典型です。ですからこれも利用「価値」がありました。この複合が「朝貢－冊封体制」と呼ばれるものです。

中国王朝にも相当のコストがかかりますが、これは権威秩序の維持費用、国防費の負担分だと考えればペイできるわけです。万里の長城を建設するよりははるかに安上がりです。周辺地域でも利はあるのですから、通常は維持できるわけです。拗《もつ》れた時は武力衝突になりますが、それを中国は「上から目線」で「懲罰」と言います。が、政権が変わったりした後、先の形を基にした形で修復されます。これが繰り返し続いていました。ですから、十六世紀以後、大航海時代の後やって来た西洋人（当初はポルトガル、スペイン人）も当然この範式のもとで処遇されるということになりました。この力はまだ中国のバリアーを破れません。カトリックと当時の船の航海力、軍事力では無理だったのです。破ることになるのは非カトリック（プロテスタント）の産業革命後のイギリスです。

広州にやって来たイギリス人たちは「番鬼（ファンクイ）」と呼ばれました。「蛮鬼」、南蛮の鬼です。その他、「紅毛鬼子」「洋鬼（ヤンクイ）」「禽獣」「犬羊」「化外之兇頑」などと呼ばれました。彼らは広州のファクトリー（長崎出島のような貿易期間中の居住地）で、貿易（茶、生糸、陶磁器）をする恩恵を与えられましたが、ここで厳しく管理されました。これをカントン・システムと言います。なぜ、中国人は西洋人を「鬼」をつけて呼ぶのでしょう。

「鬼」とは何でしょう。赤鬼、青鬼を思い浮かべますが、「鬼グイ」とは、人が死んだ後にひきつづき活動している霊魂を言います。幽霊とも言いますが、幽とは陰間、霊は鬼の魂のことです。死んだ後、身体は朽ちますが霊魂が「鬼」になります。普通は陰間で活動し、これを閻魔様（閻王）が統一管理しますが、しかしまだ陰間に入らないでうろうろしているのがいたり、夜に陰間を抜け出して陽間（この世）に来て活動したりするものがあります。死者が生前まだ言い残したことが有ったり、伝えられないことが有ったりしますと、鬼魂は生きている者の夢に出てきて人に伝えるのです。「夢」のことですが、人間は身体と魂（霊）からできているのだと考えるのは東西共通のようですね。なぜ人間には霊魂があるのだと考えるのでしょう。人間が「夢」を見るからなんですね。死んだ人が夢に出てきて、生前の姿で何か伝えようとしたり、じっと見ていたりする。すると、ああ死んだ人の魂が生きていて、何か言いたくて夢に出てきたんだ。霊魂はまだこの辺りに居るんだと思うのですね。この世で恨みを残して死んだり、首吊りをしたり、溺死したりした人の鬼は不自然死ですから、この世の人に身代わりになってもらって、自分は何とか現在の宙ぶらりんの状態から解脱しようとしますから、怖い鬼なのです。鬼はこの世に来ますが、声のみで姿はありません。

が、表象されますと、凶暴な顔つきで青い顔をして牙をつけているのが普通です。しかし美男美女の時もあります。この陰間の存在は陽光、唾沫、血、汚穢を嫌います。西洋人もこうした想像上の存在に近いものとして表象されたのです。このことをある西洋人は次のように述べています。

先ず、西洋人はよく笑う。漫画の滑稽な人物のようだ。顔が長い。サーカスのピエロのようだ。白い皮膚をして髪は金髪か赤茶色だ。デカ鼻で眼が大きく、ミミズクのように両眼が離れていて、背が高い、牢から出てきたように痩せている、着ているものは奇怪な服だ、住んでいる人間は中国の木偶のようだ、子供を脅して叱るときの「鬼」――私も子供の時に悪さをすると巡査が来るぞ、嘘をつくと鬼に連れられて行って閻魔様に舌を抜かれるぞと母親に脅されたものですが――、どうも、その閻魔様に連れて行く陰間地獄の鬼卒（赤鬼、青鬼）の類のようなものとして想い浮かべられたのだ、というのです（アドリアーノ・マダロ『一九〇〇年的北京』、東方出版社、二〇〇六）。

この地獄の表象について簡単に触れます。私たちはお盆になると先祖の霊が家にやって来てまた帰っていくから、迎え火送り火をし、御馳走を仏盆に供えるのだと教わってきましたが、中国では、お盆を「施餓鬼」と言います。陰間の餓鬼（飢え渇いている鬼子）に盛盆の食を施す（与える）ということを意味します。盂蘭盆会とも言いますが、盂蘭盆はサンスクリット語の「ウハームバナ UHambana」、漢語では「倒懸」（逆さ吊、えも言われぬ苦しみ）という意味です。「盆」はbanaではなく、bonという音ですが、これは東夏（西夏ではなく、甘粛から西の河西回廊あたり）の音で、「救器」という意味です。ですから、えも言われぬ苦しみにある者に救いの器を差し出すことという意味になります。仏典に「仏説盂蘭盆経」という経文がありますが、それに依りますと、釈迦の優秀な弟子の目連尊者は、死んだ母（青提女）が往生しているのだろうと「天眼」で見てみると、母が地獄の餓鬼道中に居て、苦しんでいるのを見て驚いた。仏に救いを求めたところ、釈迦は彼に七月十五日、僧衆の安居（修行）が終るときに、盆に百味の飲食を載せて多くの僧衆を供養したら、母親と七代の両親を救うことが出来る、と云った。それで、七月十五日に僧のいる寺院に食物を送って供えるようになった、といいます。この説が南宋の頃に、「仏説目連救母経」というものにまとめられ、巷間に流布するようになった。この旧暦七月十五日（陽暦八月十五日頃）の「お盆」は「中元」ともいわれます。「お中元」の季節ですね。これは道教の中元節から来ています。道教の神様に、「地官」というのがあります。天の北都宮に住んで、三方十界を主宰し、衆生の禍福を調べる神様ですが、この地官の誕生日の旧暦七月十五日にかれは天から下って人間《じんかん》の善悪を定めることになっています。それでこの日道観で儀式を行い、地官を慰め礼を尽くすと、地獄の囚徒餓鬼を救うことが出来るとされていました。この二つが中国で融合して、お盆＝お中元、地獄の飢えた鬼に供物を施し鎮め、（母や七世の先祖を）供養するという風になったのです。それにはこの「目連経」が大衆化、仏教説話化して広まったからです。日本でも広く読まれました。

田舎育ちの私共の世代はこういう話を少し聞いて育ったのですが、今の若い世代はぴんと来ないようです。蛇足ですが、「つくつく法師」、セミの話です。夏のお盆のころに鳴くセミです。私には「つくつく法師、つくつく法師、目連経、目連経」と聞こえるのですが、若い人には「オーシーツクツク、オーシーツクツク、チョコヒンヨー、チョコヒンヨー、ジー」とか、「オーシーツクツク、オーシーツクツク、もういいよー、もういいよー、ジー」と聞こえるのだそうです（ネット情報による）。鶏の鳴き声は日本人なら「コケコッコー」ですよね。アメリカ人のように「クックドゥドゥ」とは聞こえませんよね。これは「集団（合）表象」、文化体系という問題と重なります。仏教説話の地獄図で育った私共には、法師が目連経を読んでいる、と聞こえるのですが、そうした集団（合）表象を持たない若い世代の日本人には「目連経」とは決して聞こえないようです。大きな文化的断絶でしょう。

脱線してしまいました。中国人から見ると文明、つまり自分たちの秩序の外側からやって来るのは、どうも怖ろしい地獄の鬼卒のような野蛮な者と表象されたようです。「番鬼」と表象されたのだという話でした。これは人種主義（レイシズム）までもう少しの観念です。「番鬼」は人間ではありません。そのように見る文明秩序（文化体系・集団表象）とはどういうものなのでしょう。

中華帝国システムの話です。皇帝というのは秦の始皇帝から始まります。それ以前の周代までは「王」です。「王」から「皇帝」へ、です。「皇」は光り輝く、「帝」は上帝、天帝のことです。天界の宇宙万物の主宰者です（太古は人格的表象でしたが、「天」という非人格的表象になります）。「王」「天子」とか、「大子」「元子」というのは父に対する子の筆頭という意味です。これが儒家の王道論の背後にある考えです。父である上帝、天帝の命を受けて、この世を統治する者（子）、つまり「天子」という考えです。天が非人格化されますと「天命だ」という宿命論的な色彩を帯びますが、これが「天道」とか、「天命」とかいう儒家王道論です。

ところが、「皇帝」はそうではありません。皇帝は上帝そのものです。宇宙を支配し秩序あらしめる存在が地上に出現した絶対者なのです。長い春秋戦国期の激動に終止符を打った秦王（始皇帝）は漢土を支配する絶対者・皇帝として君臨し、郡県制によって統一的に支配しました。すると、以前の儒家的な天子・天命思想（王道論）とうまく接合しません。短命に終わった秦のあと　漢代になってこの矛盾は妥協と分離が図られます。つまり、「皇帝はその徳、天地に等しき者、天これを助けて子とする」として、皇帝は天子であるとした。皇帝は国内政治における絶対的君主の至上の地位と権威を示すものとして使われ、天子とはその中国皇帝の蛮夷に対する権威を示すもの、鬼神を祭祀する宗教者として――なぜなら、夷狄は天を畏れることのみ知っている原始信仰の民であるから、その自然力を統御できるシャーマンとしての皇帝の権威が有効だったのです――、天を祭り鬼神を統御できる存在としての性格を天子に付与した。こうして一方で絶対的政治支配者としての皇帝と、天の子としての宗教者として鬼神を統御し、人心を教化しこの世を秩序あらしめる存在（教皇）とが一身に兼ね備えられた「皇帝教皇主義」体制が漢代にできた。これがその後二千年続きます。古代中国の最大の特徴は、政治権力と宗教権力が截然と分かれていないことです。それは古

〈図表Ⅱ〉政教一致の国家体制（皇帝教皇主義）

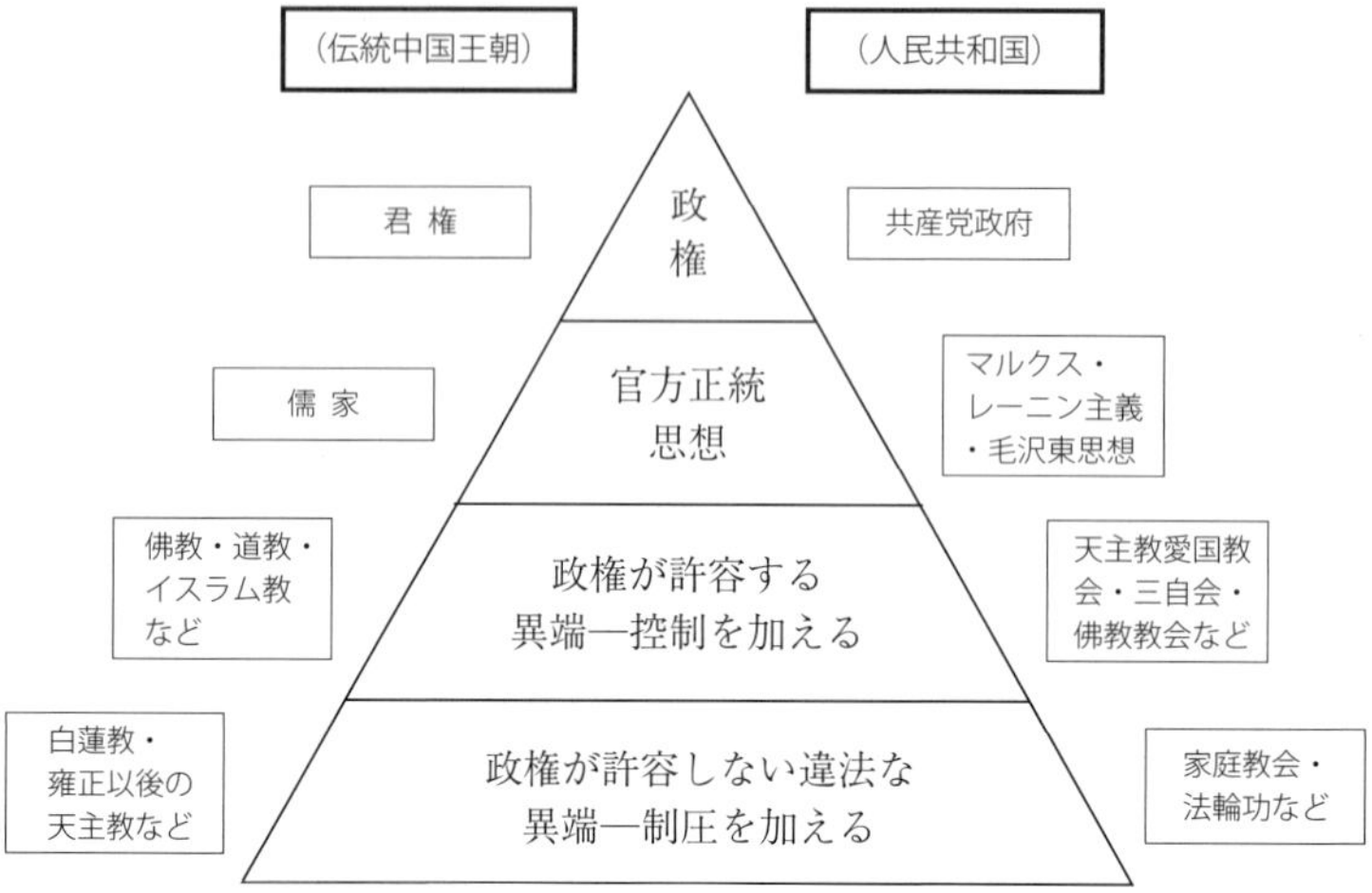

代から中国宗教が独自の領域を持っていないこと、つまり、この「俗なる世界」と截然と分かれた「聖なる世界」の領域を作り上げていなかったということです（池澤優）。従って「聖なる世界」への独自の知性を発展させず、「自然主義」の枠内にとどまり、宗教的知性、形而上学、神秘主義「哲学」などを担う「祭祀階級」（インドにおけるブラーミンのような）が独立的に発達しなかったことである（第五章四節参照）。あるいは諸民族が混在したギリシャ世界で必要とされた共通の「普遍性」、普遍的な学問（数学、哲学）が発展したような（発展させることが必要だった）「多元性」を持たなかったのが特徴です。「二元性」が中国文化の特徴です（太極図を含め）。政治と宗教の二元性、あるいは軍人貴族層（武士、騎士階級）と祭司階級という精神的二類型（ウェーバーの歴史社会学のキー概念）が中国ではクリアーに見えないのです。この分析方法は中国では有効でない根本理由です。この論点からのウェーバーの読み直し作業は、わたしが外語大に来たころから故山之内靖教授らが積極的に進めておられた研究視角だったのですが、私はそれは中国古代史にはうまく適用できないだろうと思い、積極的に同調しませんでした。

これ以後の皇帝教皇主義体制を図式化すると〈図表Ⅱ〉のようになります。「中国は一つ」と言われますが（台湾、香港も含めての政治問題です）、その背景に在るのは、「天下は一つ」、「中国」は全一的である、それを秩序付けているのは天（父）の命を受けた天の子（天子、皇帝）、徳と権威を持った人である、とする伝統的な政治意識です。その家臣の官員が父母官として民を教化するという家族主義原理です。家産制支配ですが、それは、民の家族制のあり方が家父長制的でありましたから、修身斉家治国平天下と下から上まで、上から下まで、スーッとこの自然主義原理が通るはずである、また通らねばならない、ということになります。漢代の儒教国教化以来、自然秩序を基礎にした儒教がこのイデオロギーを担いました。その儒教の地位に代わるのが、現在の共産党のイデオロギーです（どれほど有効だと思っているかは疑問ですが）。

三

さて、少し長くなりましたが、以上のことを踏まえたうえで、近現代史の話に移りましょう。中国の「近代」の経験は「アヘン戦争」から始まりますが、その後の歴史過程を経ながら、特質を持った幾つかの歴史時期に対応した形で中国の民族主義、ナショナリズムがどのように形成され発展してきたかを、時期区分しながら、見ていくことにします。先ずアヘン戦争です、

アヘン戦争期（一八三八―一八四二）。この時の対外問題としての大きな厄介は、①アヘンの輸入（銀流出）、②外国商人の管理（外国貿易のやり方）、③西洋人キリスト教宣教師の処方、の三つでした。

①アヘン問題は、清帝国がイギリス・近代ヨーロッパが作り出した近代世界経済システム（世界資本主義の貿易市場構造）に組み込まれたことから発生しました。図式化しますと、

アメリカ植民地——イギリス——イギリス植民地——清朝帝国となります。

後の三者間の貿易を「三角貿易」と言います。産業革命を経つつあるイギリスは、インドを植民地として経営しつつ、ここに大量の機械製綿製品を輸出し、在来手工業を壊滅させました。対中国貿易を担った東インド会社は、茶、生糸、陶磁器などを輸入しますが、輸出品は羊毛製品などで、余り需要はありませんでしたから、イギリスが輸入超過に陥り、その差額を現銀（米州植民地で稼いだ銭＝銀）で支払わねばなりませんでした。これを軽減し回避するために、東インド会社はインドでアヘン専売制を実施し、新商品アヘンを対中貿易用に開発しました。これでイギリス側の現銀支払いは止まります。そしてこの対中貿易（アヘン）で得た収入でインド植民地政府の費用の多くを賄います。ところが、アヘンは麻薬ですから中国の輸入は恒常的に増加します。清朝朝廷は禁止令を出しますが、密輸が横行して効果は出ません。アヘン流入の増加とともに正貨である現銀が国外に流出します。アヘン中毒の拡大（＝腐敗の深化）と銀流出が大問題になり、論争が起きます。一つは厳禁論で黄爵滋・林則徐らの「剿夷派」（反外国攘夷派）です。もう一方は「撫夷派」（現状維持派）の琦善・広東関係者の二つに分裂します。イギリス側は中国貿易の障碍を取り除き、自由化し、市場への浸透拡大を図ります。中国市場は無限大だという神話が後押ししました。こうして皇帝の夷狄への恩恵として与えられた貿易は、アヘン問題を機に、イギリスの自由貿易論と衝突しました。道光帝・林則徐がアヘン没収、貿易統制（アヘン輸入禁止）を断行しますと、産業革命後の海軍力（Steamer、鉄甲艦）を持ったイギリスは、この統制システム、門戸をこじ開け、賠償を得ようと武力の行使に踏み切りました。「通商」戦争です。清国からすると「アヘン」戦争です。

〈伝統的世界観による夷狄管理統制の綻びとしての戦争〉と整理しておきます。

（Ⅰ）、結果は明白です。清国は軍事力の差で敗北し、五港開港の条約体制に移行します。しかし中国人の意識の中では、敗北したのではないという不敗神話が残ります。精神的勝利法とも言います。つまり敗北したのは琦善や広州知府余保純のような「漢奸」（敵に通じた漢人の悪者）のせいだ、彼らのような外国への協力者のせいだ。林則徐や三元里の郷団のようであれば、勝っていたのだ、という神話が生まれ、その後に生き続けたのです。ですから、五港開港も天朝の夷狄への恩恵である、として考えは変わらなかったのです。日本の開国と大いに異なるところです。

（Ⅱ）、ですから、新しい開港港でも外国人は従来通り管理統制する対象になりました。この管理システムの中から租界などが生まれるのですが、開港場で、②外国商人が貿易をしようとすると、商習慣の違い、言語の壁がありますから、「買辦」という英語［Pidgin (business) English］を話す中国人を使います。そして一層自由に商業活動をしようと思いますが、清朝中国は頑なです。こうして、ⓐ広州城内に入って商業活動をしたいというイギリスと、それを阻もうという広東官民とのあいだで広州入城問題が起き、広東当局は団練（郷団）を公認して、排外熱で外国人襲撃事件が頻発します。ⓑイギリスは条約を改正して開港場を増やしたいと申し出ますが、拒否されてうまくいきません。そして、ⓒイギリス国旗を掲げていたアロー号を広州官憲が海賊船容疑で捜索逮捕したことをめぐっての外交対立が二度目の「戦争」を呼び起こしました。フランスはこれに、ⓓシャプドレーヌ（神父）事件――フランス人カトリック神父が布教に入った広西省西林で地方官に捕えられ死に至らしめられた事件、清国側はそんな人間はいないと最初否認した――を理由に軍事行動を共にしました。この四つが戦争を引き起こしました。〈反蛮夷・ゼノフォビア（外国人嫌い）Xenophobia による攘夷抵抗〉と言っておきます

ここで、③のキリスト教布教と宣教師の問題が出てきます。中国へのキリスト教布教は反宗教改革の中心であったイエズス会によって十六世紀に始められますが、康熙帝時代の典礼問題（礼儀之争）を経て、雍正帝によって禁止されました。日本のキリシタン禁止と同じです。ところが十八世紀末からの欧米での宗教的「大覚醒」がプロテスタン

トの海外布教を促しました。ロンドンミッショナリー所属のロバート・モリソンの一八〇七年の広州赴任がその始まりですが、この影響で、太平天国の宗教指導者・洪秀全の宗教的回心が生じ、拝上帝教が生まれ、内地で布教活動を行い、キリスト教王朝を作ろうという宗教反乱が起きました。これは反満洲族の漢族種族主義でもありました。これに儒教を信奉する漢人の士大夫・官僚達は反発します。

清朝は国内ではこの太平軍の反乱に、対外的には英仏との戦争に直面します。対内的には曾国藩（湘軍）や恭親王の下で何とか太平天国キリスト教に反対する儒教振興の政策を推進し、太平軍を滅します（一八六四年）。と同時に、対外的には、一八五八、一八六〇年の二度の戦争に敗北し、天津条約、北京条約を結んだ後、欧米との「協調政策」（協調外交）に転じました。

〈反キリスト教（反番鬼宗教）・儒教振興と協調政策との矛盾的同在〉の時期、いわゆる「自強運動」時期が始まります。

(Ⅲ)、こうして、西洋との「協調」によって軍事力を近代化しよう（自強運動）、その限りで西洋人の活動を容認しようという政策が行われます。一八六〇年の北京条約でキリスト教の内地布教が認められますと、国内的には儒教振興、対外的には「協調政策」（キリスト教容認）ですから、本来この両者は矛盾的なものですから、社会意識は緊張したものにならざるを得ない訳です。ですから、反外国主義の亢進は必然になります。その「反外国主義」の中心は曾国藩の出身地湖南省ですが、ここから広まった大衆的な反キリスト教の思想と感情は、一八七〇年に天津教案事件で爆発しました。しかし政権担当の恭親王らは外国と協調し、決裂して戦おうとはしませんでした。外国側（英米）もこの天津・北京条約――これを不平等条約の「マグナ・カルタ」と言います。幕末日本の不平等条約のモデルになりました――の体制でやっていけば十分利益が上がるとしていたのです。同年の普仏戦争でプロイセンに負けるフランスだけでは対清国戦争を発動することはできませんでした。この期間に清朝帝国の辺境地区の喪失が進行していきましたが、大きな衝突はまだでした。ベトナムをめぐる清仏戦争（一八八五）が大きいものですが、中国本部にとっては大きな衝撃になりませんでした。衝撃として大きかったのは、明治日本です。薩摩と清国に両属していた琉球王国を併合（処分）した――清国からすると「奪った」――のに続いて、朝鮮をめぐって清国と争い、一八九四年に日清戦争を引き起こします。この日清戦争が東アジアの局面を一変させます。

〈「朝貢－冊封体制の崩壊」、列国の緊張バランスの崩壊〉です。

（Ⅳ）、「転換」　清帝国に対する武力的侵略時代の幕が切って落とされたのです。日本の戦勝（遼東半島割譲）に対して三国干渉が起こり、一八九七年にはその報酬をもらえなかったドイツが宣教師殺害事件（鉅野事件）を口実に膠州湾占領を強行します。中国国内では「ちっぽけな東夷」日本に敗れた屈辱から軍事的近代化だけでは駄目だという政治改革（西洋的近代化）を目指す康有為らの戊戌変法運動が起きますが、その西洋容認に対する保守儒教派・満人派からの反撃「戊戌政変（クーデタ）」で失敗します。この国内政治抗争と併行するかのように、一八九八年にロシアは旅順大連を占領租借し、フランスは広州湾を、そしてイタリアも……といわゆる「帝国主義中国分割」の局面が一気に表面化したのです。こうした外国勢力の侵入はキリスト教の国内布教（中国人信者の増大）と繋がっている――帝国主義と教会の一体化――、彼ら信者（教民）は外国人の手先だ（二毛子・アルマオツ、漢奸的、アヘン戦争時の琦善、余知府のような）、と反外国主義の攻撃の標的にされました。そして外国人（宣教師）と教会、中国人信者（教民）に対する激しい攻撃を呼び起こすことになりました。天津教案の拡大再来です。われらの国家「清」を「扶」け、「洋（外国人）」を「滅」ぼそうという「扶清滅洋」の反外国主義運動です――清朝がわれらの「中国」チョングオ国家でした――。儒教保守派と政府満人は、これこそ天佑の「民心」だと支持しました。この義和団の暴力的な排外運動は急速に拡大して一九〇〇年五月には北京・天津の公使館区域、租界、外国企業、教会、宣教師が危険にさらされるようになりました。これを救出するために列国は八ヶ国聯合軍を組織して天津・北京に進攻します。日本では「北清事変」と言います。この義和団大衆の運動は野蛮さと歴史への逆行を示していますが、「民衆ナショナリズム」、国家や「民族」を外敵から何とか守ろうという意識に彩られた下層漢族民衆文化のプリミティブな運動だったと言えます（プロト・ナショナリズム」と言っておきます）。

　ここまでは〈中国伝統主義による上層下層の頑固派が基軸になった抵抗〉でした。

　ところが、この抵抗は列国軍事力によって圧殺され、北京は軍事占領され、西太后と光緒帝は西安に逃れました。清国は懲罰的な北京議定書を結ばされます。中国「反外国主義」の屈服です。これが**転換**です。もう外国に抵抗する力は残っていません。対外姿勢を**転換**するしかなくなりました。この義和団事変でロシアは、満洲で建設中だった東清鉄道（後の中東鉄道）を義和団の破壊から守るために十五万の兵を入れて清国軍を破り、軍事占領し、北京議定書締結後も撤兵しませんでした。これが日本の危機感を生み、決意を促して、一九〇四年に日露戦争が起きます。ここまでが「武力侵略主義の時代」でした。

（V）、列強は日露戦争以後、力による中国分割を断念、武力主義から「**投資主義**」に「**転換**」します（一九〇六、一九〇七年）。折から清朝は、義和団事変後に外国への武力抵抗はできなくなり、順応するしかなくなっていました。**外国人恐怖症**です。西洋人や宣教師、キリスト教会には手を触れられなくなりました。そして外国資本その他を導入し、一九〇一年の上諭（マグナ・カルタ）によって清末新政に乗り出し、実業振興その他の、上からの改革に乗り出していました。ですから、中国のナショナリズムの抵抗心は、列強の投資主義に対する利権回収運動のような経済主義的な形を取ります（菊池貴晴氏の研究『増補中国民族運動の基本構造』があります）。重要なのは鉄道借款です。

さて、反外国の排外主義はどうなったのでしょう。義和団の野蛮な排外ではなく、「文明的排外」という形が出てきます。一九〇五年のアメリカ移民法に反対する米貨ボイコット運動の時のスローガンです。これは民衆文化ではなく、「高文化ナショナリズム」のはしりと考えて良いのです。このように人々の意識も形を変え始めたのです。そこには一九〇五年の科挙廃止が影を落としていました。儒教伝統的な反外国では駄目だということが、基盤そのものから崩れ始めていたからです。それに代るものは新思想、留日学生たちが日露戦後に日本から持ち帰った「ナショナリズム」思想です。同じ一九〇五年に東京で中国同盟会が結成されるのも、この時代転換をよく示していますが、先知先覚者たち前衛のその綱領は「駆除韃虜、恢復中華、創立民国、平均地権」でした。反満民族主義を先取りしていましたが、大衆のナショナリズムはまだ中国国家である清朝を見限っていません。

清朝政府は、投資主義を取る列強の「四ヶ国銀行団」などから借款をして、利権を与えて近代化、鉄道建設を進めようとします。これに対し士紳大衆は、利権を回収し鉄道は自辦（弁）しよう、「中国人の中国を」、と醵金をして、鉄道敷設権を買い戻し回収し、民営鉄道会社を作っての経営に乗り出します。「民族主義」（「高文化」ナショナリズム）です。広東、湖南、湖北、四川、浙江などでこうした動きが起きます。ところが清朝政府（一九〇八年の西太后・光緒帝死後の宣統体制・摂政醇親王）は、民営化を認めた鉄道を民間から取り上げて国有化し、四ヶ国銀行団からの借款で建設し、権力基盤を強化しようとしました。ナショナリズム（愛郷愛国）感情から鉄道のために金銭を出して株を買い、租税を負担してきたのですが、それを紙くず同然の国債で取り上げるというのですから猛反対が起きました。鉄道を外国に売り渡すな、鉄道を守れという「保路運動」です。これを清朝中央・盛宣懐は力で押さえつけようとしました。これは清朝が自分の利益ばかりを図り、「中国」と「人民」を見捨てて外国側に立って愛国的な大衆を抑えつけた、と「売国的」なものに大衆の眼には映りました。「中国」ナショナリズムに対する裏切りです。ここで漢族大衆の反外国感情と反満洲人（反韃子）感情が、満清皇帝排除、清朝政府打倒に向けられることになったのです。

(Ⅵ)、こうして辛亥革命が勃発します。ですから、革命は反外国ナショナリズムをその基礎に持ち、外国とつるんだ満清王朝を覆えす反満（反韃子）種族革命でした。成立した中華民国は「共和政」を志向しました。近代化への西洋モデルに倣おうとしたものです。革命は種族・共和革命といえます。ところが当初の希望が暗転し始めました。袁世凱の権力独占、帝政復活です。しかし、そうした中、欧州大戦が起きて、局面がまた「転換」します。日本は火事場泥棒宜しく、日英同盟を理由に参戦して青島を攻略、山東半島を抑え、対華二十一か条を押し付けて、権益を拡大しようとしました。これが自覚的になってきていた中国の学生労働者の大反発を食らいます。この時は日本が力で脅しで「国恥」を忍んで受諾させましたが、やがて問題化されます。この間、中華民国は息を吹き返し始めていました。欧州での戦争で西洋列強が中国から勢力を引き揚げましたから、民族工業が伸び、やがて大戦にも参戦し、ドイツに宣戦し、多数の労働者を英仏に送り込みました。自信を取り戻し始め、大戦は勝利しました。近代史上初めて戦勝国になったのです。中国は喜びと希望に溢れました。

中国はパリ講和で戦勝国として青島返還、その他を求めますが、五大国の壁の前で挫折します。北京の学生は悲憤慷慨し「外は強権に抗し、内は（日本に通じた）国賊を除く」をスローガンに運動を拡げました（国賊は漢奸ですね）。五・四運動です。

大戦後、ドイツ、オーストリア、ロシアの三帝国が崩壊し、イギリス、フランスも喘ぎ始めました。「西洋の没落」です。一方、中国は自信を取り戻し始め、外国への抵抗を強め始めます。義和団事変以後の外国人恐怖症、西洋への拝跪、西洋モデル追求からの脱却、中国の自信回復です。ここが転換点、新しい出発点です。

(Ⅶ)、パリ講和への反発の五・四運動と相まって、中国ナショナリズムはCultural Nationalism（文化的民族主義）の色彩を帯びることになります。それを最初に示すのが、一九一七年の李大釗の「青春」——民族の青春を取り戻そう——、「新中華民族主義」（一九一九）と言って良いでしょう。これは大戦期の世界的なナショナリズムの高揚と軌を一にしたものでした。察しの良い方は、この中国マルクス主義の創始者の一人がこのような文化的民族主義の思想地でロシアマルクス主義を受容したことが、中国共産党の思想体質を考える際に大切ではないかと思うでしょう。申し添えますと、最初の総書記陳独秀はコスモポリタンですね。『新青年』で胡適と文学革命を鼓吹できたのは、二人ともコスモポリタンの啓蒙主義者だったからです。後に二人は分岐しますが、陳独秀はやがて、反対した国共合作の一九二七年の国民革命を通じた「大革命」の失敗の責任をスターリンから押し付けられて、後に左翼反対派（トロツキー派）に近づきます。李大釗の傾向を引く毛沢東は民族主義、一国主義的な共産主義者としてスターリンを尊敬します。毛沢東はスターリニストだと思いますね。

話を戻します。ここが一つの転換です。西洋の没落で、中国文化こそ西洋物質文明を超えて世界を救う、という精神文化の優位性が唱えられるようになったのです。外国人宣教師・教会への態度も変化します。

しかしこの高揚は挫折します。そして転換を迎えます。まず挫折ですが、パリ講和、ワシントン会議での経験を通じて、悲惨な戦争を乗り越えて新しい人道主義的な世界が開かれるかもしれないというウィルソン流の理想主義に対する期待、理想主義的な欧米から今まで中国に与えた罪悪への「贖罪」があるかもしれないという希望は急速にしぼみました。ワシントン会議（一九二二年）では戦勝国中国は南北二つの政府の大代表団を出して、アヘン戦争以来の不平等条約を撤廃させようとしますが、関税問題を除いて進展を見ませんでした。英米日仏列強は期待できないと考えるようになります。列強がそう簡単に既得権益を手放そうとしない国際政治の現実に直面しました。「危機の二十年」（E・H・カー）の始まりです。

(Ⅷ)、こうした中、ウィルソン理想主義に対抗的なレーニンの「平和への布告」やカラハン宣言など、ロシア革命の波と思想が中国に入ってきます（欧州華工派遣も媒介した）。国際的に包囲されたロシア（ソ連）の国家利益にとって中国がどういった位置を占めたのかは、露中関係史の大きな研究テーマですが、ここでは触れません。一九二〇年代の中国では、二つの大きな世界思潮が鬩ぎ合うことになったのです。一つはアメリカ思想です。ウィルソンも敬虔なプロテスタントですが、戦中戦後にヨーロッパの勢力が中国から減退したのに対して、アメリカの中国への浸透は強まり、そのプレゼンスは大きくなりました。特にプロテスタント教会、企業（石油資本、タバコ）を考えると良く分かるでしょう。もう一つは、カラハン宣言に象徴される帝国主義「強盗世界」からの離脱、帝政ロシアが持っていた特権を放棄したロシア革命の思想です。ヴェルサイユ講和、ワシントン会議で列強が見せた既得権益保持の姿勢と比べてみると、中国のナショナリストにとってどちらが魅力的だったか良く分かると思います。孫文もソ連との連携に動きます。一九二二年の反キリスト教運動はこの二つの潮流が衝突したことを示しています。「中華帰主」（中国がキリスト教化して主のもとに帰る。アメリカプロテスタントによる世界の福音化、中国の征服 occupation を）というアメリカ自由主義と、ボルシェヴィズムの衝突です。その中で胡適と陳独秀に代表される五四新文化運動の指導者たちが政治的に袂を分かったように、近代啓蒙主義は股裂きにあうのです（一九二一年、中国共産党結成）。

余計な話に入りますが、日本思想史ではこの辺りはどのように考えたらいいのでしょう。民主主義ならぬ民本主義の政治参加と社会的平準化の様々な要求も大戦後の世界のナショナリズムの勃興やウィルソン的デモクラシーの傾向とどのように関係するのでしょうか。あまりクリアーでなく大変屈折した表われになっているように思います。大戦後の新時代の希望を示すような新思想は日本では生まれなかったし、姿を見せなかった。明治国家の天皇制の呪縛が大きかったからでしょう。だから後年、昭和維新のような変畸な変革思想の隘路には入り込んで行ったのではないでしょうか。中国人留学生は、明治日本の近代国家を作ろうとした思想エネルギーを大いに学んで、辛亥革命の思想にしたわけですが、今やもう日本には新しく時代を切り開くような思想はなくなってしまいましたから、辛亥世代に代って新世代ヤング・チャイナ（青年中国＝青年トルコなどに比定して自分をそう呼んだ）は欧米を志向しました（梁啓超は明治思想の影響を受けた世代、義和団賠償金で米国留学した胡適が新世代に当たります）。これが民国知識界の一方を形成しました（明治日本の影響は軍人に残りました。その典型が蒋介石です）。もう一つがロシア経由の共産主義です。

　ワシントン会議後の日本の外交は欧米との協調を基軸にした幣原外交ですが、日本の自由主義は政財界で大きな潮流になりませんでした。受容する社会的基盤が無かったからでしょうが、大逆事件の影響もあるでしょう。ブルジョワ層の薄さ、天皇制支配構造とイデオロギーの強さ、いろいろ考えられるでしょうが、日本の変革が世界史的な思想でではなく、明治天皇制の解釈的純化＝天皇制イデオロギーの純化（維新思想）か、コミンテルン日本テーゼか、としてしか考えられなかったのは、不幸といえば不幸だった、と外国史研究者からは見えるのです。

(Ⅸ)、さて、このロシア革命の思想を受け入れた中国人は、孫文も「連ソ・容共・扶助工農」をスローガンに、国民党改組、『新三民主義』に転換し、コミンテルン統一戦線論に従った国共合作を進めます（一九二四年）。ここが転換点です。そして「国民」に基礎を置いた大衆的な力での国権の回復を目指します。反イギリス帝国の香港広州ストライキなどです。こうして中国の反外国主義ナショナリズムは共産主義的色彩を帯びて生まれ変わり、大きく成長します。その転折点になるのが五・三〇事件（一九二五年）とその後の運動です。五・三〇事件は在華紡での労働者のストライキで中心的な共産党員が日本人の守衛に射殺されるという事件を契機に、それに抗議するデモ隊にイギリス上海工部局警察が発砲、多くの死者を出した事件です。これをきっかけに全国に反英・反日の反「帝国主義」のデモ、抗議運動が起きました。こうした世論・運動の全国的な高揚を背景に広東軍政府は「国民政府」と改称、ソ連の支援で一九二六年から「国民革命」軍が編成され、反帝国主義・反軍閥の北伐が実施されます。その総司令が蔣介石です。北伐が進む中、湖南省では農会工会が組織され激しい地主打倒の嵐が起こされました。毛沢東の「湖南農民運動視察報告」の世界です。国民党や北伐軍の中核になっていた将校たちは比較的裕福な地主の家の出身(エリート)でしたから、自分たちが出征しているその背後で実家が農民暴動の被害に遭っているのに心穏やかではありません。共産党は「過火(やり過ぎ)」だという話が出て来るのです。北伐軍は共産党員が政治委員を務めて政治教育を担当、ソ連人顧問も各連隊に付いていていました。コミンテルン派遣のボロディンが国共両党の上に立って、指図をするような形で進みました。この過程で「革命外交」を展開し、漢口租界を力で回収します。そして一九二七年三月二六日、南京を攻撃しました。このとき、城内にあった英米日領事館が攻撃掠奪され、英米仏人・宣教師が殺害され、それで、居留民を保護するために長江上にいた英米艦船から城内に砲撃が加えられ、中国側に死者が多数出ました。「南京事件」です。英米仏伊等は強硬に中国を非難しました。蔣介石は対外戦争になりかねない共産党の過激な路線と手を切り「四・一二」清党・分党の強硬手段を取りました(所謂四・一二クーデタ、「大革命」の失敗です)。その軟化を見てアメリカが後退した。日本は強硬姿勢を取らず、軍事介入もしなかった。幣原外相は居留民を保護しないのかと非難を浴び、若槻内閣は総辞職しました。こうなるとイギリスも強硬姿勢を取れなくなりました。国共合作は崩壊、ソ連顧問も帰国しました。中国革命指導をトロツキーら反対派から批判されていたスターリンのコミンテルンは、反対派を打ち破ると急に路線転換して共産党に武装蜂起を指示し、蜂起した共産党は江西など各地根拠地に籠城しました(後にソビエト根拠地を放棄、逃走＝「長征」、延安へ)。その後、北伐が長江沿いのイギリス勢力圏から、華北の日本勢力圏内に入ってくると、田中外交は済南の居留民を守るという名目で二度の山東出兵を行います。南京事件の後遺症です。このように国民革命のナショナリズムの反帝国主義運動に、日本は「単独」で立ち向かわざるを得なくなったのです。

このナショナリズムの勢いが満洲に波及するのを政府も軍部も極度に畏れました。こうして日露戦争で得た満洲権益を守るために、北京から奉天に引き上げる張作霖を関東軍は爆殺する事件を引き起こしました。これは未遂の満洲事変と言って良いでしょう。こうして北伐が完成し、南京国民政府が成立した頃の国際関係の大枠は次のようになります。

ソ連―中共（延安）⇕ 蔣介石南京国民政府 ⇕ 山東出兵・張作霖殺害の日本

中国のナショナリズムは国共合作を通じて反帝国主義、共産主義的色彩を強め、大衆の力を動員して「排日」を進めようという風に革命化しました。当時の排日教科書を見ますと、学校教育で、系統的に排日教育が行われていたことが分かります。国民党部はこれを積極的に推進し政府・教育部も支持して進められたのです。政府・党公認の反日運動ですから広汎に広まりました。この大衆的ナショナリズムの標的にされたのが在華日本人、とくに在満日本人です。こうして窮地に置かれた日本人は満洲青年連盟などを中心に何とか政府に保護を求めます。これらの窮状を見るにつけ、現地関東軍は東京の省部を越えて独自の武力解決案を考え、決行することになります。一九三一年九月一八日の「満洲事変」です。

(X)、成立せられた「満洲国」は在満漢人たちの自治要求を基礎に、日本人、満洲人、朝鮮人、モンゴル人の「五族協和」、各民族の自治権を保障するという民族自決論を名目として掲げました。これに対して中国民族主義は激しく抵抗します。満洲は中国の不可分の土地だ――失われた故郷！――、と（注：満洲は漢族の土地か、についてはいろいろと当時から議論があり、矢野仁一の戦前の論や、また孫文の日本との満洲をめぐる密約も含めて議論になりました。しかし日露戦後、東北政府張政権が政策的に大量の漢人を関内から移民させたことによって漢人が最大の人口を有するようになったのだということは頭に入れておいて良いことでしょう)。満洲国内のモンゴル人、満洲人、ロシア人(白系)にとっては、中華民国内の満蒙人よりはより自治的でありましたから、この施策に比較的好意を見せました。この満洲国の「五族協和」論に対して、中華民国は国是の「五族共和論」の優位をもってしてではなく、むしろ「中華民族論」で対抗しようとしました(「文化的民族主義」です)。つまり、抗日の統一した抵抗主体としての「中華民族」(政治優先的なもの)を立ち上げたのです(民族学者の反対意見は前述しました)。

これを決定づけたのが、盧溝橋事件・日中戦争です。これは中国側からしますと、国内にあったいろいろな意見の差異をみな吹き飛ばしてしまったような、それほど大きな衝撃だったのです。日本はその当時も、今もあまりこの点に注意していないようですが、極大のショックだったのです。中華民国の発展を大きく阻害し、捻じ曲げてしまったのです。わたしは先に胡適ら自由主義派の『独立評論』の「革命と専制」論争を紹介しましたが――この論争の主役、蔣廷黻の『中国近代史』、国家と民族を救うためには何が必要か、という抗日のための近代史を整理した本を翻訳し、解説で書きまして東京外国語大学出版会から出しました。会場の表で売っておりますので、お買い求めいただければ幸いです――、かれらも一斉に民主ではなく一致抗日の側に行きます。コスモポリタンだった左翼反対派に近い陳独秀も釈放された後、その最晩年、抗日側へ位置を寄せ、活動します。こうして、「中華民族」論というのは抗日民族(政治的な抵抗統一体としての民族)としてあるリアリティを持つようになります。ところが敵がいなくなりますと、この政治的統一性は崩れていきます。当然ですね。日本の劣勢化と併行するかのように、抗日統一戦線、第二次国共合作には次第に亀裂が入り始めます。それは真珠湾攻撃、太平洋戦争勃発と関連します。真珠湾攻撃は日中戦争を世界大戦の一部にしたからです(汪精衛の悲劇は、日本が米国と戦争するとは夢想だにしなかったことにある。中国必敗論から対日妥協の「南京政府」へ動いたのはそのせいです)。

蔣介石と毛沢東の戦略の違いがはっきりと表れ始めました。この辺りはそれぞれ、アメリカ、ソ連との関係、ルーズベルトとスターリンとの関係を含めて大変興味深いものがありますが、いまは、英米ソは少し脇に置いて考えますと、中国史的には、日中戦争期を「三国志」と捉えるのが一番見やすい見方だと思います。日本軍はさしあたって呉ですか。曹操は毛沢東？　それとも蔣介石？　この三鼎状況をどう勝利に持っていくか、戦略家の腕の見せ所でしょう。日本軍・政府の指導者（支那戦争指導部）は、戦局が膠着化したとき、こんな風なことを想像しなかったのでしょうかね。到底この状況から脱し得ないのですから。軍人は頭は良いのでしょうが、視野が狭いのです。日本は困窮して欧州でヒトラーが戦争を始めて一年も経ってから、日独伊三国軍事同盟を結んで、対米関係をさらに悪化させ、果ては真珠湾攻撃という政治戦略的誤り――軍事戦術的には優れていたかも知れませんが、戦略的には稚拙です――を犯して、対米戦争に突入して窮地からの脱出を図ろうとしました。当時駐米大使をしていた胡適は「日本は自爆した」と言いました。正しい冷静な観察眼です。ヒトラーと戦って苦しんでいたチャーチルは、これでアメリカが対日戦争だけでなく、日本の同盟国ドイツ（ヒトラー）と戦争することになる訳ですから、「われわれは戦争に勝った」と言いました。蔣介石も日記で、自分が追求してきた日中戦争にアメリカを引き入れることに成功した、と記しました。スターリンはどうでしょう。ナポレオン遠征にもまして強烈なドイツの侵攻を迎え撃ちながら、日ソ中立条約で背後の安全を確保してはいましたが、苦戦していました。これにアメリカの支援を受けることになって抵抗力を増します。冷静に計算をきちんとしていました。これらの世界の指導者たちの広い視野と比べてみると、当時の日本の政治軍事指導者がいかに視野が狭かったかが良くおわかりになるだろうと思います。

戦争は日本の敗戦で終わりました。中国戦線には大量の日本兵が残りましたが、蔣介石は恨みをもってではなく、徳をもって帰還させました。が、ヤルタ密約で対日参戦を約したスターリンは、満洲に侵攻、大量の死者、孤児、シベリヤ抑留者を出しました。いろいろ考えさせられます。日中戦争をじっくり見ていて、戦略的に最も賢かったのは中共の毛沢東でした。流石に三国志を愛読し、熟知していた戦略家だと思います。日本と国民政府を戦わせておいて、双方傷つくのを見ながら、地力を蓄える持久戦です。やがて国共内戦が始まり、勝利は共産党の手中に入りました。誰もが、アメリカでさえ、国民党の圧倒的軍事力を見て、決して負けることのない戦争だと思っていたのが、共産党の勝利に帰しました。最大のカギは「民心」と宣伝でした。国民党の腐敗と対照的に、共産党は土地改革を（農民に土地が手に入るのだ、と）呼びかけ、支持を取り付けたのです。

(XI)、「転換」　一九四九年一〇月、共産党政権が成立しますと、ナショナリズムではなく、社会主義イデオロギーが中心におかれます（「民族」ではなく「階級」です）。これが新中国の国民の統合原理です。ですから毛沢東ら中共は、いかにして中国共産党の指導の下で人民が「勝利」を勝ち取り、新中国を作り上げたかという「勝利者の物語」、いかにして「革命」は成し遂げられたかという「革命物語」として語り、輝かしい社会主義の「未来」について語る全体主義運動（大衆路線）を採るようになったのです。ですから、ここでも「転換」です。敵としての日本はなくなりました。毛沢東は、中国共産党が蒋介石を追い出して政権を取り、革命に成功したのは「日本軍国主義」のおかげだ、と言ったのでした。かなり本音に近いものでしょう。敵は、朝鮮戦争以来、「アメリカ帝国主義」になりました。しかし休戦以後、冷戦的対峙はしても直接対決は避けましたから（ベトナムには三二万の支援部隊を出しましたが）、敵はむしろ国内の「漢奸」＝対米協力者になりかねない人々に対する統制、抑圧（地主資本家その他を含む、後の黒五類に対する反革命鎮圧）を強めました。朝鮮戦争時からですが、その最大の対象はキリスト教信者だったでしょう（一貫道などの反革命会道門もありますが）。三自愛国教会、天主教愛国教会を設立して共産党支配下に組み込み、自立的教会とその指導者は弾圧、逮捕投獄した。こうして冷戦、中ソ論争・中ソ対立の緊張の下、フルシチョフによるスターリン批判以後、ハンガリー事件などが起きると、毛沢東による「文化大革命」が発動され――フルシチョフのソ連とつるみかねないソ連留学組の劉少奇らが標的になります――、「十年の大災難」を経ることになります。この幾多の悲劇を伴った大災難が毛沢東の死とともに終わり、その後、人々は「共産主義イデオロギー」を信じなくなりました。共産主義イデオロギーは破産したのです。

文革からの路線転換で一九八〇年代に改革開放が始まりますと、国外の状況が明らかになり、以前のイデオロギー的に硬直した資本主義像は通用しないことを知るようになりました。初期社会主義市場論なども出ましたが、近代化、経済志向にシフトしたのです。社会倫理は大変容です。アメリカも敵ではなくなりました。ところが、この調整期の「自由化」の時代は短命に終わります。ソ連のペレストロイカにも刺激され、人々の民主化要求が高まったのです。中共政権はこれを外国からの「精神汚染」だと危機感を持ちました。

これが一九八九年の「天安門事件」を引き起こしました。テレビで同時中継されましたので——今ではすぐに電波は遮断されるでしょうが——、事件映像は世界に衝撃を与えました。当時同僚だったイギリス史の老教授は「今どき三国志や十八史略もどきのことが起きるとは夢想だにしなかった」と感想を述べました。世界各国は対中国経済制裁に入りました。中国政府は国際的に孤立し、共産党政権は危機に直面しました。鄧小平は事件が起きたのはこの十年間イデオロギー教育をしなかったからだ、と総括しました。その政権を維持するために、国内的に厳しい管制と取締りを行いました。江沢民は内を向き、「愛国主義教育」をして、屈辱の近現代史を学ばせることによって、そこから回復し、革命を成し遂げた先達たちの労苦を教え、「愛国主義」「国情」教育で、共産党権力の正統化に努めることにしました。「勝利者の物語」から「被害者の物語」への「転換」です。

(Ⅻ)、「転換」外向きの共産主義イデオロギーから再び内向きの「民族主義」に転じましたが、何とか世界に抗して共産党支配、中国の政治的統一性を確保しなければなりません。そうした中で再び「中華民族」という概念が浮上してきたのです。以前に、抗日の単一「中華民族論」に反対して、中国は多民族国家だと言って批判をした社会人類学者・費孝通は、「中華民族多元一体格局（構造）」という学説を一九八八年に打ち出して、文化大革命で動揺した内部の統合を学問的に担保しようとしました。翌年の天安門事件の後、この正統化は「被害者の物語」に接穂され、大いに役に立ちました。「中《まんなか》に在る」（中国の意味）「文明開く」（中華の意味）［李大釗］国が、帝国主義、日本軍国主義に痛めつけられてきた。西洋人、帝国主義、日本人の侵略行為が悪い、彼らは堕落し、野蛮で、自分たちは善良で無辜である。こういう『歴史の記憶』が呼び起されました。「愛国主義」の唱道です。江沢民によって愛国主義教育キャンペーンが推進され、この記憶がしだいに「制度化」されていきます。歴史の記憶の固定化、つまり、各地に記念碑とか記念館とかを沢山作って「愛国教育基地」にするような動きが活発化しました。私が研究している近代史の日清戦争［中国では甲午日中戦争と言います、もう一つの日中戦争です］、義和団事変でも各地にこうした愛国教育基地が作られました。それらの展示を見ましたが、疑問に思うところも多くあります。その最大のものは瀋陽・柳条湖の「九・一八記念館」（満洲事変のもの）、盧溝橋の「抗日記念館」、南京雨花台の「南京虐殺記念館」でしょう。これらのところには以前から記念碑、記念館があったのですが、大量の政府資金を投入してリニューアルされました。一層どぎつい表現になったようです。愛国主義教育では、一九九四年の新しい指導要領などで教科書を変えながら、全国的に中学高校で進められました。共産党はプロレタリアート・農民の前衛から三個代表で「先進社会生産力」を代表する私人企業家（＝個人資本家）の共産党加入を認め、広大な人民を代表する党、ナショナルな党（＝「国民」党ですかね）に転身変質しようとしました。それを支えるのが内に愛国主義イデオロギー、外に対して中華民族一体化の民族主義イデオロギーです。

二〇〇六年に「氷点」事件というのが起きました。中国共産主義青年同盟（共産党の青年組織、胡錦濤、李克強などの出身母体）の機関誌『中国青年報』の折り込み週刊誌『氷点』に中山大学教授の袁偉時の「現代化と歴史教科書」を掲載したことが発端で、中央宣伝部が批判を始め、新聞を停刊にし、編集長の李大同らが処分されて内外で大きな反響を呼んだ事件になりました。つまり、中共中央が進めるナショナリズム色の強い歴史教科書の近代史記述――その中心は英仏連合軍によって北京が占領されるに到ったアロー戦争＝第二次アヘン戦争と、八ヶ国聯合軍によって再び北京が占領されるに到った義和団事変の、世界を知らない対外政策の偏狭なありよう、ナショナリズムの問題性を、むしろ民族英雄であるかのように賞賛する歴史教科書で教育したなら、かつて毛沢東時代に「狼の乳」を飲んで育って、文化大革命の大乱を引き起こしたように、再び偏狭な知識を持った公民を作り上げることになる、と教育方針を批判したのでした。国内外から弾圧政策を批判された中共は中国青年報を復刊させましたが、同紙編集長も更迭されたのでした。民族主義的な共産党イデオロギー統制の強化を示すものになりました（拙著参考）。この傾向はさらに強められて継続しています。

さて習近平体制です。彼が総書記になる混乱時――江沢民派と胡錦濤派との綱引き――に民主党野田内閣は尖閣国有化を蛮行して歴史の「転換」を創り出しました。これは記録に残る歴史的な誤判断です。東京都が買うと言って導火線に火をつけた石原・猪瀬も犯罪人に近いのですが誰も批判しないのは何としたことでしょう。習体制は、外では対日尖閣問題、内では権力基盤の弱さを抱えて出発しましたが、外では東シナ海、南シナ海に膨張しつつ、国内的には江沢民、胡錦濤前政権時代に根を張った反対勢力を根こそぎにすべく、いくつかのグループに対する権力闘争を展開しています。その名目が反腐敗「汚職追放」と「法治」ですが、本質は「粛清」です。重慶事件の薄熙来や周永康、令計画、軍のトップなどなど枚挙に暇有りません。その権力移動期の中国をまとめようというスローガンが「中華民族の夢」という、恐ろしく中身の無い空っぽのスローガンです。これは胡錦濤の言っていたことを継承したという側面もあるのですが、中身なしです。民族主義というのはそもそも感情的なもので、中身のないものなのですから仕方が無いのかも知れません。逆に言えば、権力を正統化するのにこれ以外の統合理論などは出なくなった、ということでしょう。

これはアヘン戦争以来傷ついた世界帝国、かつて四夷を睥睨していた帝国（「大国」）の力と威信を取り戻そう、恢復、再建しようという望み、スローガンで、諸矛盾を縫合包摂し、統合していこうという旗印です。この帝国は満洲族の帝国ではなく、漢族の帝国で内実は「大漢族主義」です。なぜ、漢族が清朝帝国を相続できたかというのは、自強運動期から近代的軍事技術を導入し、それを漢族が我が物にし、北方民族に対する圧倒的な軍事的優位を達成したからです。旧藩部は漢人の移入により、漢化・国内植民地化が進んでいます。モンゴル族を韃子と言い、チベット族、ウィグル族の民族宗教を敵視して、他民族を抑圧しつつ漢族世界の拡大が進んでいます。「一路一帯」というのも、内陸・海岸を含めたアジアに中国の政治的経済的影響圏を築き上げようという、乾隆時代を超える「盛世」、大国の夢（「朝貢体制の再建」）の追求の表われでしょう。東南アジアはその主たる舞台になります――中国文明の拡大は黄河流域から一貫して南下を基本方向にしています――。アメリカの軍事的抑え込みを打破し、国防の安心範囲を広げるのはここしかないとも言えます。この北方から覆いかぶさる政治・経済・軍事の「チャイニーズ・グローバリズム」にどう対処するか、アセアンＡＳＥＡＮは難しい局面に立たされています。この「夢」を追求するには彼ら中共指導部はどうも二つのことが必須だと考えているようです。

（1）は、「軍事力」です。歴史的に漢族王朝が屈服させられたのは、北方民族・日本の持っていた強大な軍事力でした。その北方の騎馬兵力・八旗の軍事力が通用しなくなりつつあったのが清中期からの流れだったのですが、決定打は、二度のアヘン戦争と太平天国の反乱です。この敗北で満洲王朝は「自強運動」で軍事力の西洋近代化を進めるほかなくなりました。この過程で、センゲリンチン率いる蒙古騎馬兵が敗北、壊滅しています（一八六〇、六二年）。前近代的軍事力としての北方民族の軍事的優位が失われた象徴的な事件でした。近代化された軍事力は史上初めて北方民族の軍事力を越えたのです。それは主に、漢族（曾国藩、李鴻章）によって担われましたが、しかしまだ満洲族支配者の統制下にありました。この清朝の軍事力は日清戦争で一旦挫折します。それが新建陸軍、武衛軍、新軍として再建されますが（その中心が袁世凱です）、満洲族はそれを掌握できないまま辛亥革命を迎え、政権を放棄します。残った軍事力は漢族の手中にありました。ところがこの軍事力同士が抗争する時代が現出しました。軍閥時代です。これは端的に言えば、一九四九年まで続いたと言っても良いでしょう。日本軍も大陸の一つの軍閥になりました。この間、周辺への中国からの圧力は弱く、帝国的統合の実質は失われ、名ばかりのものになっていました。人民共和国はこの軍事力を回復しました。その結果が、内モンゴルの域内化（区域自治による包摂）、新疆再征服（「東トルキスタン共和国」滅亡）、チベット征服ラサ進攻（「解放」と言っていますが）です。対外的には朝鮮戦争、ベトナム戦争（対仏、対米とも）、中ソ国境衝突、中越戦争、です。しかしそれにはブレーキがかかっていました。国内建設の重要性と社会主義イデオロギーの原則がそれ以上の軍事力の発動を抑えました。文化大革命の「内耗」（内輪揉めでの消耗）で対外軍事力は減退しましたので、近代化には相応の時間が必要でした。一九八〇年代はこの「調整期」だったと言って良いでしょう。天安門事件後の苦しい時期が終わっても、経済の向上、国内秩序を維持することが第一でしたから、対外的には穏やかでした。経済成長が一定水準に達した頃から、石油、鉄鉱石その他の資源を外国に依存するようになると、外国資源（アジア・アフリカ）や「海洋」に着目するようになり、「生存活動空間」の拡張姿勢を強めます——弾道ミサイル、宇宙空間、サイバー空間です——。その空間は西洋近代が生み出した国際的秩序の原理が準則になっていますが、それに適応・適合させようというのではなしに、その変更を「力」、明言されない諸行為の累積による既成事実化、を通じて進めようとしているようです。その典型が尖閣であり、南シナ海でしょう。これは新しい事態です。第一次大戦後の国際秩序の力による変更の最初の事例は「満洲事変」でした。ヨーロッパは、ヒトラーのドイツのズデーテンなどの周辺併合とムッソリーニのエチオピア進攻でした。第二次大戦後の国際秩序の力による変更の事例になるのでしょうか。

東西冷戦、ソ連社会主義圏というのは西洋近代の鬼子で、マルクス主義がヨーロッパ近代の一つの産物で、ロシア革命（レーニン）が西洋近代の一部であった限り、世界にはなお西洋近代の諸原理が作用していて、東西対話、雪解け、冷戦終結が可能であったように思われます。ソ連はかなり自己抑制的だったとホブズボームは云っています。しかしソ連が無くなった後、アメリカは神ではない訳だから、その一元支配が弱まるにつれて、隙間から新たな勢力が増長し始めた。それは西洋近代の諸原理とは違った原理に依るものだと思います。その代表がイスラム主義――第一次大戦後に西洋諸国によって作られた地域秩序（国境画定）を拒否し、在地秩序による再編を主張する――と、中国主義であると思うのです。中国は社会主義を捨てて、土着利益（国家利益）至上主義になりましたから、近現代史が決めた国際秩序の原理を受容しそれに適応し合わせるのではなく、自分の利益に都合の良いように変更しようとしていましょう。「中華帝国主義」だと思います。イスラム勢力は統一軍事力をまだ持ちませんから、テロ・ゲリラ的になっていますが、二度の大戦が決めた国際地域秩序を再編しようという「反西洋近代」がその基本的性格だと、わたしは素人的ですが思っています。一方中国は複雑です。まず、反西洋近代と言っても、彼らはアンビヴァレンツです。「中国的近代」「中国的社会主義」のように、近代も社会主義も一定に受け入れつつも、それに「中国的」という民族主義的「罩（ベール）」を被せる。レベンソンは、近現代の中国の改革者は、既存価値を根本的に変革しなければならないという自覚と「中国的」であることとの相剋に耐えられなかった、「中国的」という文化的環境からの疎外に耐えられないことこそが挫折の根源だったといっています。だから結局、「中国的」と西洋近代との対決になるのです。しかし「中国的」というものの定義が曖昧であることが問題を見えなくさせています。つまり、論争対立するにせよ共通の言語基盤（マルクス主義ならマルクス主義でいいのだが）を持たないから、結局は、力と利害の話、値段交渉になるしかないのですが、双方の解釈の違いを包み込んだまま、互いに「翻訳」しつつ折り合いをつけるしかない、そうした思考と行動様式の世界なのだと思います。「前近代的」と言ってもあながち間違いではないのでしょうか――歴史は線的に進歩するものではないようですね――。これは西洋近代のきりひらいた世界が「一元化へ」ではなく、三極化へ進んでいく一つの流れだと思います――ロシアがどうなるかは不明ですが――。その判断は、中国は当面、西洋近代の基本（思考と規範）を受け入れないだろうという見通しに根拠を置いています――近代世界の共通のルールの中に入る（中華民国はそうしましたが）ことはないだろう、寺島実郎氏などは入れようと言いますが、一定に入りつつも必ず理屈にならない理屈で「独自」の立場を主張する。その間に経済力・軍事力は増大するでしょう――。イスラムはあと数十年、数百年を経ながらやはり同じように、ゆっくりとイスラム帝国化を強めるのではないでしょうか――勿論、宗派間抗争があり、既成の国家枠をそう簡単に破壊することは困難で、容易に一元化はできないでしょうが、一つの「文明圏」を作る方向へ行くのだと思われるのです。世俗化と宗教支配からの離脱の方向「ルネサンス」は閉ざされ始めている。「西洋の衝撃」はもう大きくなくなったのが共通です。思想を西洋化しなくても、「経済と軍事」の力は手に入れられるのですから、思想的変革はもう必要ない訳です。西洋近代モデルの力の喪失でしょう。

つまり、文明史的には、〈西洋近代―アメリカ〉文明の世界一元化（近代世界システムと併行した）は限界に来た、もうアメリカにはそのような力は残っていないのではなかろうか。そしてその一方の鬼子である〈西洋近代―ソ連〉的文明（社会主義文明）の拡大も終焉を迎えた。すると、〈西洋近代―アメリカ〉文明、〈中国〉文明、〈イスラム〉文明が並存することになる。〈ロシア〉は文明的存在になれるかどうかは前述しましたがまだ不明でしょう。ハンチントンの『文明の衝突』ではないですが、そのような大きな世界史的視野で中国を、そして日本を考えてみることが必要なのではないでしょうか。

（2）は「経済力」です。地大物博で、なんでもある優位性のある経済は、朝貢システムと革命後の「一国社会主義」を支えていましたが、世界市場はその中国優位のクローズドシステムを崩しました。共産中国は国有化していた土地を担保に外資を導入し、その資本（外国資本・資金）と低賃金労働力とを結びつけ、「世界の工場」として低価格での工業製品の輸出を動力にして回転してきました。海外市場のみならず国内市場も広いですから、量的拡大は進みましたが、これがどのように経済の有機的組成を高度化させながら経済成長を図るか、「中進国の罠」が課題となるでしょう。しかし、なお経済の中核を形成しているのは国家主導下の国営巨大企業を中心とした経済です。どのような経済になるのか、良く見通せません。国家が何とかコントロールしてやっていくのでしょう。外国が希望するような経済破綻は起こりそうもありません。最大の問題は格差の拡大が固定化し、それがもたらす社会の「歪」、高齢化社会、不正の蔓延（社会道徳の後退）、役人の農民抑圧、人権抑圧、思想信仰の自由の抑圧など多々あります。しかしこの支配体制に、改良や民主化を求めることは難しいと思います。中でも国内の他民族に対する抑圧は続くことになるだろうと思います。心痛むことですが、否定できない現実です。

この支配体制によって、冒頭に申しあげた、皇帝教皇主義が強烈に復活し、共産党イデオロギーとその支配秩序を脅かしかねないもの、人権などの普遍的価値を大学で教えることも、キリスト教、イスラム教、チベット仏教も抑圧の対象になっています。宗教の自由、思想の自由なき世界市場・インターネットと繋がった経済的に豊かな社会とはいったいどのような社会なのでしょうか。世界史上類を見ないもので、誰にも予測不可能なものでしょう。おそらく権力による民の保護機能がある程度機能しているうちは共産党王朝の正統性を失うことはなく、体制は壊れることはない。いろんな騒動がどこかに在るのは王朝時代から広い中国では常態なのだと清朝の大臣は云いました。至言です。大勢を倒す、あるいは改革を突き付ける「主体」は今どこにも見当たらないのです。あるとすれば知識人と農民ですが、知識人は批判精神をすでに失っています（「学んで優ならば則ち仕う」という出世主義の中国知識人になっている）。農民労働者は不満は持つが、組織する人がいないし、共産党はそれを巧みに潰している。『中国農民調査』を見ると良く分かります。何とか飯が食える間は大変動は起きないでしょう。

(XIII)、さて最後に、ナショナリズムと歴史的記憶というような問題が出てきました。また。歴史認識が国際政治に大きな影を落としています。ここで、中国ナショナリズムと関連した「歴史意識」というかなり厄介で可変的なものを取り扱う必要が出てきました。少し理論的に問題を考えてみます。最近出版されましたワン・ジョン（汪錚）『中国の歴史認識はどう作られたのか』（*Never Forget National Humiliation / Historical Memory in Chinese Politics and Foreign Relations* /）を下敷きにしますが、一応定義してから話を進めませんといけません。インディアナ大学の研究グループによりますと、「歴史意識」は、①集団の人々の集合的な記憶（共通の思い出、説明）、②教科書や書籍などの歴史記述、③過去のイメージを作り上げる他の営み――例えば、長老や年長者の昔話、伝説、映画、テレビ、芝居、文学作品などでしょう――、これらが相互に干渉しながら、「人の心の中で融けあう場所」である、と定義されています（ワン・ジョン書二三頁）。

「可変的」と申し上げましたが、歴史意識が①②③が絡まったものである限り、そうならざるを得ない訳です。②が最も安定的ですが、それでも時代の変化とともに学説も変わりますし、教科書記述も変わります。①は記憶の特質そのものを指します。記憶は変化するもので、余り信用の置けないものですが、これ無しには失われて現存しない過去を呼び戻し、遡ることができないのも事実なのです。刑事事件の取り調べ、裁判を思い浮かべれば分かりますね。P・コーエンは、中国人の文革の記憶が歳月の経過とその人が置かれるようになった社会的境遇とによって、その時その時に記憶が違うのだと数度にわたってそれが変遷した姿を述べています。ですから「思い出」は都合の良い所は拡大し、都合の悪い所は意識下に押さえつけられるのです。フロイド心理学の世界ですね。深層心理学は歴史学の不得意とする領域ですが、私たちの日常経験でも思い当るところです。三島由紀夫に『音楽』という作品がありますが、それが取り上げた、無意識下に押し込められた自分でも気づかないトラウマ（心の傷痕）みたいなものです。その可変性に対抗してそれを留め、「固定化」し、風化しないように努力が払われます。物によって可視化し、固定化した記念碑とか顕彰碑、遺跡保存です（説明文が付きます）。また、毎年、あるいは十年毎に、記念祭・パレード（昔の服装をした）、儀式などが行われます。そうしたものを通じて、希薄になりつつある共通の記憶を、定期的に、生き生きとした記憶に「再生」「蘇生」させ、その都度新たものにするわけです。毎年行われる共同体の再確認、再生の場である「祭り」、年中行事と同じです。このようにして集合的記憶（collective memory）というものが作られ形成されていくのです。

③の過去のイメージを作り上げる他の営みですが、部族や家族の年寄りが幼い者に語る昔の話から始まると言って良いでしょう。自分が生まれていなかった時の時代は、そのとき生きていた人の話（記憶と物語）を介してしか知りえない訳です。これが原初的な「歴史」への手触りです。ところがこの「昔の話」は他人の記憶と語りを介している物語であるわけですから、別の語りが可能になります。それは家族の物語であったり、共同体の物語であったりもしますので、①の集合的記憶と重なるところがあります。それとは別なのは、メディアです。映画、芝居、テレビ、小説、そうしたものを通じて「イメージ」が作られる過程と言っても良いでしょう。わたしたちは「自立した個人」、主体性を持った個人、と言ったインディビデュアルリズム（個人主義）、不可侵の個、というものを思い浮かべがちですが、そんなものは虚構です。日々更新されて与えられる様々な情報や知識、言葉、映像、音、イメージこういったものによってわたしたちの意識というものは毎日少しずつ変容しつつ作られているのです。ですから、権力が毎日毎日同じようなメッセージを手を変え品を変え発信し、それに晒され続けると、人間はたいていそれを本当だと信じるのです。アメリカなどではこうした心理実験や調査は何度も行われているようです。大衆の意識というのはこのように、日常的なものの組み合わせによって構成されているものですから、指導者や権力がこうだとメディアを通じて、大衆をそれに晒し、学校で教え込みますと、人々は割と簡単に歴史認識を変えてしまします。自分の経験、記憶、知識は個人的限界があるものですから、自信が持てなくなり、不安になり、権威、公的な記憶知識に身を擦り寄せるの

が、一番安心になるからです。

このように考えてきますと、江沢民政権下で推進された愛国主義教育運動がかなり大きな影響力と効果を持って、人々の歴史意識を変化させたことが理解できるように思います。その中身について、ジョンの所説を吟味してみます。かれは、大衆の方がそれを積極的に受け入れたというのです。こういう中国人の意識の在り様は外国人にとっては理解の難しいもので、インサイダーでないと無理なのですが、その意味でこの話は重要な意味があります。

先ず歴史的記憶です――屈辱の近代史と解しておきます――。これは忘れがたい国民的な体験としてある――ここでは主に日中戦争の記憶らしい――。個人的、集団的体験はいろいろ偏差があるが、中国人はそれを心に傷を負った集合的記憶として、自分の記憶として受け取り、自ら一体化させている。だからこれは中国人の「深層文化」に社会規範（勿忘国恥）として組み込まれている、といいます。個人の歴史的記憶は、直接的には体験・経験によるものですが、もう一つは、年長者の話やメディア、教育等によって集団の記憶が成員に伝えられることに依ります。それが融合して「集合的記憶」になっているのだと言います。その背後には中国の集団主義的文化があり、作り上げられた集団のものを自分のものとして受け取り、一体化しているからだと。ここには、集合的記憶というものが、個別的なるものの自然的累積が自然に集合的な記憶になっているというのではなく、その間に選択と構築が介在しているのだと言っていると解して良いでしょう。個別的なものを材料としながらも、それを共通のもの、集団に共通の記憶すべきものとして選択して構築されたもの、あるいは権力が利用して作り上げることによって、集団（合）的記憶として存在している。個人はそれから自由ではないのです。「刷り込み現象」と言ってもいいのかもしれません。

この集合的な「歴史的記憶」の喚起と制度化が、あるメカニズムのもとで起きているのだと彼は言います。それが、ヨハン・ガルトゥング「壮大なドラマのためのナショナル・アイデンティティの構築」に触発された「選民意識・神話・トラウマが複合した心理構造（ＣＴＭコンプレックス）」です。簡単に紹介します。

選民意識ですが、これは中華、中国、神州とかいう語に端的に表れ、自分たちは世界の中心なのだ、最古の文明、最高の文化を創りだした「偉大な民族」なのだ、特別な存在なのだ、という意識のありようです。それを支えるのが「栄光の神話」です。歴史の中から選択された栄光を取りだし――例えば四大発明――（都合の悪いのは忘却する、例えば纏足、宦官）――、いかに優れた文明を作り上げたか、中国人はいかに優れた文化的道徳的資質を持っているか、といったものです。自尊心（自惚れ）と言っていいかも知れません。その選民意識を証明し意味づける機能をこの「神話」が果たすと言って良いでしょう。これが言説化された民族意識の原型を為します。創られた集団的（民族）アイデンティティと言ってもいいと思います。世界の中心、文明の栄光、神州の民族であったという神話化された栄光です。ところが、この栄光の民族の歴史に栄光化できない歴史が厳然と現前する。屈辱の近代史です。アヘン戦争から日中戦争までの外国人「鬼」との戦争と敗北です。この歴史的記憶、選び取られたトラウマが、歴史認識、解釈に色彩を与え、集団的アイデンティティ形成に作用を与えて、人々を反外国として結束させます。

民主化運動家の胡平（在米国）も、歴史が中国人の宗教で、歴史に審判を仰ぐのだ、中国人は自国の歴史に照らしてしか是非善悪の判断はできない、といっています。つまり、「中国の歴史」から逃れられないという意味で、中国人は誰もが民族主義者なのだというのです。中国の歴史、習俗、倫理道徳、……これらを相対化することが出来ない。それを他の規準――超越的な基準など――から捉え直すことが出来ないということです。相対化するということは、それだけ「中国文化」、中国的なもの Chineseness から遠ざかるという心理的緊張を強います。既述しましたが、J・R・レベンソンは、十九、二十世紀の中国の改革家にとって最大の障害は、Chinese（中国的）であることから離れる心理的緊張に耐えられなかったことだ、と言っています。つまり、西洋を知っても中国という磁場、中国文化から離れられないということらしい。改革は必要だ、しかしそうすると中国的（中国人）でなくなるかも知れないという「怖れ」、この「緊張」に耐えられなかったのだということです。改革（近代化、西洋化）と中国的でなければならないことをどう調和させるかという問題、中体西用か、全盤西化か、それとも排外かという問題がこれです。別の言い方をすると、普遍主義（コスモポリタン）か、「中国式」（ナショナル）か、という今でも続く綱引き問題です。

なぜ、優秀な文化を持つ民族が屈辱に耐えなければならなかったのか、「被害者の物語」の裏面です。それが「トラウマ」になるのは、整理がつかないからです。Chinese に足を突っ込んだまま、近代史を見たら整理がつかず、屈辱しかないのは明らかです。つかないから傷痕になって残る。その心理的反応は、武力では負けたが文化的優位は揺るがないという阿Q的な精神的勝利法か、屈辱の念と復仇心の沈潜化かになるでしょう。

もう一つ、集団主義的文化から考える。中国人は個人主義か。そうではないとジョンは云います。中国人の個人のアイデンティティは所属している集団（家族、宗族、単位、組織）の心理的傾向に根差しているという。中国人は自己を集団の一員として見、自己集団と他集団を内と外に区別し、集団（合）的アイデンティティをもつその集団に相応しい集団行動を取るのだ、だから、自己所属集団が批判されると、自集団と同化して、他集団に対抗する傾向になるというのです（械闘です）。

共通の歴史的記憶に基づく集団的アイデンティティは、自分はその集団の一員であり、他集団とは違う考えをし、違う役割を与えられて持っているのだ、という風に独特の性格を与える。古代ユダヤ民族を考えると良く分かるでしょう。このように、歴史、神話化された歴史の上に集合的アイデンティティは築かれる。だからアイデンティティの構築主義、道具主義的側面――過去を今日に合致するように現在から作り上げる、集合的記憶は今日に合致するように、出版資本主義などを通じて自ら再構築する、あるいはナチスや皇国史観のように民族性を政治戦略に都合よく創り出す、という側面――を持つのです。ナショナリズム運動は民族の「運命」を描き出す「大きな物語」を創り出そうとしますが、その時、神話や記憶、伝説、シンボルといったものが大きな力を与えることになります。

毛沢東時代は、「勝利者の物語」を語りました。それは階級と社会主義国際主義を基軸にしていました。だから

「普遍主義的」だった。敵は「階級敵」、封建的支配者（清朝、土豪劣紳、地主）、資本家・国民党、アメリカ帝国主義だった。それに勝利したのだ、という物語です。ですから、戦後の日本は敵にはなりませんでした。戦争責任も、説明として日本の一部の軍国主義者と人民、という二分法を使って処理しました。追い出した蔣介石が「徳」を以てした対日処理以上のことをしないと、毛沢東らの威信が失われるからでしょう。ところが天安門事件の後、既述しましたように、「被害者の物語」に転換し、中共も「階級政党・前衛」から「ナショナリズム政党」に転換しました。

天安門後の西側七ヶ国の対中経済制裁に対し、鄧小平はそれを列強の八ヶ国聯合軍とアナロジーして侵略された歴史を想起し、それを知ることを強調しました（拙著『「氷点」事件』九八頁）。そして、一九八〇年代の政治教育、イデオロギー教育の不足が原因だと述べた（一九八九年六月九日）。この流れを受けて、江沢民が、「外国勢力に依って蒙った恥辱の歴史」について教育する必要を強調することになり、愛国主義教育が推進されることになるのですが、拙著『「氷点」事件』で既述したこのことは、ワン・ジョンの整理と同じですから、中国人の眼から見ても間違っていなかったようです。だが、なぜ成功したのかについてワン・ジョンの内側からの説明は瞠目に値します。これに賛同呼応する大衆の意向があったからだ、というのです。

この対中経済制裁は我々外側から見ていたのとは全く異なった作用を中国で起こしたというのです。われわれ外国先進国は、民主化を求める学生大衆を武力で鎮圧した専制権力を非難し、経済関係を中断して、反省して考え直すよう、国際的な人権保障に門戸を開くように警告し圧力をかけた訳です。これに対して、中国政府が反発して外国に対し硬化したのは、分からない訳ではない。だが、自分たちの民主化要求を軍事力で弾圧された大衆の方も、その政府への外国からの非難圧力を、「西洋からの中国全体に対する差別と攻撃と受け取って」、一緒に反外国に硬化したのだというのです。思いがけないことです。アナロジーすると、一家の内の親父と息子たちとの対立で、親父が息子をぶん殴った。それを他人が見て、親父が悪いと批判し、制裁を課したところ、息子は家の中のことに「外」の他人が何を言うか、我が家に対する侮蔑ではないか、という反外国感情をあらわにしたというのです。この大衆感情は外国人には良く読めないのですが、どうもそのようらしい。他の例もあります。キリスト教会は権力の監視対象になって、摘発逮捕されたりしていじめられています（『産経新聞』二〇一五年八月二二日参照）。アメリカは中国における宗教信仰の自由と人権の問題で批判を繰り返していますから、キリスト信者たちが米大統領の訪中に合わせて直訴すると、外交関係に影響しますから、当局は宗教指導者たちを事前拘束、検束して押さえつける。そのことがしばしば問題視されました。しかし中国人信徒のほうに、余り外部に救いを求めない姿勢が出てきている。外部に窮状を訴え、その圧力で改善しようとすると、政府は硬化し反って事態を悪化させるからだといいます。それよりは公安とまあまあと取引をしながらやった方が良いらしい。これは北京オリンピックの時の聖火に対する外国の抗議への反応にも言えることです。チベット族の人々は中国政府の民族政策に対する抗議を聖火リレーに付いて行きながら行いました。国際世論はそれを支持し聖火への抗議が各地で起きた。中国人学生たちはそれに対抗して「五星紅旗」を振って聖火を守ろうとしました。中国人は聖火への抗議を、自分の家族の結婚式のような祝典に対する「失礼千万」な「不作法」な行為で、「中国の根幹にかかわる国民的な威厳、体面、プライドに対する攻撃だ」（ワン・ジョン書、二二七頁）と見たというのです。北京のカルフール打ち毀しもそうして起こったのです。

つまりこの三つの事例は、家の中（中国）のことに、外から口を出されることに異常に敏感で、抑圧されている者に国際的支援や声援を与えると、そいつは外国とつるんで家の中をかき乱す「漢奸」、反乱分子だということになるのです。劉暁波のノーベル賞の場合も同じような反応でした。家の中のことには外国は口を出すな、「主権」の侵害、内政干渉だという中国政府の言い分を大衆が認め、圧力に屈するなと支援しているのです。だから愛国主義が天安門事件後急速に受け入れられ広まったのです。

外からの注意を受け取って「反省」するとか、やはりまずかったのだという意識や契機が無いのです。注意されたら、はっと気づいて、行動を直すとかではなく、なんで悪いのか、お前には関係ないだろう、そう言うのは我々が抬頭するのを妨げようという何か悪意、魂胆を持っているからだ、陰謀、企みが背後にあるのだ、と考えるらしい。こういう心理を「被害妄想狂」というのかも知れませんが、誠意による話し合い、お付き合いはでき難い相手でありましょう。いかなる民族心理と云ったらいいのか。魯迅先生ではないがやはり深刻に考えさせられる問題でしょう。

この被害妄想狂的な意識が一九九四年以後の愛国主義教育を下支えした。そして、海外勢力の中国批判は、共産党政府に対する平和的転覆の陰謀で、ソ連や東欧のように混乱を創り出し、軍閥時代に戻らせるのだ、と（権力が）恐怖を煽った。こういう反外国主義キャンペーンを上からやった。その中で「新しい物語」＝国民的恥辱の物語・「被害者の物語」が語られ、この歴史の中で多大の犠牲を払ってこの屈辱に終止符を打ったのは共産党である。民族国家の独立を勝ち取ったのも共産党であると、共産党支配の正統性を定義しなおした。中共こそが愛国の志士であり、他は民族の屑だ、中共による革命が無かったら中国は弱体のままだった、中共なくして新中国はない、中国を救えるのは中共のみだ、祖国は共産党が統治すべきである、中華民族の復興を、という歴史の記憶を呼び起こさせたのです。そして青年学生への愛国主義教育から、全国的な国民全体に対する動員へと広げていった。こうして共産党は前衛・「階級政党」ではなく、「ナショナリズム政党」になった。

こういう運動が広く進められ人々の意識に浸透していき、一九九〇年代、二〇〇〇年代の民族主義意識の抬頭、対外的に民族主義意識を表出する態度が創り出されたのです。二〇〇四年頃から徐々に噴出してくる動きの背景がこうして出来てきた。一九八〇年代は自由化に伴って、海外事情や海外思想を知るようになり、文革の反省から国内の民主化を求めたが、天安門事件後、一九九〇年代以降は、反西洋的民族主義の性質を帯びるようになった。特に「八〇後」といわれる若者の民族主義化が目立った。こうなると、大国としての中国の「復興」を国際社会の中で見せるパフォーマンスとその成果が大事になってくる。「面子」「威厳」「尊厳」「尊敬」、こうしたものが外交行為決定の重要な要素として重みを増していく。ワン・ジョンはこうした中共の国際的行動の事例として、一九九六年の李登輝訪米にともなう台湾でのミサイル発射の脅し（二九九頁参照）、一九九九年の米軍のベオグラード中国大使館誤爆事件、二〇〇一年の海南島での米中軍用機衝突・米軍人人質化の事件を挙げています。中でも興味深いのは、一九九九年の時の政治局常務委員会の記録です。これはかつての義和団事変の時の紫禁城での廷臣会議や御前会議みたいなもので、たいへん面白い。

彼らはアメリカの誤爆だという説明を信ぜず、「陰謀だ」「企みだ」「挑戦だ」「恥辱だ」「侮辱だ」という言葉を連発し、中国を弱体化しようという「企み」だと一致した。李鵬はアメリカは「得寸進尺」（付け上がっている）という咸豊帝並のことを言っている。被害者意識が濃厚なのである。毛沢東も建国後、アメリカによる三方包囲の侵攻を誇大妄想し、大陸上陸に対抗するために三線防衛やらを本気になって考えたように、冷静に判断するというより、過大に敵を見積もる傾向が著しい。敵の幻影に向かっているという感が強い。ワン・ジョンは「疑心暗鬼症候群」と呼んでいますが、その傾向は強いでしょう。被害妄想と疑心暗鬼である。これが大衆運動となって高揚し、硬化した外交になった。民族心理だと思う。

五四運動の時も、ヴェルサイユの「陰謀」と呼び、ウィルソンのアメリカだけはそれを免れていると期待してアメリカ公使館に行ったが、留守だったので、日本とつるんだ「国賊」「漢奸」曹汝霖らを標的にした。これと同じように被害者意識、恥辱感を呼び覚まされたからという面があった。こうなると、「踏みにじられた自尊心」の回復みたいなことになり、理性よりも感情である。腹の虫がおさまるかどうかで、大衆のデモ隊が米大使館を包囲する事態に発展した。職員を大使館内に閉じ込め、投石を繰り返して、「懲罰」を与えた、と、ようやく胸のつかえを下し、自尊心を回復したのだった。なにやら、一九〇〇年義和団時の東交民巷公使館区域の包囲に似た様相である。義和団時の宣戦上諭は「清廷は迫られて、忍んでも忍びきれざるところに至り、雌雄を決せんとするに至った」と述べているから、「民族的自尊心」を持った者が「虐げられた」時に発する憤怒が読み取れる、と書いておいたが（拙著『義和団の起源』七四四頁）、それと同質の口吻である。

つまり、被害者としての物語（ナラティヴ）が機能したのです。トラウマ・遺恨のあるところに、目前の脅威を過大視し（幻影を見）、復讐願望を膨らませると、被害的な歴史的記憶が攻撃的態度に転化する。倫理性・道義性を振りかざした癇癪を起したような攻撃＝まさに「義和団」的であるもの、に転化する、と心理分析することが出来ましょう。尖閣暴動も同じです。道義的原動力でもって、自分たちの倫理的道義的正しさを示すことでした。

中国の抗議主張というのはいつもこのような儒教的な道義性を振りかざします。「正しい歴史認識」（江沢民、パク・クネ）でもそうです。文化大革命で横溢しましたが、正しいという大義名分がかざせるとなると、その立場に乗じて、相手を徹底的に痛めつけることが出来る（陳凱歌『私の紅衛兵時代』）。それを振りかざして、相手を道義的に貶め、胸のつかえを下したいのです。魯迅の水に落ちた犬を叩けというのも同根でしょう。儒教文化の精神的勝利法の一つです。韓国も同じ傾向を示します。こうなると、道義を振りかざして「謝罪」を執拗に求め、自らの道義的優位を誇り、相手を卑下しつづけることになる。道義の争いだから、妥協はなくなる。ここが中韓ともに関係の難しいところです。日本にも侵略した悪い所があって、悪かったな、と反省して思ってはいるのですが、こう意気猛々しく「正しい」を振りかざされますと、それなりのプライド、自尊心もある訳ですから、心理的抵抗感はぬぐえない訳です。いつまで謝罪すればいいのだ、と。

中華民族という集合的アイデンティティの形成の過程が政治的だったことは述べましたが、その過程で創り出された「敵」は差別と暴力の標的として正当化されます――尖閣問題での中国国内での日本の工場、商店への暴力はこのようにして正当化されました――。このように中華民族の集合的アイデンティティが排外的基礎に基づいている限り（抗日ですが）、固定観念を生むのです。日本は彼らの意識において「敵」から免れることはできないのです。

こうした悲劇的状況から免れるには、日本が「敵」の位置から逃れることですが、それは、日本の努力のみで能く為しうることではありません。中国政府がパラダイム転換するか、自制するかですが、それは困難な課題でしょう。選民意識・自尊心も、神話も、無くならせないだろうし、トラウマ心理は治らないでしょう。ましてや、抗日七十年戦勝キャンペーンをやるのですから、高揚するはずです。共産党がナショナリズム政党である限り、排外主義的なものを止める、シンボル（記念館）も止める、神話や態度も変える、これらがいずれも困難なことであることが分かるでしょう。大きな大勢の変化が無ければ、微調整しながら暫くやっていくしかないでしょう。だが、安保法制のように中国を「仮想敵国」として、日本の方から外交関係に事を荒立てるのは、歴史と相手を知らないあまり賢くない選択であろうと思います。

まとめ

近現代の中国の課題はなんであったのか。二つの考えがあります。一つは、一九四九年以後、毛沢東らが言った「勝利者の物語」、「革命」の勝利（新民主主義・社会主義の勝利・実現へ、世界史発展の最先端へ）、階級廃絶、平等社会へ向けての歩み――中国共産党の指導の下に階級闘争を通じて実現したのだ――というものです。しかしこれは一九一七年のロシア革命後の考え方だし、文化大革命、天安門事件の後、社会主義イデオロギーは「破産」しましたから、語られなくなりました。

二つ目は、十九世紀以後の近代世界の中で痛めつけられた近代史の屈辱から「中国」＝「悲傷の樹」が自己回復し、国際社会の中で独立自立して相応の地位を得、尊重されるようになった過程だというものです。「自強（洋務）、変法、革命」はみなこの目標を達成するためのものであった。アンシャンレジュームを打破して、軍事、産業経済、政治、文化の近代化が必要だった。そして外国からの侵略の多くの「被害」を蒙った挫折があったが、今、「成功」して強くなった（経済的・軍事的）。われわれは「特別な民」なのだ、というものです。しかし社会主義イデオロギーによる共産党支配の正統性、統合の論理は失われましたから、それに代替するものとしての「被害者の物語」（歴史認識）、愛国主義（教育）、「民族主義」（「中華民族」という大漢族主義）、が政府・共産党によって唱えられています（習近平の鷹揚な振舞は皇帝風、毛沢東風なのです）。これが「中国」ナショナリズムの今の姿です。ナショナリズム（民族主義）というのは、このように時代と状況によっていろいろと色と内容を変えるもので、政治的必要性に応じて作り替えられるものであること、内容の無いものなのだということがお分かりになったでしょう。それは人々をまとめ上げる感情なのです。ですから、知性理性による節制が要るのです。

　中国が近代化強国化するのに必要なのは、「革命」か「改良」か、という議論もありました。しかし、中国人は「急進主義」、これを一気に速やかに実現できると考え、しようとしました（太平天国、辛亥革命、社会主義、文化大革命）。歴史の飛越しが可能だと思ったのです（孫文も毛沢東も）*。その試行錯誤の連続と混乱が近現代の歴史だと言って良いでしょう。だから現在の中国は近代と中世と、超近代（ポストモダン）がゴチャ混ぜになっている。心・精神性の混乱もそのためです。個人主義・自由主義の欠如が著しいのもそのためです。「普遍主義」「普遍的なもの」は捨てて、その代りに「中国的なもの」（文化環境）へ回帰してきました。反外国主義＝外国人何するものぞ、です。「中国は偉大なのだ」「中国の歴史は特別なのだ」「偉大な民族に出来ないことは無い」――「矜持」「自惚れ」か、それが支配的なムードです。毛沢東『中国革命と中国共産党』から習近平「中華民族の夢」まで一貫したものでしょう。

＊胡適「介紹我自己的思想――『胡適文選』自序」（一九三〇年一一月二七日）は、陳独秀はプラグマチズムと弁証法的唯物史観が近代の二つの重要な思想方法だと言って、その連合戦線を希望すると言ったが、これは誤りで、弁証法はヘーゲル哲学から出たもので、生物進化論以前の玄学方法（形而上学）であり、プラグマチズムは生物進化論以後の思想だ。根本的に違う。そ

の中間にダーウィニズムが有るからだ。ダーウィニズムの生物進化論は、自然の進化であれ、人為の選択であれ、少しずつ（一点一滴）の変異なのである。だから非常に複雑な現象で、決してある簡単な目的地に一歩でもって跳んで到れることはけっして無い、更には、一歩で跳び至った後に一たび成ったら変わらない［共産主義になったら進化を止める］などということはありえない、と弁証法的歴史進化論（唯物史観）を批判した。ここが急進主義と漸進主義との分かれ目であった。

「敵を知り、己を知れば、百戦危うからず」「最も好いのは戦わずして勝利することだ」、とは孫子の言葉ですが、相手の特徴特質を良く捉えて、付き合う方法を考える。長期的視野でものを考える。そしてスタンスを決める。それには己を知ること、そして分に安んじること、が必要です。そして国際社会の中でアングロサクソンにずっと付いていく選択をするにしても、アメリカの「侍女」になって生きようという姿勢では、主体性がありません。大切なのは、冷静な頭での長期的な視野でしょう。これで終わります。

【註】この文章は定年退職した後の二〇一五年五月九日に、東京外国語大学と読売新聞立川支局の提携の連続講座「今を生きる～人々が暮らしている／きた世界～」において、「中国の反外国主義とナショナリズムについて」と題して話をした内容に加筆して成ったものである。当日の話の内容は五月一六日（土）の読売新聞「多摩版」に掲載されている。その後、私的な勉強会や台湾などでも話をさせていただく機会があり、(XIII)「ナショナリズムと歴史の記憶」などを加えながらまとめたものである。退職時の三月に出版した『中国の反外国主義とナショナリズム』（集広舎）の核心的な内容が基軸になっているが、ワン・ジョンの本に刺激されて、該書よりも考察が少しは「現在」に近づいている。しかし、現実政治はもっと早く変化推移しているらしく、はや時代遅れの気味も差し掛けているが、そのままとした。この現在の歴史意識の問題については『「氷点」事件と歴史教科書論争』（日本僑報社、二〇〇七）でも触れているので参照していただければ幸いである。

第三章　「義和拳」の反キリスト教暴動と八ヶ国聯軍

――義和団事変研究の意義

一

第一章で見たように、蔣廷黻と范文瀾の近代史把握の違いは、主に、太平天国と義和団の理解に顕著に表れたことがわかる。つまり、農民大衆の運動をどう見るかという問題である。蔣廷黻は国家や民族、社会進化という視点から見たが、中共（范文瀾）は階級闘争史観で見、自らを被抑圧階級の大衆運動の「領導」（指導者）として位置付けたから、建国後、中国の歴史研究は「人民闘争万歳」（太平天国、義和団称揚）の線で進められたことも述べておいた。我が国の中国近代史研究もその強い影響下にあって、「太平天国」を「革命」とし、「義和団」を「貧乏人の天下になるんだ」という革命高潮の時期にするなど、中国共産党の政治路線を背景にした歴史研究の言説に大きく左右されて論じられてきた。胡適を反動呼ばわりし、陳独秀の右翼機会（日和見）主義・党籍剝奪、追放という反党的評価も中国の「共産党政治」の問題だった。

だが、太平天国はキリスト教「宗教反乱」と考えるべきで、それが中国国内の反キリスト教の動きの広がりを作り出し、日清戦争後の列強の中国分割がその外国人のキリスト教布教と結びついていることへ危機感を持った大衆が「義和拳」を組織して教会への暴動を引き起こしたのだと言って良いのであって、どちらも、西洋キリスト教に対する中国社会の文化的反応だった。一方は中国化された新たな宗教（太平キリスト教）によって満洲族王朝を打倒し新王朝を建てようとした宗教反乱、一方は不平等条約の特権を背景に郷村深く布教を進める列強のキリスト教会に対して抵抗した文化的民族主義である。この文化的民族主義、言い換えれば中国の文化的アイデンティティをどう考えるかが大きな問題なのである。「人民闘争」の発展という「階級」単線では複雑な歴史過程を説明できない。こうした文化の視点から考えることが大事であろう。しかし、考察方法を変更するのもまた中国「政治」の状況次第だから、政治の侍女で劣位な立場にある「学問としての中国近現代史研究」には難しいのである。

二

同じ質の問題が実は義和団の発生自体にもあった。義和団研究をめぐる問題は大きく言って三つある。一つはこの大衆運動をどうとらえるかという性質の問題。もう一つは、清朝政府の行動をどう見るかという問題、三つ目はこの事件を近現代史の全プロセスの中でどのように位置づけるかという問題である。第三の問題については『中国の反外国主義とナショナリズム』でかなり広い視野の中で纏めて書いたので、前二者について簡単にまとめておきたい。第一の大衆運動の問題だが、これを「階級」で見るか、「千年王国思想」で見るか、「反外国主義のナショナリズム」で見るか、に分かれる。義和団は農民大衆の運動ではあることは間違いないが、「階級意識」は無い。そのスローガン『扶清滅洋』と、攻撃対象「教会・教民・宣教師」を見れば一目瞭然である。そして、現存国家と文化秩序（漢族民衆文化）を衛れと言うのだから、「千年王国思想」とも言えない。だから「階級」論、「千年王国」論は適用できないし、現代性を持たない。しかし「ナショナリズム」だとしても、あの「中世的迷信」の運動スタイルはどこから生じるのか、胡適はその背景を中国文化の持つ「名教」性（名前・文字が何か特殊な力を持つかのように考える偏執的信仰）（『胡適文存』第三集、巻一）といい、陳独秀は「名詞拝物教」、と言い、「克林徳（ケッテラー）碑」（『新青年』五巻五号、一九一八年）でも迷信的信仰の持続を問題視し、一九四二年の「戦後世界大勢の輪郭」でも、「義和拳の符咒で銃砲を防げるとする文化と同じく、抗日戦争でも、標語、スローガン、歌咏で飛行機、大砲、戦車に当たろうと企図した」「中国文化の畸形の発展」だと言った（『陳独秀著作選』三巻、五九五頁）問題――そして、文化大革命のあの惨劇に繋がる中国文化の問題――である。

この問題はじつは、義和団の騒擾が起きた当時からあった。それは、義和団の起源の問題で、こうした迷信的な大衆運動が出てくるのはなぜか、ということに対する「合理的」な儒教官僚からの意見と、大衆の民衆宗教文化を集団（合）表象的に共有する官僚士大夫の同情的な見方との間の論争である。前者は、こんな迷信めいたものは「邪教」、秘密宗教である「白蓮教」から出てきたのだ、と主張し、その歴史的論証として、嘉慶年間の同地域の天理教反乱と白蓮教を引き合いに出してきて、その邪教の末裔だから断固として弾圧すべきだと主張した（呉橋県知県労乃宣）。もう一方は、その神秘的な神奇さはあるいは真実かもしれない、天の保佑かも知れんと考える「文化」を有した伝統文化信奉者である官僚たちだった。西太后もやがて後者を信じるようになったのである。

次に挙げるのは、その義和団の起源になった山東西南部の大刀会の武術（「金鐘罩」＝金属の鐘の罩ベールで身体が包まれたように鉄壁になり不死身になるとする武術、「鉄布衫」ともいった）についての江蘇省徐州での見聞の資料である（『益聞録』光緒二十二年二月二九日、一八九六年四月一一日、一五六二号、京大文学研究科図書館蔵）。

〝当面破法（その場で法術を破る）〟。山東人の某甲は邪術を習い成して、能く刀槍を（刀と銃を体に）入れなくし、水火も傷つけないようにでき、名付けて大刀会と為し、また金龍罩と名づけていた。もし人が槍（銃）を放ったとしても、甲は之（銃）をして噎《つまらせ》て、火薬を燃えさせて（弾を）発せさせなくすることが出来た。近日（甲は）

徐州府城に行って、一軒の椽（家）に僑寓し藉りるに鶴奇（仙人の奇蹟）を以て、門を開いて徒弟に授け、人を招きてその邪法を学ばせた。凡そ投拝して師と為さんと欲する者は、須らく青蚨（銅銭）三千文を贄幣（にえの銭）としなければならなかった。符を画きて喃喃と呪を念ずるに詞有り、且つ自らその長を炫《てら》い、人に向かって、ほとんど銅の皮鉄の骨に等しい、蓋世の英雄なりと誇り耀い大言して恥ずかしいとも思わなかった。たまたま路を過ぎる某乙があり、これを見て不平におもい、甲に向かいて、我れいまここに手槍《ピストル》を有す、もし君果たして能く響《うた》せざらしむるときは、（わたしも）門下に拝するを願おう、と言った。甲は声に応じて曰く、承知した、面と向かって試験す可し、速やかに放銃をおこなえ、と。乙は甲が衣を脱ぎ、もろ肌になり、胸を挺して立ち、口内で咒を念じた、そこで引き金を引くと、雷声がして、甲の頭に向かってギーと飛んで行った。甲の驚きは異常なほどで、顔の色は土色になった。乙は、お前は銃をつぐめなかったではないか、どうして此処で出鱈目を言って人を惑わすのだ、と言った。甲は顔を赤らめて丁寧に謝して、術を学んでいまだ未熟なので、今は帰る、と言った。そこで場を片付けて去った。人々は拍手喝采した。

これはすぐ後の一八九六年の山東西南部の三省交界地区の大刀会の仇教事件でクローズアップされる金鐘罩武術として出てくるもので、義和拳の最初の姿といって良いものである。都市や農村定期市場で良く見る大道芸人のような流浪の芸人や薬売り、民間医療施術師が持っていた江湖の「秘伝の術」だと考えればよい。こうしたものはどうして民間に広がって行ったか。一八九一年の熱河の金丹道反乱の中心組織だった武聖教組織もこの「金鐘罩武術」をやっていたが、曹県の劉士端大刀会のこの武術は、直隷省の白蓮教（民間宗教の通称）徒の趙天吉がこのように地方を渡り歩いていて、山東曹県の焼餅劉荘の劉士端らに教えたものだった。そして、折から地方の治安が悪化して「土匪」の活動に悩まされていたこの地区の農村の自衛に役立つ有効な武力として受容され、その組織を瞬く間に拡大し、大きな勢力を持つようになった。この宗教的な神奇な武術はどうも、民間宗教（白蓮教）と隣り合わせ、あるいはそれに組み込まれたものだった。

三

大刀会武術は、祖師爺・真武神（湖北省の武当山道教の武神）を祀り、咒文を唱え、運気（気を身体各部位に廻らす法）をやり、刀や磚（レンガ）を身体に打ちつけて上半身を鋼のように鍛え上げる硬気功＝外功の鍛錬をすると、刀槍（銃）も入らない不死身の身体になるという武術で、乾隆年間からこの地方の民間宗教・八卦教の「武場」組織で伝えられてきたといって良いものだった（例外もある）。だから大刀会は八卦教の武場組織だったと言われるのだが、この八卦教という宗教は清代初めに単県の劉佐臣という知識人（郷紳地主・官員）が唱道した五葷道収元教という民間宗教で、八卦に按じて支部組織を造ったところからこの名がある。彼は明末の天啓年間にこの地で起きた聞香教徒の徐鴻儒の反乱の最中に生を受け、清代康熙年間の初めまでに、この聞香教を継承しながらそれを内丹論的に強化して、道教的身体技法を加味して収元教を唱えた。この聞香教は明代の万暦年間に長城近くの永州府灤州石佛口の王森が始めた民間宗教で、華北一帯に広く信者を有していたのだが、ことに山東西南部では聞香教の一派に「棒棰会」「棰手」と呼ばれる武術派があったのである。おそらくこの流れを汲んでのことであったろう。

収元とは元に収めること、元とは「真空家郷」（浄土教の西天極楽を彷彿させる太極図的な始源性の地）で、そこへ収めること（救済すること）、そこはこの世（東土）に降りてきた人間の故郷で、そこになお住む「無生父母」（性命の本源性）のもとへ帰還＝還郷することを教える宗教のことである。真空家郷（無極）に居る無生父母はこの世に落ちた九六億の子女である我らを憐れみ、二期にわたって二億ずつ救ったが、残った九二億の我らを救うために、地上に多くの神・仙・師を遣わして教えを垂れ、収元＝帰還・還郷の準備をさせている。この差し伸べた手、末後の一着に応える為に我らは修行修錬して準備しなければならぬ。この彼岸への浄土教的救済論が一つ。もう一つは、自力による内丹の修練によって性命の本源性（先天無極の故郷）へ還る「還虚」、現実を超越して道と合一して長生不老になる努力、つまり、身体技法の内丹法（呼吸・運気・存思）によって身体を純粋化し、超越＝不死を達成しようというのである。この身体技法の基礎に武術＝身体鍛錬がある。武術には外功と内功がある。それが成った後、「精を煉じて気に化し、気を煉じて神と化し、神を煉じて虚と化し、虚に還ってタオ・道と合する」、そして天人合一、梵我一如の不死に至る、つまり「還郷」の救済が達成される、とする禅的な自力救済論である。

八卦教はこのような「白蓮教（民間宗教）」の浄土教的な救済論と身体技法の武術理論とが修練煉功によって結び付けられていた宗教だった。一方を宗教的な文場といい、他方を拳棒武術を鍛錬する武場といい、修練は武場から文場へと進み宗教的に透徹した真人に至るとされた。大刀会とは八卦教のこの武場の名だった。またこれに類似した、拳棒武術と道教の宗教思想とを結び付けたような「拳教」組織、拳会が華北農村社会に生まれて広まって来ていた。例として梅花拳会が挙げられる。こうした身体修練（功夫）は正気を充満させて健康を増進させ、身体的な防衛威力を高める。のみならず、外科治療術、売芸（打拳）、売薬、用心棒稼業まで、江湖を生きる糊口の術と人間関係を与えた。明治期あたりの柔術家を思い浮かべると好いかも知れない。こうした魅力ある秘伝の武術を習うには師について学ばねばならない。武術に熟達すると「文場」に入り直して宗教的訓練を受ける。それがあるレベルに達すると、今度は自分が弟子を受け入れる。こうした武術と宗教の師弟関係が網目のように出来上がる。それが廟会などでの拳術比べで、また新たな師弟関係が出来、更に拡大する。師弟関係は厳しく絶対服従で、同師の兄弟関係は密だった。歴代師匠は「拳譜」で伝えられ尊敬され、ある師は徒弟三千と言われた。このように郷村地域に広がっていた秘密結社的な武術拳会組織が、清末にキリスト教布教の浸透とともに村落で頻発した民教紛争に「義」侠心をもって介入していったのである。

四

民教紛争とは、近代になって起きたキリスト教布教と中国社会の軋轢の産物である。かつて雍正年間に「典礼問題」でカトリックの布教が禁止され、外国人宣教師はマカオに追放され、教会財産は没収、中国人の信仰も禁じられた。しかしアヘン戦争後、フランスとの条約によって開港場に教会を置けるようになったカトリック教会は雍正禁教以後も各地に残っていた信者を訪問激励し、かつての教会財産の返還を求め、各地で問題が発生しはじめた。一八六〇年の北京条約で国内布教とそのための不動産取得が認められると、カトリック・プロテスタント両教の宣教師は保護特権を持って内地に入って布教活動を始めた。折しもキリスト教を掲げた太平天国の反乱が拡大していて、太平反乱に対する郷紳たちの反発とともに、在地キリスト教が保護特権を盾に活動を活発化させたことへの反発が広がって行った。それで各地でキリスト教布教への反発が起きた。地方有力者である儒教信奉者の士紳官僚たちの「異教」キリスト教の侵入に対する反発、伝統中国社会の反発が起きた。これが濫觴である。

ある社会がこうした外からの浸透に抵抗するか、それとも容易く受け入れて変貌するかは、その社会が高度に統合された閉鎖的傾向をもつ社会であるか、あるいはもっと統合度の低い開かれた社会であるかに係っている。伝統中国社会は「大一統」で高度に自足的で「文明的」な閉関システムだった。宗教・法・習俗・生活様式・道徳倫理が一体化した体系を成した社会だった。だからキリスト教の宗教と倫理は伝統社会の根幹を揺るがすものとして社会全体からの抵抗を受けた。まず上層エリートの士大夫官僚達が儒教観念から反発したが、事件は外交問題化して、砲艦外交の威嚇で封殺されて行った。それに代って民衆的な宗教文化のレベルからの抵抗が起きてくる。彼らはこの基軸を

「大教」と言った。「小〇〇」ではなく、我が「大」なる儒佛道三教合一的な「中国宗教」を掲げて「異教」に対抗しようとしたのである。

その間、キリスト教は保護特権を背景に郷村社会の奥深く浸透していった。そうすると郷村社会の「構造的解体」のような状況が生まれた。郷村社会の社会システムの種々の部分の間の結びつきが切断される状況が生じはじめたのである。

モデル的に言えば、次のような事態の発生である。ある家族が貧窮の為（コーリャンクリスチャン）、あるいは信仰心、その他の理由でキリスト教会に入信したとすると、彼らキリスト教徒（教民）は偶像崇拝を行わないから、祖先祭祀を拒否する。すると、同一祖の血統に基づく宗族、族的結合の古くからの習俗と摩擦を起こし、対立する。また関帝廟などの村落の祭祀（迎神賽会）にも参加しないから、費用の寄付も出さない。他の負担も拒否する。こうして村のしきたりとも摩擦を起こし対立した。教民はマイノリティだったから、宣教師・教会が特権を用いてこれを保護した。教民が平民と刑事民事事件で裁判になると、教会・宣教師が介入して地方官に圧力をかけ、教民に有利にさせた。条約特権を持った宣教師は、教会保護特権を教民にまで広げ、それを西洋諸国の外交機関がバックアップしたのである。

こうして中国人信者（教民）は宗教的にだけでなく、一族内でも、郷村でも、行政司法的にも特殊な存在（異分子、異習俗集団）になった。マイナーな教民たちは、自分たちのコミュニティを作って教会の保護を背景に自己主張し振る舞った。宣教師は「象徴的暴力」を振うかのように行動した。こうして、平民と教民との対立は激化し郷村社会に亀裂が入り、恨みを蓄積させたのである。

五

山東省南部でこうした民教紛争が深刻化していたところに、国際政治の大波が押し寄せた。日清戦後の三国干渉に加わったドイツは清国に恩を売ったにもかかわらず、露仏同盟の両国に比べて得たものは少なく、焦っていた。そこにドイツカトリック神言会の布教区であった山東南部教区で二人のドイツ人宣教師が殺害される事件が起きたのである（一八九七年の鉅野事件）。イギリスにとっての香港のような海軍軍港を欲していたドイツは、自国宣教師の保護権を得ていたから、これを絶好の機会として、膠州湾を軍事占領して租借させた。司教も占領軍による保護を要請した。ドイツ国家の帝国主義政策とミッショナリーが協同したのである。

事件を引き起こしたのは前年に曹・単県と江蘇省碭山県の民教紛争に平民側に加担して介入し、ドイツカトリックと対立するようになっていた先の金鐘罩武術を奉じて修練していた大刀会のこの地区のメンバーを含む連中だった。直隷・山東交界地区の冠県飛地だった梨園屯村での玉皇廟をめぐる民教紛争にも梅花拳会が加勢し、紛争が拡大して暴力沙汰に発展した。村民財産の玉皇廟を信仰しない教民と旧来の村民とでこの廟の財産を分割した問題がこじれて紛争になったのだが、村民側の郷村社会のモラルエコノミーに基づく主張が司法的に行き詰ると、村民たちは「梅花拳会」を加勢の頼りにして、執拗に闘った。しかしフランス外交が介入して、巡撫が教民側に有利に裁定し、廟取り壊しのために洋兵がやって来るという噂とともに、拳会は教会教民攻撃に出た。この争いの過程で梅花拳の集団は「義和拳」（郷村の義気を和合する拳）と称するようになり、「扶清滅洋（清を扶けて洋を滅ぼそう）」を掲げて蜂起した。しかし官軍に鎮圧され、各グループは散り散りになった。

ドイツの膠州湾占領後、ロシアは一八九六年の「露清密約」を裏切って軍事圧力をかけて旅順・大連を租借、南満洲への鉄道支線建設権を獲得した。対抗してイギリスは威海衛を、フランスは広州湾を租借、イタリアも三門湾要求を出した。「瓜分」中国分割の危機が生じた。この危機に、日清講和拒否論から盛り上がって来ていた康有為・梁啓超ら若手漢族知識人たちの政治改革を求める変法運動がピークに達しようとしていた。西洋人もこの動きを支援していた。

清国政府はこの列強の侵略に抵抗できず、妥協を重ねた。光緒帝・変法派の改革は、侵略を強めつつある西洋列国や清国を敗った日本をモデルにその後押しで改革をやろうとしている、民族的国家的抵抗の姿勢が無い、外国人とつるんでいるようにさえ見えた。愛国分子の立場からは不満だった。大衆の反外国意識からも不評だった。こうした中、中央政界では光緒帝ら帝党派と西太后・満人・保守派との権力対立が極点に達し、一八九六年九月に戊戌政変（クーデタ）が起きて、光緒帝は幽閉、西太后が権力を復活させ訓政するようになった。この政変は、大衆からは「北京は外国人を追い出した」と受け取られ、ドイツ占領下の青島近くの沂州府で、俺たちも外国を追い出すのだと、教会襲撃事件が頻発した。沂州教案という。ドイツ軍は偵察隊を送ったが、その姿をいぶかしく思った住民と武力衝突になった。ドイツ軍はその報復に内地に軍隊を侵入させ、日照県城を占領、人質を取り、住民の村を焼いた。そして山東省当局に損害の賠償を迫った。一八九九年春に事件の騒動中に新任巡撫として赴任してきた満人派の毓賢はドイツへの態度を硬化させた。彼はその分だけ、大衆の反外国の動きに許容的になった。

このドイツ軍の内地侵入と占領、焼き打ちは省全体に危機感を与え、反外国の輿論・感情を強めた。大刀会の武術・金鐘罩はしだいに大衆化して裾野を広げ、山東西北部で「神拳」と呼ばれるようになり、それを習う風習が広まり、多くの村に「拳廠」（煉拳場）が出来た。拳廠の壇には神仙が祭られ、拳の練習の時に符を焚いて呪文を唱えて、神霊を請う。すると、口から泡を吹いて地上に倒れ、神霊が下って憑依した状態になり、孫悟空が下ったなどと言って尋常でない力で刀棒を振り回すのである。シャーマニズムである。西洋武器（銃）を撥ね返すことが出来るというこの秘蹟的な神技＝神拳に人々は外国勢力（キリスト教）を追い出す奇蹟を期待した。西洋式銃器に中国文化の奥深い秘技で対抗できるのだ、と。地方官もこの大衆の自己防衛姿勢を黙認した。この頃、梅花拳＝義和拳の抵抗は鎮圧されていたが、その波紋を受けて、西北部の平原県では神拳が「義和神拳」、外国侵略に抵抗する大衆の義気を和した神霊が保佑する拳、と称するようになり、教民を襲撃した。

省都済南から来た軍と義和神拳が衝突した（一九九九年一〇月の平原事件）。しかし巡撫毓賢は義和拳ではなく、官軍の方を「孟浪に」事態を大きくしたと処分した。そのため義和拳側は巡撫が自分らを支持していると勢いづき、闘争を再燃させた。危機感を募らせたアメリカンボードABCFMの恩県龐庄教会（A・スミス）は北京のアメリカ公使館に急電を連発して、義和拳は官許の団練の姿で蜂起し教会を襲撃している。その起源は公的な団練だから、それを許容している巡撫毓賢を更迭させるよう清国政府に外交圧力を行使すべきだと主張した。だから彼が主張したこの「義和団は団練が起源だとする説」は、教会保護にアメリカ国家の外交干渉が必要だという主張を合理化するためのレトリックだったのである。効き目があった。列国の圧力で毓賢は更迭され、袁世凱が山東巡撫になった。袁の圧力で山東の騒ぎは次第に沈静化したが、騒ぎは直隷省に広がった。

六

直隷省のカトリック東南教区（献県教区）の各地教会への襲撃が活発化し、それが次第に天津、北京へと騒動が拡大して行った。

義和拳（団）は当時、華北平原の各地で次のようなビラを播いた。

神助拳　義和団　只因鬼子鬧中原
神が拳を助け　義が団に和しているのは　ただ鬼子（西洋人宣教師）が中原を騒がすに因る
勧奉教　自信天　不信神　忘祖先

彼らはキリスト教の奉教を勧め　自らは天を信じ　神を信ぜず祖先を忘れている
男無倫　女行奸　鬼孩倶是子母産
男は倫理無く　女は奸淫を行う　だから鬼（西洋人）の子供はみな母子産なのである
如不信　仔細観　鬼子眼珠倶発藍
もし信じないなら　仔細に見て見よ　鬼子（西洋人）の眼球はみな青色だろう
天無雨　地乾旱　全是教堂止住天
天が雨を降らせず　地が乾いて日照りになっているのは　すべてキリスト教会が天をさえぎっているからだ
…………（中略）…………
一概鬼子都殺尽、我大清一統太平年
すべての鬼子（西洋人）を殺し尽くしたら、我が大清の一統《てんか》は、太平の年になる。
【注】最後の一句は、「太平の一統は昇平を慶ぶ」「江山を靖んずる」などの版がある。

義和拳大衆の反外国感情が最もよく表われた掲帖《ビラ》の一つである。彼らはこの感情論理に突き動かされて、各地で教会教民に対する攻撃を繰返し、宣教師や教民たちの生命を奪った。それで「我大清」国家を扶《たす》けんとしたのである。

天津は一八六〇年の開港後、外国勢力が華北内陸部へ浸透する窓口で、租界が設定され、ここから外国人宣教師や外国製品が農村地区に浸透していったから、奥地の人々は天津を「黒風口」、悪い嵐がやって来るところ、混乱の元凶、悪の巣窟だと見ていた。北京は華北カトリックの総堂である北堂を含む四天主堂を擁する一大宗教中心地で、また一八六〇年以来、外国公使館区域が設定されていたから、領土を蚕食し宣教師、鉄道・電信で中国内地に侵入してくる外国勢力の本拠地と見なされた。天津租界、北京北堂、公使館区域が義和拳大衆の主要な攻撃対象に設定されたのはその故だった。鉄道電信は「洋鬼子」のものだと観念されていたのである。この騒動が天津を襲い、次第に北京に及んでくると、列国公使館は危機感を持ち、軍艦を大沽沖に結集させ、万一に備えさせた。そして陽暦六月一日にその陸戦隊の一部を北京に入れ、公使館を防衛させた。北京の朝廷は、この高揚する大衆の国家擁護、国土防衛、外国人排斥の愛国的民族主義（ナショナリズム）の行動をどう見るか、大きく揺れた。ある総理衙門大臣は外国人に次のように語った。

中国政府のように代議制機構を持たない政体では、今のように一般の輿論がみなはっきりと義和拳の運動を認めているような状況では、政府は人民の意志を無視することは難しいのです。この運動は中国のキリスト教徒と宣教師たちの行動によって引き起こされた根深い仇恨の表現なのです。義和拳が人民の普遍的な感情を代表しているのに、もしそれをやみくもに懲罰したなら、中国の良民はそれを大変不公平なことだと考えるでしょう。

（*British Parliamentary Paper, China No.4, (1900): no1.*）

つまり、義和拳が教会教民を襲い、鉄道電信を破壊している運動は人民の普遍的なナショナリズム感情を代表したものので、彼らの中国国家・清を扶け、外国をやっつけよう（扶清滅洋）という主張を世論の大部分は支持しているのだというのである。義和拳は「邪教（白蓮教）が起源」だから鎮圧すべしという官僚（労乃宣）の意見は、他の地方官からも人民の事情に配慮しない冷たい態度だと見られていた。

六月三日に清廷が、鎮圧ではなく、うまく解散させよと対義和拳姿勢を転換させた上諭を出すと、翌四日、大量の義和拳が北京に入城し、公然と「練拳せよ！」と呼びかけ、市中の混乱が始まった。北京城内には洋人擾乱すること四十年、佛を欺き道教を滅ぼし聖賢を侮り、権勢で土地（租界）を占めて税務を取っている。奸臣はぐるになって江山（国土）を売り、日本はおびき出して従わせ賠償金を取った。康有為党は結盟して徒党を組んで悪をなしたが、はからずも発覚して逃げてちりぢり、奉教（教民）をのこして禍端を匿している。

天主耶蘇両教は七日礼拝して天が雨を降らせないように祈っている。太白金星が大いに怒りて、玉皇に八百神兵を差してこの二教を滅ぼされたしと奏明す。洋人を除くは八月一五日、その時なりと謂う。原文は更に康有為党を罵る語あり。（総理衙門档案）

というビラが貼られていたが、さらに

洋人が北京に入って四十年、その機運はすでに尽きた。天意は奴らを絶つべきであるという。それで天は諸神を下界に遣わし、義和団民の体を借りて附き、洋式建物・公使館を焼き尽くし、外国人・教民をすっかり滅ぼし、清朝を興すのだ。（『庚子記事』）

という「滅洋興清」のビラを貼って各地で宣伝した。

事態が深刻になると、列国海軍は大沽からシーモア中将率いる援軍を上陸させ、天津から北京に鉄道で向かわせた。この援軍が進んでいるころ、列国海軍は援軍との連絡線を確保するために、大沽砲台の戦力削減とその確保の必要を感じ、最後通牒を発して、六月一七日に砲台を攻撃して占領した。天津の直隷総督裕祿は砲台が陥落する頃に列国領事から明け渡し通告を受け、激怒した。そして、北洋軍の武器庫を開放して義和拳が武器を取って租界攻撃をするのを公認したのである。こうして、秘密結社的だった義和拳は、直隷総督によって公認されて「義和団」（団練）になった。それは義和拳の運動が当時の清国大衆のナショナリズム感情を代弁していたからで、変法派の西洋式の改革を倒した西太后ら保守頑固派は、この大衆のナショナリズムの行動を否定できなかった。

七

外からは列強諸国からの分割の脅威を受け、内からは若手漢人官僚の変法運動にその地位を脅かされた満洲人親貴、西太后、漢人官僚保守派は、義和拳のこうした動きを「愛国的な」「義民」の行為だとして秘かに支持していたが、列国の大沽砲台の軍事的占領に怒り、外国（シーモア援軍）との「決戦」を主張した。朝廷は数度の御前会議を開いて決戦に踏み切り、義和拳を義和団（団練）として公認して、列国海軍の大沽攻撃の通告と同じく、外国公使館に二十四時間内の北京からの立ち退きの最後通牒を通告して、やがて清軍が義和団とともに公使館攻撃を開始した。こうして「北京の五十五日」、北京公使館区域の攻防戦が始まった。シーモア軍は途中で進路を阻まれ退却した。このように、北京公使館区域に孤立して籠城した外国人たちの救出劇に象徴される義和団事変は、義和拳の運動に表出された清国の大衆ナショナリズムと清朝国家主義とが合流することによって始められたのである。

清政府の支援を得た義和団の愛国的な活動は露清密約に基づいてロシアが東清鉄道建設を建設している満洲にも波及し、鉄道や教会が破壊された。ロシアは鉄道保護を理由に五方向から十五万人の軍隊を侵入させ、清朝軍と義和団を撃破して、満洲全域を占領した。これが日露戦争の原因になったのである。

列国は八ヶ国聯合軍を組織、天津から北京に進軍し、清国軍・義和団を撃破して、八月一五日に北京を占領した。西太后と光緒帝は西安に逃れた。列国代表と慶親王奕劻・李鴻章との間で講和交渉がなされ、やがて翌一九〇一年に北京議定書が結ばれ、四億五千万両の賠償、公使館区域の拡充、北京・天津への外国兵の駐留などが決められた。条約に基づいてここに駐兵していた日本軍隊が後に一九三七年の盧溝橋事件を引き起こすことになったのである。その意味で義和団事変は、後年の日露戦争、日中戦争と繋がる事件であると同時に、この中国大衆ナショナリズムはいろいろな相を見せながら、この後の中国の反外国の大衆運動を染め上げることになるのである。

八

「『扶清滅洋』を掲げた『義和団の乱』（Boxer Rebellion）が起きた」という昔私たちが学校で習った世界史教科書の言い方は、字義上、国家擁護（扶清）を掲げた国家への「反乱」である、という意味矛盾であるが、無自覚に使われてきていた。それはプロテスタント国家アメリカや列国が出兵し清国の首都北京を軍事占領したのは、清国国家への戦争ではなく、「反乱」を起こした義和団の混乱から、清国政府を助けて自国民を救出し、清国政府に替って「反乱」を鎮圧したのだとし、西太后・光緒帝には責任は無い、その戦争責任は問わない、罪は「反乱民」義和団大衆とそれを政治的に利用した端王ら一部頑固派にある、として列国と清国政府双方に都合のいい戦後処理――西太后の戦争責任を問えば、清国政府は混乱に陥り、列国間の対立矛盾からも（それでなくてもロシア軍の満洲占領・撤兵問題があり）講和条約は成立し難く、清帝国が混乱すれば今まで獲得した列国の条約上の権益も保障されなくなるからである――がなされたのである。世界史教科書は、そのアメリカなど外国の歴史記述にそのまま倣って書いていたからである。アメリカプロテスタント宣教師たちの義和団事件について解釈（義和団団練起源説など）は、アメリカ政府の見解に影響を与え、また後年の学説にまで大きな影響を与え続けていたのである。

しかし歳月が過ぎ、事件を冷静に見ることができるようになると、研究者も、Rebellion 反乱ではないのではないか、と次第に考えるようになり、Boxer Incident 義和団事件とか、Boxer Rising 義和団騒擾、Boxer Uprising 義和団蜂起などと呼ぶようになったのである。呼称の変化は西洋人の事件に対する歴史意識の変化を示している。

しかし素朴で迷信的で荒々しい野蛮な中国大衆ナショナリズムは冷徹な国際国内の「政治」によって利用されもするし、棄てられもしたのだということ、歴史研究も評価もそうした政治の波を受けるのだということを義和団事変は大変良く示したのだった。だからこの事件と大衆ナショナリズムをどのように見て評価するかは、その後の中国の歴史の中でも何度も問われ続けることになる。辛亥革命期の義和団否定、国民革命期の一九二〇年代の再評価・肯定、人民共和国建国後の五〇年代の教会弾圧の再来、そして文化大革命時代の義和団的暴力の再再来とそれへの「傑出」した評価、一九八〇年代のその修正、天安門事件後の愛国主義教育の中での肯定、一九九九年のベオグラード中国大使館誤爆事件に怒った中国政府・大衆の反応（第二章参照）、氷点事件での論争……そして尖閣反日暴動である。

そして、中国のキリスト教会からすれば、一九〇〇年の「庚子教難（義和団事件の教会の悲劇的苦難）」は、二百人近くの外国人宣教師と彼らの家族たちの生命、そして正確な数を知らない数千、万人に上る中国人キリスト教徒の生命を義和団の暴力によって、血染めの中国の大地に倒れ失わせたのだった（『回首百年殉道血――一九〇〇年義和団事件殉道宣教士的生命故事』、美国中国信徒佈道会・海外基督使団聯合出版、二〇一〇、香港、この書はプロテスタント宣教師と家族の名、一八九人を載せているが、カトリックの数はそれをはるかに越える）。このトラウマは、百十余年経った今もなお「義和団情結」（義和団をめぐる心理的葛藤の問題）、つまり中国人大衆の愛国主義の文化心理への懐疑と、中国人のキリスト教福音への心理的障礙という問題として問われ続けている。

だから、かつて蒋廷黻が語ったように、「中国外交史を研究するなら義和団とそれが代表する心理を研究しなければならない。さらに進んで中国の民族性を研究しなければならない。この問題は大変大きく、また近代に限る訳にはいかない」だけでなく、現代中国の「文化」のありよう（政治意識・歴史意識）を問うときも、「義和団」心理は無視し得ない問題で、研究しなければならないものなのである。

第四章　『武訓伝』批判と歴史調査

――劇作家陳白塵と『宋景詩歴史調査記』

一九五二年冬の酷寒の農閑期、山東省西北部の堂邑県の平原の農村に北京から来た十数人の「調査団」が地元の党・政府組織に案内されて協力者とともに入った。藍色の分厚い棉大衣を着た劇作家の陳白塵らだった。その目的は九十年前の清末咸豊十一年（一八六一年）にこの地域で起きた山東西部農民反乱（魯西白蓮教反乱）の黒旗軍指導者の「宋景詩」について歴史調査をするためであった。陳白塵はこの調査の後、映画『宋景詩』の脚本を書いたが、この二か月の調査と収集された相当量の歴史文献資料を駆使して『宋景詩歴史調査記』を書いた（一九五七年、北京、人民出版社刊）。人民共和国成立後間もなくのその時の歴史調査の話である。

一、中国近現代史のなかの左翼演劇と陳白塵

陳白塵（一九〇八―一九九四）[1]は、清の光緒三十四年に江蘇省清河県城内（民国時代は淮陰県城、現在の清江市）の商人

（1）陳白塵の経歴については、以下、中国当代文学研究資料叢書『陳白塵集』（卜仲康編、江蘇人民出版、一九八三）所収の「年譜」と「自伝」、およびその他の同書所収の記述を基礎とした。

の家に生まれている。江南地方に多い伝統的知識人の家庭ではない。父親は店員上がりの商人で、一度店を持ったがまた倒産して店を閉めるといった風で、母親もあまり教育を受けた人ではなかった。だが二人とも小説や芝居が好きで、彼は幼少期からその影響を受けて育ったという。学名を陳増鴻といい、一九二三年に成志中学に進んだことから五・四運動以後の「礼拝六」派の文学［五・四運動前後の一文学流派で、週間雑誌『礼拝六』を発行して、才子佳人の社会的哀情を描写した］の影響を受けるようになり、間もなく詩や小説を文芸誌に投稿するようになった。

一九二五年五月、上海の日本人経営の紡績工場のストライキに端を発して、租界当局が発砲して労働者・学生が死傷するという五・三〇事件が起きた。これをきっかけに、反帝国主義を叫ぶ民衆運動の嵐が全中国を蔽った。いわゆる五・三〇運動である。彼もこの運動に参加し、初めての政治運動に加わることになった。中学を卒業後、二六年秋に上海文科専科学校に入学し、魯迅や郁達夫、郭沫若らの新文学作品に触れ始めたが、折から打倒軍閥、打倒帝国主義を掲げる国民革命が高揚し、北伐が開始されると、その熱気の中で上海の学生運動に飛び込み、国民党左派の地下組織に加わった。だが、翌二七年四月一二日、蔣介石による反革命クーデタが起き、多数の労働者・共産党員、そして彼と共に活動していた学生たちが虐殺された。彼は紛然として国民党を脱党する。

国民革命は挫折した。多くの青年や知識人を蔽った挫折感、「動揺と苦悶」を抱えながら、彼は同年秋に上海芸術大学に転入する。この大学はフランス租界にあった一私立学校だったが、ここの文学科主任を務めていたのが田漢（一八九八－一九六八）である。この時二十九歳だった田漢は、一九二二年に創造社のロマンチシズム派劇作家として戯曲『珈琲店の一夜』を発表して文芸界にデビューし、名を知られるようになっていたが、国民革命の挫折による幻滅の中から、芸術運動を「民間（ナロード）」から興そう、それには人材を訓練育成する必要がある、と考えて経営者の招きを受けて主任になっていた。陳青年（当時の名は陳征鴻）は田漢の名に引き寄せられるようにしてここに飛び込んだ。彼はこの田漢を中心とする人々の芸術の活動の中で学びながら、後の演劇活動への歩みを開始することになる。

入学後、放漫経営に怒った学生たちは経営者一派を追放し、学校の建物に寝起きして、上海芸大の実質的中心になっていた田漢を校長にして自主運営を始めた。田漢は一九二五年に「南国電影劇社」を作って映画『去到民間（ヴォ・ナロード）』を制作していたが、陳青年ら学生たちと映画『断笛余音』を制作しつつ、二七年冬から文化人を集めて茶話会を開くようになる。ここに作家の郁達夫、演出家の欧陽予倩、徐悲鴻（現代中国を代表する国際的画家、日本・フランスに留学、この頃中央大学美術系教授）、京劇俳優の周信芳らが集まって来た。会の話題は次第に演劇に集中して行き、会後に『珈琲店の一夜』や菊池寛の『父帰る』などが演じられるようになり、やがて「魚龍会」という劇団が作られて、上演活動が始められた。陳青年はこの活動の中で成長し始めた。二八年に上海芸大は旧経営者に撤収された。学生たちは、田漢が中心になって欧陽予倩、徐悲鴻とともに設立した南国芸術学院に移ることになった――洪深（後出）も教壇に立った――が、秋には学院が停止してしまう。この学院は、一九二七年晩秋に田漢が南国電影劇社を改組して作った演劇芸術団体「南国社」の研究実験場ともいうべきものだった。後に南国社には、人民共和国国歌となる「義勇軍行進曲」を作曲した聶耳《ニエアル》も加わって来た(2)。

失業した陳青年は南国社に属しながらも、文筆で身を立てようと、長編小説『旋渦』をはじめ、数編の中短編小説を〝陳白塵〟のペンネームで発表する。これらは国民革命の挫折の後の呻吟の中で書かれたものだが、とうてい生活の維持にはおぼつかなかった。それで、二九年の南国社第二次南京公演に参加するために南京に赴き(3)、公演終了後に、

(2) 王素「憶南国」、陳白塵「従魚龍会到南国芸術学院」、田漢「南国社史略」（『中国話劇運動五十年史料集』第二輯、第一輯、中国戯劇出版社、一九八五年再版）所収。以下、『五十年史料集』と略す。

(3) この時の上演劇の演目は、田漢の『古潭の声音』、『南帰』、『第五号病室』、『火の跳舞』などであったが、その中にオスカー・ワイルド作『サロメ』（田漢訳）があった（田漢「南国社史略」）。陳白塵はその唯美主義の影響を受けたという。

鎮江で学院同窓の左明、趙銘彝と民衆劇社を作って公演活動をやり、上海へ戻ってからは同窓の鄭君里を加えて劇団・魔登《モダン》社を結成して、学校演劇運動を開始した。

陳白塵が加わったこの間の上海の演劇運動は中国における新劇［話劇］運動史の中でどのような位置を占めるものであろうか。張庚「半世紀の戦闘経歴――中国新劇運動史の輪郭」と趙銘彝「話劇運動三十年概観（一九〇七－一九三七）」[4]は、次のような整理を行っている。

中国の新劇は、二十世紀初め、辛亥革命前に生まれた、革命的青年学生が革命を宣伝するために扮装して演説するやり方で活動し始めたのが最初で、辛亥革命（一九一一年）前後に「進化団」や、中国人留学生が東京で結成した「春柳社」などが、上海を中心に長江沿岸の諸都市で活動して最初の高揚が作り出された。一九一三、一四年には反袁世凱、共和政維持の運動と併行して新劇運動も中興期を迎えたが、一九一六年以降は衰退に向かって行った。新文化運動、五・四運動期の演劇は、反封建文化を唱える余りに極端な西洋現代話劇に傾き、イプセンの『ノラ』などが翻訳紹介されたが、それらの西洋演劇の上演活動は失敗した。総合芸術としての演劇は、文学のように紙上で表現するだけでなく、舞台の上で、訓練された俳優によって大衆に向かって演じられなければならないが、その未熟さを露呈したのである。その失敗の中から、アマチュア演劇運動が提唱され、かなりの数のアマチュア劇団が作られて活動を始めた。しかしそれらは散漫な劇団組織で恒常的な上演劇場も無く、次々と生まれては短命の内に消えていった。そうした過渡期の中から、やがて組織化され訓練されたアマチュア劇団が生まれてきた。アメリカで演劇を学んできた洪深[5]が率いた上海のアマチュア劇団・戯劇協社が女優を登場させ、演出家によって統一的に構成演出される演劇スタイルを生み出し成功させたのである。この戯劇協社の一九二三年の第三次公演が中国話劇運動の新たな段階の開始を告げるものになった。そしてこの時期に洪深の『貧民惨劇』、熊佛西の『新聞記者』、欧陽予倩の『帰宅の後〈回家以後〉』、田漢の『珈琲店の一夜』などの中国人劇作家による話劇戯曲も生まれてきた。

この間の流れを趙銘彝は、清末民初に流行した当時の服装に扮装した《時装京劇》と教会演劇、留学生が日本から持ってきた新派演劇とが、上海で合体結婚して〝新劇〟が生まれた。新劇が五・四期の西洋演劇を嫁にもらって〝話劇〟（日本でいう新劇）が生まれたのだと述べている。

国民革命においては話劇運動は活発でなく、革命が挫折した後に、挫折感と内心の苦悩を懐き、感傷的ロマンを漂わせ、現実に対する反抗的感情に彩られた話劇運動が生まれてきた。「一九二八－二九年度に、中国の演劇運動にいまだかつてない空前の盛況が生まれた。それは公演回数や上演団体の数だけを言うのではなく、注意すべきは、公衆がそれに関心を抱いたことである。社会の進歩的な人々が演劇活動にみな特別な興味をいだき、学生大衆の間で熱烈な関心が生まれた[6]」のである。二七、二八、そして二九年、この時期に中国の演劇運動はそれ以前の二十年に較べて、新たな一段階に入ったといわれる。そしてその中心になったのは、一つは熊佛西がやっていた北平の芸術学院戯劇系であり、もう一つが上海の田漢の南国社で、そして欧陽予倩が上海を離れて一九二九年に広州で作った広東戯劇研究所であった。

陳白塵が学んだ上海芸大、魚龍会、南国芸術学院はまさに、中国現代演劇の揺籃の地であったことが分かる。陳白塵らがのちに結成した魔登《モダン》社は、南国社から分かれて生まれたものだが、南国社が「〝民衆演劇運動〟をやろうと考えていたが、民衆とは何かを良く知らず、どのように民衆に接したらよいのかも良く分からなかった[7]」なかで、いち

（4）辛墾編『中国話劇運動五十年史料集』二編（話劇研究社、一九七六）所収。

（5）洪深「戯劇協社片断」（『五十年史料集』第一輯）。――かれの父親の洪述祖が趙秉鈞総理の秘書をしていて宋教仁暗殺に関係していたことを付記して置く――。

（6）創造社のメンバーで芸術劇社社長だった鄭伯奇が書いた「中国戯劇運動的進路」（芸術劇社編『戯劇論文集』所収）――注（4）所収の趙銘彝前掲論文より重引。

（7）田漢「南国社史略」（『五十年史料集』第一輯、一三〇頁）。

早くそれを〝学校演劇運動〟として実践に移したもので、復旦大学や大夏大学などで公演して各地の学生劇団の結成の動きを呼び起こした。当時、上海『日日新聞』は「まことに世を何するものぞという心意気であり、左明らの計画はある程度成功したといえる」(8)と書いている。

二九年秋に上海では、夏衍（一九〇〇－一九九五）を中心に、築地小劇場から戻った葉沉（沈西苓）・許幸之や上海芸大などの学生を加えて、プロレタリア演劇を唱える芸術劇社が結成された。この劇団は、共産党の指令によって翌三〇年に成立する左翼作家連盟（左連）の準備の中で生まれたものだった。(9)

だが、陳白塵は職を求めて三〇年初めに東京に渡る。東京の華商商会の秘書を勤めながら勉強しようとしたが、断念して六月に帰国した。日本で築地小劇場などのプロレタリア演劇を吸収しようとしたのかも知れないが、この辺りの事情は良く分からない。ちなみに、築地小劇場はこの年に解散している。彼が日本にいた四月に、上海では芸術劇社が租界当局によって封鎖され、秋には南国社も過激であることを理由に公演を停止されてしまった。八月一日に、左連結成と併行して、芸術劇社と南国社を中心に、魔登社《モダン》など上海の七つの劇団が連合した共産党指導下の「中国左翼劇団連盟」（劇連）が結成される。芸術劇社と南国社の封鎖によって他劇団も公演活動が出来なくなったため、この劇連は、移動劇団を作って労働者・学生・農民に向かって演劇活動を開始するが、陳白塵もこの活動の中にいた。

一九二七年の「四・一二」クーデタの後、国共合作が崩壊すると、中国共産党はコミンテルンの指令にもとづいて武装蜂起路線へ急旋回し、八月一日の南昌蜂起に続いて各地で暴動蜂起を発動したが、全滅し、毛沢東らの井岡山根拠地を残すのみとなった。その後、厳しい生活に耐えて井岡山革命根拠地を維持発展させていた毛沢東らの路線に沿って、国民革命後の残存ゲリラ部隊も各地で根拠地を形成し始め、共産党は一九三〇年までに十五の根拠地と六万の紅軍、そして農民自衛軍十数万を擁するようになった。党中央は、三〇年にその統一を図り始めた。左連結成もそうした動きの下で進められていたのである。都市中心の革命路線を取る党中央・組織部長の李立三らは七月に、紅軍による武漢、南昌への進攻で、一省ないし数省での勝利を目指す全国武装蜂起を実行に移した。だがこれは惨憺たる敗北に終わった。共産党勢力の伸長を知った蔣介石国民政府は赤色根拠地に対する包囲掃討作戦を開始し、各地の共産党勢力に対する弾圧を強化した。そのため上海の左翼演劇活動も上演禁止や劇団封鎖、演劇関係者の逮捕など白色テロに見舞われることになった。

こうした情勢のために、陳白塵は三〇年冬から安徽省渦陽で教師の職を見つけて上海を離れた。だが、教育家・陶行知（一八九一－一九四六）が設立した南京郊外の暁庄師範の進歩的な学生と行き来していて、間もなく馘首になる。一九二九年一月の南国社の第一回南京公演の時に、陶行知は田漢らを暁庄師範に招いて交流し、彼らはここで公演したから、[10]南国社にいた彼も暁庄師範と繋がりを持っていたのだろう。三〇年五月に暁庄師範も国民党によって閉鎖されて教師と学生が迫害を受け、陶行知は日本へ亡命せざるを得なくなるような状況に陥っていたのである。[11]そのため彼は一旦故郷に戻り、その後、江蘇省漣水県で再び教師になった。

一九三一年九月一八日、満洲事変（九・一八事変）が勃発すると、彼は学生たちを指導して愛国運動をやって、そのため放校処分を受け、また失業した。その後、店員や織物工場の職員をやりながら劇団を作って漣水、淮陰で農村演劇活動をやったが、国民党官憲から共産党活動との嫌疑を受け、三二年一月に上海に逃げてきた。その直後に上海事変（一・二八事変）が起きた。彼は日本による中国侵略が一層強化され、民族的危機が深まったのを感じると、上

（8）前掲の趙銘彝論文の所引による。
（9）夏衍「難忘的一九三〇年」（『五十年史料集』第一輯、一四四頁）。
（10）唐叔明「回憶南国社」（『五十年史料集』第一輯、一四一頁）。
（11）陶行知「護校宣言」（江蘇省陶行知教育思想研究会・南京暁庄師範陶行知研究室合編『陶行知文集』、江蘇人民出版、一九八一、二六二頁）参照。

海から故郷の淮陰に戻り、共産党の組織した大衆組織＝反帝同盟に参加し、次いで中国共産主義青年団（共青団）に加入した。しかし同年九月に当地で逮捕され、三三年に判決が下りて、鎮江監獄に収監されることになった。獄中で彼は看守を買収して原稿用紙を入手し、執筆しては「墨沙」のペンネームで左翼作家連盟系の刊行物に投稿を始める。これが彼の本格的作家生活の開始であった。

三〇年一二月から始まった蔣介石の江西ソビエト（赤色根拠地）囲剿戦を退けていた共産党軍も、三三年一〇月からの第五次囲剿戦によって撃破され、党中央は江西ソビエトの放棄を決定、「北上抗日宣言」を発して、十月、瑞金から西へ脱出し、翌三五年一〇月に陝西省北部へ到着するまでの苦難に満ちた二万五千里の逃避行（「長征」）へ出発した。

陳白塵は収監されていた蘇州反省院から三五年三月に出獄すると、上海に行って文学創作に専念することにした。三六年一〇月に魯迅が死去すると、その葬儀の仕事に加わり、この年に歴史劇『石達開の末路』、『恭喜発財』を発表、三七年に歴史劇『金田村』（『太平天国』第一部）を発表、この戯曲は陽翰笙の上海業余（アマチュア）実験劇団によって趙丹らの配役で上演された。これが陳白塵の劇作家としての出発となった。

その直後の七月七日、盧溝橋事件が勃発すると、上海劇作家協会は盧溝橋抗戦部隊に支持電報を打ち、夏衍の建議で中国劇作家協会と改称して、分割上演可能な三部劇『保衛盧溝橋』を集団制作することを決定した。陳白塵は第二部『盧溝橋は我らの墓』を担当制作し、五日間で書き上げた。その後、共産党指導下に上海文化界救亡協会が成立すると、彼は夏衍とともに理事として『保衛盧溝橋』を上演し、また十数隊の「救亡演劇隊」を前線に派遣して日本への抗戦を呼びかけた。上海での上演は観衆の強烈な反響を呼び起こした。八月一三日、日中戦争の戦火は上海に飛び火し、激しい市街戦と日本軍による上海爆撃が行われ、上海はすさまじい被害を受けた。九月には、長征の後に延安を中心に解放区を建設していた共産党との第二次国共合作（抗日統一戦線の結成）が宣言され、抗日の機運が高揚してきた。陳白塵らは戦乱で失業した映画人を組織して、上海映画人劇団を作り、抗戦救亡活動を行うために、上海を離れて一〇月に「大後方」の四川に入り、成都を中心に抗日演劇活動を始めた。

三七年一二月、上海から中華民国の首都、南京に進攻した日本軍は南京を制圧すると、悪名高い「南京大虐殺」を引き起こした。蔣介石は武漢に後退し、ここを戦時首都とした。この武漢で、統一抗日のための中華全国戯劇界抗敵協会が組織された。この時陳白塵は四川から漢口に赴き陽翰笙に四川入りを要請している。当時、周恩来は延安から武漢に来て国民党抗日軍事委員会政治部副部長として第三庁を掌握していたが、この第三庁の庁長が郭沫若で、その下で陽翰笙、田漢、夏衍らが左翼演劇人を率いて工作に当たっていた。[12] この国民党抗日軍事委員会もこれら演劇人を直属の「軍事委員会政治部抗敵演劇隊」に組織し、これを全国各地に派遣して抗日宣伝活動を展開し始めた。

一九三八年春に漢口から陽翰笙らの上海業余（アマチュア）劇団が四川に入ってきた。この劇団には趙丹らの名優がいて、四川で『民族万歳』を上演して抗日を呼びかけた。こうして抗日「大後方」での抗戦を呼びかける演劇活動が開始された。上海業余（アマチュア）劇団と陳白塵らの上海映画人劇団は間もなく合併し、上海業余劇人協会として重慶、成都で活動をはじめた。これより先、中国電影制片廠（中国映画製作所）も三八年九月に重慶に移転してきて抗日戦のための映画製作をすることになった。彼は夏衍とともにその特約編導（制作監督）になっている。

一九三八年一〇月末に武漢が日本軍の漢口作戦によって制圧されると、蔣介石は重慶に移ってきた。周恩来や郭沫若も重慶にやって来た。抗日戦は持久戦に入ったが汪精衛が離脱するなどして、国民党の抗戦意欲は次第に失われていき、三九年頃からは、急速に成長してきた共産党勢力に不安と脅威を覚え始めた国民党軍による八路軍・新四軍に対する攻撃が頻繁に起こるようになった。抗日戦初期の熱気は失われていった。四〇年一〇月には第三庁も廃止され

（12）李大椿「試論演劇隊的歴程」（辛墾編『中国話劇運動五十年史料集』、話劇研究社、一九七六、一三四頁）。

た。

四一年一月に国民党軍が新四軍を攻撃壊滅させた皖南事変が起こると、国共合作は綻びが目立ちはじめ、国民党は共産党の影響の濃い演劇活動や抗戦映画製作に圧迫を加え、仕事を取り上げ始めた。そこで陳白塵らは、国民党の厳しい監視下に事務所を構えて困難な折衝をやっていた周恩来の指導の下で、「中華劇芸社」を設立し、多くの映画人、新劇人を集めて郭沫若の『屈原』や夏衍、陽翰笙の作品を上演して観衆に抗日戦を訴えることにした。だが、国民党は次第にこうした言論芸術活動に対する圧迫を強化し、四二年には国家総動員法を施行して検閲や上演停止、民主派の新聞の停刊をおこなった。中華劇芸社も四三年に成都に移らざるを得なくなった。陳白塵は『華西日報』と『華西晩報』の副刊の編集をしながら四四年に（国民党支配下の）困難な状況下に節を守って耐え抜く医師を主人公にした『歳寒図』を、四五年には国民党暗黒支配下の『官場現形記』とも言われる風刺喜劇『昇官図』を書き上げた。四五年八月、抗日戦が勝利すると、その後重慶に戻り翌四六年にこれらを上演した。そして五月に重慶を発って上海に戻り（八月）、中華劇芸社はここで解散した。この抗日戦争の八年間は彼の最も精力盛んな創作期に当たり、十数編の戯曲を書き、一貫して抗日を呼びかけ、国民党支配に抵抗し続けた時期である。

抗日戦勝利後に重慶から戻った蔣介石国民政府は、四六年七月の全面的国共内戦の開始とともに、上海の演劇活動を圧迫し、中国映画製作所などの映画事業を独占して自らの宣伝手段にしようと画策し始めた。この動きに対抗して、中共地下組織は陽翰笙らを中心に崑崙映画会社を設立するとの決定を伝えてきた。そのため人員を演劇部門から映画部門へ移動させることになり、彼は崑崙映画の編導委員会の委員・副主任になった。設立後間もない崑崙映画は、陳白塵脚本の『天官賜福』と『カラスとスズメ』の制作を開始したが、前者は国民党によって制作禁止、後者も妨害に遭って頓挫したままになった。四七年には映画『幸福狂想曲』の脚本などを書きながら活動を続けたが、四八年になると国共内戦の形勢は逆転し、蔣介石政権は四面楚歌の中で崩壊の兆しを見せ始めた。彼は党の指令で、上海で映画関係者の地下組織を作って解放準備工作に従事しつつ、蔣介石政権崩壊前夜の上海の社会生活を描き出した『カラスとスズメ』（主演・趙丹）の脚本を中心になって集団で仕上げた。

一九四九年五月二五日に上海が解放されると、この映画を完成させ、その後、上海映画製作所の設立準備に従事した。人民共和国成立のこの年に、彼は上海戯劇映画工作者協会の主席、中華全国映画芸術工作舎協会の全国委員会委員・常務委員会委員になり、上海映画製作所（所長・于伶）の芸術委員会主任になっている。五〇年には共産党に加入し、上海文連常務理事、秘書長になった。この職にいた五一年九月に、映画『宋景詩』の脚本制作のために北京に呼び出されたのである。

以上が、陳白塵が『宋景詩』歴史調査に関わるようになるまでの経歴である。上海解放・人民共和国成立を四十一歳で迎えた陳氏の青年時代はまさに中国における抗日運動の歴史と中国革命の展開にぴったりと重なっている。劇作家陳白塵は抗日と革命の中で煩悶苦悩しつつ成長し、創作しつつ闘い、闘いつつ創作してきた。その活動は学校演劇運動、農村での演劇活動、抗日演劇運動によく表われているが、民衆の中に入り、そこを基盤として演劇芸術を作ろうという姿勢に貫かれており、つねに民衆への志向を忘れることは無かったといえよう。小市民や民衆を主人公にした批判性あふれる優れた演劇や映画を制作し、太平天国を劇化していたこの民衆派劇作家が映画『宋景詩』制作に登用されたのも十分納得されることである。

『宋景詩歴史調査記』の執筆はこの映画制作と関連しているのだが、では、映画『宋景詩』はどのような背景のもとに製作されることになったのだろうか？　それは他でもない、映画『武訓伝』批判から出て来ているのである。

二、映画『武訓伝』批判と宋景詩

映画『武訓伝』批判とは、人民共和国成立後間もない一九五一年五月二〇日の『人民日報』社論に、「映画『武訓伝』の討論を重視すべきである」――執筆者が毛沢東であったことは文化大革命中の一九六七年五月に明らかになる――が掲載されたのを契機に開始された文化批判運動のことである。この運動はその後の三反五反運動、胡風批判、紅楼夢論争、反右派闘争、そして文化大革命へとつながって行く性質のもので、一連の過程の最初のものだった。従って、事は文化大革命に深く関連するので、なかなか一筋縄ではない複雑さを持っているが、以下でその過程を辿ってみることにしたい。(13)

映画『武訓伝』を制作したのは、四川省重慶出身で、一九一四年から一七年まで天津の南開中学で周恩来（一八九八―一九七六）と同窓の後輩で、一緒に学生演劇をやったこともあった孫瑜（一九〇〇―一九九〇）という監督である。彼は知識人の家庭の出身で、父親は清代の挙人で学者・官員だった。一九一九年に清華大学（北京）に入学、二三年に卒業した後、公費でアメリカに留学し、ウィスコンシン大学文学演劇科に学び、卒業、その後ニューヨーク映画撮影学校、コロンビア大学映画科で学び、映画の途に入った。一九二七年に帰国し上海の映画会社に入社、三〇年に聯華映画に移り、当時としては芸術性の高い作品『古都春夢』や、三二年の上海事変（一・二八事変）での十八路軍の抗日戦を背景にした作品などを制作し、人々から進歩派と見なされていた。だが彼の作品は、その反封建意識や労働者に対する人道主義的な同情にもかかわらず、左翼からは、「個人主義崇拝、審美主義の提唱、感傷的（ロマンチック）な人道主義の情調」が充満している(14)、と批評される性格であったらしい。三四年の作品『大路』（音楽・聶耳）は夏衍の協力や左翼映画の影響で、道路工夫達の抗日を正面から主題にしたが、三六年五月に共産党指導下に「国防映画」

が提唱されると、彼はそれに「責任を負わねばならない」としながらも、躊躇を見せて、「可能な範囲内でできるだけ撮影すればそれでよい」[15]との姿勢を示すにとどまっていた。左翼映画演劇人と関係を持ちつつも、共産党とは距離を置いていたようだ。彼は、盧溝橋事件後、日中戦争の全面化に伴う映画人の抗日活動に参画した後、三七年には重慶に移転した中国映画製作所の編導委員を務め、国民党の圧迫の中で女スパイが人々の抗戦熱気に触れて回心するという内容の『火の洗礼』を撮影している。この映画は、「ロマンチックな熱情にあふれ、少しもためらうことのない、人間を善に導こうという作者の一貫した作風」が出ているが、主人公の政治性を捨象している、と批評された[16]。

彼は一方で、比較的良い抗戦映画といわれる作品も制作しているが、作風はアメリカの影響を受けたロマンチシズムとヒューマニズムを基調としていて、共産党や左翼からすると物足りなさが残ったようである。政治的には民主諸党派に属した人物と考えて良いだろう。

一九四四年後半、彼が重慶の北温泉にあった中華教育映画製作所に勤務していた時、国民党の圧迫の下で近くの草

(13) 以下の記述は、最近発表された孫瑜の回憶「我編導《武訓伝》和受批判的経過」(『上海文史資料選輯』第五三輯、一九八六年三月)を基本とするが、この回憶は若干自己正当化の気味がない訳ではない。孫瑜の経歴、監督歴については、程季華編『中国電影発展史』第一冊、第二冊(中文図書供応社版、一九六一年序)を資料として使用した。その後、孫瑜は自伝『銀海泛舟』(上海文芸出版社、一九八七年)を出版しているが、本書では十分には参照できなかった。

(14) 黄子布・席耐芳「『火山情血』評」(上海『晨報』一九三二年九月一六日)、『中国電影発展史』第一冊、二六六頁より重引。同書は、小ブルジョワ的ロマン主義と規定している。

(15) 華蒂「一片要求摂影〝国防電影〟声中訪孫瑜先生」(上海『大晩報』一九三六年九月二〇日)、『中国電影発展史』第一冊、四七〇頁より重引。

(16) 凌鶴「関于『火的洗礼』」(香港『華商報』一九四一年七月五日)、『中国電影発展史』第二冊、五〇頁より重引。

子鎮で貧しい児童のための半農半読学校＝「育才学校」を開いて苦労していた陶行知が、製作所を訪れて、彼に段縄武編『武訓先生画伝』を贈り、機会があったら武訓の映画を作りたいのだと語った。これが映画『武訓伝』制作の切っ掛けであった。

デューイの下で学び、優れた民衆教育家になった陶行知は、七月にこの本を再版出版し、跋文を書いていた[17]。それは、武訓（山東省堂邑県武庄の人、一八三八年一二月五日－一八九七年五月二四日）が幼くして両親を失って、孤貧の生活を送り、貧困のために向学心が挫折させられたこと、地主の作男をやった時に賃金をごまかされて一文も貰えず恥辱を受けたこと、そのため、怒りのあまりに病気に陥り、病床で文字を知らないために屈辱を受けたのだと悟って、貧しい者のための義学を設立しようと志を立てたこと、そして三十年間乞食をやって銀子を貯め、義塾を建てて、誠心誠意をもって人々を感動させ優良な校風を作り上げた、と武訓の生涯を紹介していた。そして彼はそれに続けて、武訓先生は銭も無く、保護者も無く、学校教育も無かったが〈三無〉、大衆の宏願に合った目標、自分の能力に合ったやり方、公私を別つ廉潔さ、徹底した堅い決心をもって〈四有〉、それをやり抜いた。この「武訓精神」は多くの有志の士に影響を与え、多くの人々の幸福に尽力するものだ、と自らの境遇に重ね合わせて書いた。そして、一九四五年一二月には武訓生誕一〇七周年記念会を開いて顕彰し[18]、郭沫若もこれに出席して講演を行った[19]。

武訓は三つの義学を設立した後、山東巡撫の張曜の推薦によって光緒帝から『楽善好施（善を楽しみ施しを好む）』の扁額を与えられ、死後に各地の郷賢祠などに祀られて、民国時代も「公益の奉仕者」として讃えられていた。一九三四年、江西ソビエト第五次包囲戦をやっていた蔣介石国民党はその最中に、武訓生誕九十七周年記念運動をやり、教科書にも載せられるようになっていたが、陶行知のこの顕彰と彼の紹介で、海外にも知られるようになった。

『武訓先生画伝』に感動した孫瑜は、その後一九四五年にアメリカに渡り、四七年に帰国するその船上で映画『武訓伝』の脚本を書き始め、四八年に初稿を完成させた。彼は脚本を崑崙映画に送り、鄭君里を通して陽翰笙や趙丹に配布して映画製作を要請したが、結局、南京の中国映画製作所が主演・趙丹、監督・孫瑜で制作することになった。国共内戦中の一九四八年七月にロケが始められ、一一月には三分の一程が進行していた。だがこの頃、人民解放軍は国共内戦中の淮海戦役に勝利し、南京の国民政府は崩壊の兆しを見せ始めた。国民党支配下にあった中国映画制作所も経営難に陥り、『武訓伝』の撮影は中止に追い込まれた。一部撮影済みの映画『武訓伝』は崑崙映画に売り渡されることになった。間もなく開始される人民解放軍による長江渡河作戦を目前にして、中国映画制作所は職員の半数と可能な限りの資材を運び出して台湾へと逃れた。だが、崑崙映画は『カラスとスズメ』を制作中で、『武訓伝』の制作はすぐには再開されなかった。

上海解放後、七月に第一回文学芸術工作者代表大会が北京で開催されることになり、孫瑜は北京に赴いた。彼はここで抗日戦争中に解放区で育成されてきた革命芸術——魯迅芸術学院等に代表される演劇や舞踊を直接目の当たりに見ることになった。そして宴席で、三十年ぶりに同窓生の周恩来に会い、自分の『武訓伝』制作について話をした。周恩来は、「武訓は老年になって三つの〝義学〟を建てたが、みな地主たちに持って行かれてしまったと聞いているが、……」と語ったという。解放直後の熱気にあふれた革命的な雰囲気、毛沢東の文芸講話路線を採る解放区の革命芸術との出会い、周恩来の疑問の提起とによって、『武訓伝』制作は再考を余儀なくされた。その後の制作スケジュールが無かった崑崙映画の編導委員会（陳白塵。鄭君里らがいた）は、『武訓伝』には難点があるが、脚本に修正を加え

(17) 陶行知「『武訓先生画伝』再版跋」（『陶行知文集』、七四五頁）。

(18) 陶行知「把武訓先生解放出来——武訓先生誕辰一百零七年紀念而写」（『陶行知文集』、七九七頁）。

(19) 郭沫若は後の『武訓伝』批判の時に、この行為を自己批判する（郭沫若「聯繫着武訓批判的自己検討」、『人民日報』一九五一年六月七日）。

て制作を続けることを決めた。その修正内容は、武訓は貧窮な子供のために艱苦して学校を興したが功は無かったという「悲劇」として描き出す、というものだった。だが全体のトーンは、武訓の己を捨てて人のために艱苦奮闘する姿そのものは肯定賞賛さるべきものである、とするもので、上海映画事業管理処の党指導者たちは、夏衍のように「武訓は訓とするに足らぬ」とする者もいたが、崑崙映画の経営危機もあり、解放前にすでに三分の二の撮影が完了していて、七万円（圓）もの資本が投下されていたから、「今日の観点から武訓に批判を加える」ということで、党指導者たちの承認を得て、撮影継続が決まったのである。

その批判とは、ラストシーンで、解放後の小学校の女性教師が「武訓先生は貧しい子供たちのために教育を受ける機会を勝ち取ろうと、封建勢力に屈服することなく頑強に闘った人でした。しかし彼のような反抗は十分なものではありませんでした。彼は自分で三つの『義学』を作りましたが、後にみな地主たちに奪われてしまったのです。ですから、本を読むことに頼るだけでは貧しい者は解放しきれないのです。周大（映画の中の革命的な農民）はというと、彼のように農民の報復心理に基いて悪覇（悪ボス）をやっつけて仇を服《はら》すということでも広汎な大衆を組織できなかったのです。当時の歴史的環境に在っては、彼らは二人とも決定的な勝利を得ることが出来ませんでした。中国の労苦した大衆は数千年の苦役と血を流した闘争を経て、ようやく中国共産党組織の指導の下で、〝三座の大山〟を倒して、解放を勝ち取ったのです」と語らせたことである。孫瑜の整理によると、この台詞が、武訓の「本を読めるようにすることが貧乏人を救うことだ」という考えは幻想であり、そのための彼の一生は悲劇であったこと、武訓が自分の興学が失敗に帰したことを自ら発見するという悲痛さを描きつつ、周大の武装革命闘争の将来における勝利に希望を寄せる、という映画の内容を示す主題的思想であった、という。だが、これで思想性問題がクリアーできたかといえば、右のような制作過程から見れば、映画は一貫した思想性、テーマ性を欠き、継ぎ接ぎ的な性格は免れ得ず、左から批判される弱点を持っていたと思われるのである。

撮影開始後にさらに手が加えられ、映画『武訓伝』はようやく五〇年末に屈曲を経て完成した。ストーリーは武訓の生涯に沿ったものだが、ほぼ次のようなものであるらしい。

誠実な貧しい少年武訓は、勉学しようと思い私塾を訪れるが、先生と経理は銭を受け取りながら、入学を許さずたき出してしまう。この恨みが彼の思想の出発点として描かれる。後に大きくなってから、悪辣封建地主の張挙人に雇われて働いたが、彼が馬鹿正直に牛馬の世話をしたその賃金を一筆で帳消しにされてしまう。彼は驚いて主人の良心に訴えるように頼み込むが、一銭の銭すらもらえない。彼は病気に陥り、三日三晩、地獄のような夢の中を漂い、その果てに、自分がごまかされたのは恐らく字を知らなかったからだ、と悟り、貧乏な子供のための〝義学〟を建てようと決心する。彼の友人に周大という農民がいた。周大は近くを通過した太平天国北伐軍に加わろうと、武訓に「武七よ、一緒に行こうぜ。こんな世の中じゃ生きちゃいけねえ。俺たちはあの悪官や悪覇（悪ボス）どもを皆殺しにするのだ」と参加を勧める。だが武訓は、かつて聞いた父老の伝説や物語の中の、明末の李自成の農民反乱が明の崇禎帝を自殺に追いやったことから、八十年前の王倫の反乱が敗北したこと、洪秀全も南京に建都してからは貧乏人を忘れてしまい、目下のところ曾国藩の湘軍が優勢になり、大勢はすでに去ったように見えることまでを思い巡らして、答える。「殺しきれるだろうか？　何人悪覇（悪ボス）を殺せばいいのか？　……周大よ、わしは乞食をやって銭を貯め義学を建てようと思う」と。そして周大は、「よし、武七よ、お前は文を行け、俺は武を行く。俺たちは一文一武で、あの悪官悪覇（悪ボス）どもに、俺たち老百姓が騙せるものじゃねえってことを思い知らせてやろう」と答え、誓い合う。その後武訓は義学を建てるために〝襤褸を身に付け〟破廟をねぐらに、村々を歩き回り、ひたすら乞食を続け、銭のために糞やレンガを食ったり、奴隷のように跪いて叩頭しては銭を乞い、人々の蔑みを受けながら銭を集める。やがて、一部の開明紳士を感動させて義学設立の目的を達成する――この開明紳士が柳林鎮の楊樹坊と地主の郭芬で、楊樹坊は柳林「永清団」の団長楊鳴謙の甥である――。だが、懸命な訴えかけをしてやっと開校にこぎつけたこの貧乏人のための義塾で、経書が教えられ、子供たちが「学んで優なれば則ち仕う」（『論語』）と唱えているのを目撃する。彼は心の衝撃を受けて、涙ながらに「書を読んで勉強しても。決して俺たち貧乏人を忘れてはならない」と言い含める。そして最後に、「私は休めない。貧しい子供たちがみんな本を読み、みんな飯が食えるようになるまで、……私は休むことは出来ない」と言って死ぬ。そして最後のシーンで、小学校の女教師が前述した台詞を語るのである。

一九五一年二月に上海、南京で公開上映されると大きな反響があった。北京での公開に先立って二月二三日、二四日頃に中南海で党指導者たちのために試写会が開かれた。朱徳、周恩来、胡喬木らが出席して映画を鑑賞したが、毛沢東は数日後に映画を取り寄せて観たという。試写の反応は好く、素朴な朱徳は、教育的効果があると評価し、周恩来も胡喬木も部分的な感想を述べただけだったという。公開上映後の新聞雑誌の批評は、社会的効果とりわけ教師に対する教育的効果があるとするものが多かった。そしてさらに多くの賛辞が新聞雑誌に寄せられ、武訓を見習うべき人物とし、武訓精神を継承すべきだと述べ始めた。この称賛現象が論争を生んだ。孫瑜は、武訓は「階級的立場に立って支配者に対して一生一世の闘争をやった」人物で、「われわれ中華民族の勤労、勇敢、智慧の崇高な品質である」（『光明日報』二月二五日）とまで書いた。これに対して、映画の武訓は中国人民の闘争を歪曲した人物で、中国人民の良き伝統ではない。革命者ではなく、社会改良主義者にすぎぬ、という批判が起きてきた。批判者は、武訓を「封建制度の擁護者」、「社会改良主義者」として否定する見解を表明し、それに対して擁護者は、武訓の動機の正さ、自己犠牲的精神を高く評価して、批判論に対して、それは現代の革命者の水準を歴史人物に要求する苛酷すぎる批判で、歴史唯物主義の観点から見ていない、歴史的条件の制約――プロレタリアートの未成立、山東では農民革命が起っていなかったこと――を考えるべきだと反論した。

三月末から次第に顕在化してきたこの討論の応酬に断定を加え、全国的な批判運動を呼びかけたのが「映画『武訓伝』の討論を重視しなければならない」であった。

社論（毛沢東）の批判は次の諸点に在る。（1）、清末という中国人民が外国侵略者と反動的封建支配者に反対した偉大な闘争の時代に、武訓は封建経済の基礎とその上部構造に一切手を触れず、かえって熱狂的に封建文化を宣伝し、自分が持たなかった地位を得るために反動的封建支配者に奴隷のような顔つきで膝を屈することを能事とした人物である。（2）、この醜悪な行為を「人民のために服務する」ものとしたり、革命的農民闘争の失敗を描くことで、武訓を褒め称えているのは容認し得ない。（3）、それは農民の革命闘争を侮蔑し、中国の歴史を侮蔑し、中国民族を侮蔑する反動的宣伝を正当な宣伝とすることだ、（4）、この映画を賞賛する批評の多さは文化界の思想的混乱を示すものであり、マルクス主義者としての批判能力の喪失である。それはブルジョワ階級の反動思想の共産党への侵入にほかならぬ。それ故、この「根本的性質」の問題をはっきりとさせねばならない、というのである。

この歴史思想は、後の映画『清宮秘史』についての論難である戚本禹「愛国主義かそれとも売国主義か？」（『光明日報』一九六七年四月一日、『紅旗』一九六七年五期）――これは映画を賞賛した劉少奇を攻撃するという目的を持っていたが――と同質のものである。事実この社論は一九六七年五月二六日に再び『人民日報』に毛沢東の署名で掲載され、文化大革命にも一役買うことになった。

では、何故毛沢東はこの文章を書いたのだろうか？　ウィトケ『江青』は、江青（当時は本名の李進を使用、政府文化部映画指導委員会委員）は周揚（文化部副部長）と夏衍が担当していたこの映画を観てから、その改良主義的な性格をめぐって、それを容認する周揚とやり合い、自ら資料を集めて意見書を書き上げて毛沢東のところに持ち込んだが、毛はそれに冷淡で認めず、口論となったので、陳伯達と胡喬木とに自分の意見を述べ始めたのだ、と語っている。[20]　最

(20) ロクサーヌ・ウィトケ『江青』（中嶋嶺雄・宇佐美滋訳、パフィシカ、一九七七）上、三一六―三一八頁。

初に体系的に批判的見解を述べたのは、抗日戦争中に山東の沂蒙山区解放区で話劇活動をしていた賈霽《こせい》で、[21]彼は『文芸報』（四巻一期、五一年四月二五日）に「訓とするに足らぬ武訓」を発表し、武訓の興学は労働人民の〝翻身〟の旗幟などではなく、太平軍と同様の「革命的意義」を持つものではない。武訓は、虚偽の賛美とは反対に、階級的立場に立ったことは無く、支配者に向かって半生半世の変節をやったのだ。武訓の実践は地主階級による政治的経済的搾取という根本的問題を解決するものではなく、階級調和路線で、改良主義に近く、妥協と投降が彼の結果と実質だ。歴史の発展法則からすれば農民戦士たちが正しく、武訓は間違っていたのだ、と批判した。

『人民日報』は五月一六日から批判キャンペーンを張り、楊耳「陶行知先生が〝武訓〟精神を表揚したことは積極作用があるのか?」（原載『文芸報』四巻二期）、何干「魯迅先生　武訓を談（かた）る」を掲載した。楊耳は、歴史評価は社会と生産力を前進させたか否かを規準とすべきであり、反動的支配に対し改良から投降へ到った武訓の途は表揚に値しない、陶行知の表揚は正しくない、と批判した。賈霽の文章は翌一七日に『人民日報』に再掲され、二〇日に毛沢東の社論が発表される。[22]二三日には中央映画局が、全国の映画責任者に通達を発して、討論＝批判運動が提起された。それに呼応するように、六月に江青が李進の名前で山東省堂邑県に赴いて、「二十数日の工作」調査を行い、七月二三日から二八日まで、『人民日報』に「武訓歴史調査記」[23]が連載され、武訓は「〝興学〟を手段として、当時の反動政府から特権を与えられ、地主階級全体と反動政府のために服務した大流氓、大債主、大地主であった」と決めつけた。そして八月八日に周揚が『人民日報』に「反人民・反歴史の思想と反現実主義の芸術」を発表し、映画『武訓伝』をかかる芸術として公式規定し、文化界を挙げた批判運動は総括された。

この間の武訓批判論の多くは、農民革命こそが歴史を前進させる動力（胡縄「武訓を讃えることはなぜブルジョワ反動思想の表現であるか」『人民日報』六月七日）であるという観点から、武訓を「封建主義に極端に忠実な奴僕」＝卑屈な投降主義と規定し、それを賞賛するのは「小ブルジョワ知識人の個人主義、文化至上主義」、「ブルジョワジーの反動的改良主義」思想で、「思想的に中国人民の武装を解除」するものだ、というものであった。[24]

この一連の過程を見てみると、批判の口火を切ったのは賈霽や江青といった、解放区での演劇宣伝活動に携わっていた人々で、批判対象は孫瑜などのアメリカや上海などの都市で教養を身に付けた人々であったことが分かる。文化大革命が、革命に勝利した反資本主義的な農民共産主義の、政治・社会・文化全領域における拡大徹底化を目指したものであったとするならば、映画演劇部門における農民共産主義者＝延安・解放区派の、上海・都市派への攻撃という面では、この衝突は文革の序曲であったと言って良い。

だが、この運動にはまた別の側面と背景があった。国際政治とそれに連動性を持った現実政治の側面である。建国後間もない人民共和国と共産党は内部引き締めを要請されていた。建国直後の訪ソを終えて帰国した毛沢東は最大の国内問題であった土地改革に本格的に取り組んだ。七期三中全会を経て、五〇年六月三〇日に「中華人民共和国土地改革法」が公布されると、華中・華南を中心に土地改革が推進されていった。そしてこの土地改革と時を同じくして、五〇年六月二五日に突然朝鮮戦争が勃発した。一〇月九日には米・韓国軍（国連軍）が三十八度線を越えて北上して、中国国境を脅かす事態に発展した。一〇月二五日に彭徳懐率いる中国「人民志願軍」は鴨緑江を渡って前線に赴き、国内では抗米援朝運動が推進されることになった。

（21）賈霽「山東老解放区農村劇運散記」（『五十年史料集』第二輯、一五二頁）参照。
（22）この文章には『武訓伝』を賞賛した四十六の批評文の目録が付けられているが、当時毛沢東がこれらを集めて丹念に読んでいたとは考え難い。これらの資料を分析してお膳立てしたのは江青であったろう。
（23）「調査記」は、一九五一年九月に単行本『武訓歴史調査記』として人民出版社から出版された。その「関於本書出版的幾句話」、「前言」を参照。
（24）『武訓与〝武訓伝〟批判』（増訂本、華南人民出版社、一九五一）参照。

こうした非常事態ともいうべき状況の中で、土地改革と朝鮮戦争を遂行するためにも国家的統一を一層強化せねばならず、民衆を大量動員した国民党特務や反革命分子を摘発する「反革命鎮圧運動」が展開された。五一年はこの土地改革、抗米援朝、反革命鎮圧の三大運動の只中にあったのである。

共産党も整党に乗り出すことになる。その実施を告げるものが『武訓伝』批判だった[25]。毛沢東はこの批判運動を通して整党を更に進めようと考えた。そしてこの動きが三反五反運動として国家機関の整風へと拡大していくことになる。

毛沢東は右のような諸状況から見て、武訓賞賛を放置しておくのは政治的に危険であると判断したようである。それで、土地改革を進めている折から、「地主階級のイメージを和らげ、教育を出世の梯子とする」印象を与える映画は批判されるべきだ[26]、と主張する李進（江青）の執拗な意見を受け入れるに至り、五月一六日から『人民日報』に批判キャンペーンを張らせ、自文を掲載させて、枠と方向を与え、同時に「共産党員は『武訓伝』に関する批判に参加すべきである」（同日『人民日報』「党の生活」欄）と、整党と連動させる指示が出されたのである。運動総括文である周揚の前掲文も、『武訓伝』の政治上の反動性を十分認識できなかったことを自己批判して、三大運動における改良・投降主義との戦いを強調し、『武訓伝』をそうしたブルジョワ的な反動改良主義の芸術的表現として断罪した。

そして、毛沢東の唱導の下で、政府文化部と『人民日報』社が中心になって、武訓歴史調査が企画された。この一連の過程を中央で推進したのは毛沢東・江青であったようだ。従って歴史調査は映画『武訓伝』の武訓像を否定する政治目的を持ってなされたもので、結論はすでに政治的に決定されていたと言わざるを得ない。調査の指針になったのは、太平天国研究者・謝興堯の「武訓その人、その事」（『人民日報』五月二五日）で、謝興堯は多くの文献史料を駆使して武訓の興学の実態を分析し、武訓は乞食をして貯えた金銭を元手に、地主を仲介人として高利貸しを営んで、大地主になり、地租を取り立て、官僚の捐助によって「義学」を起こしたのだ。その義学の学生たちも貧苦の子弟ではなかったから、「義学」というのは欺騙である、と結論付けた。

武訓歴史調査組の実体は三人だった。主導権は毛沢東がその活動を承認した李進（江青）が握り、周揚がお目付け役として派遣した文化部の鐘惦棐、批判キャンペーンの舞台を提供していた『人民日報』編集担当の袁水拍（一九一六－一九八二、詩人、蘇州生れ、抗日戦期に香港居住中国人の被圧迫民族としての苦しみ、抗日戦下の民衆生活を歌った。『現代中国文学全集一九』平凡社、昭和三七年に訳詩がある。この時文芸部主任、一九六〇年『毛沢東詩詞』英訳本組長、四人組と関係が出来て後に文化部副部長に昇任、四人組失脚後に停職審査、病死）が補助を務めた。建国初期の重要課題で忙殺されていた毛沢東が、文化戦線で江青を利用して運動を起こすという手法、江青の政治舞台への登場――いまだ党政府内の一部に限られてはいるが――という点から見ても、『武訓伝』批判は後の文革発動ときわめて類似しており、文革発動の演習とさえ見えてくる。一九六六年に毛沢東はこの経験を大いに活用したに違いない。

「武訓歴史調査」は、現地に赴いて農村で調査を行い、中国の文字歴史資料とは一味違った在地資料・証言を採取しているという点で斬新で、かつまた武訓の実像を捉えるのに裨益するものだが――これらの資料、証言は中国社会のリアルな側面を窺わせてくれて面白いものだ――、やはり政治的判断が先行していて、かなり強引な断罪が目に付

(25) 中共党員は一二一万人（一九四五年）から五〇〇〇万人（一九五〇年）に増大、そのうち二〇〇〇万人は一九四九、五〇年に加入した者だった。一九五〇年五月の中共中央「整党に関する指示」、一九五一年二月の政治局拡大会議の整党決定、三月の全国組織工作会議開催、七月の中国共産党三〇周年、という党レベルからも見なければならない。

(26) ロクサーヌ・ウィトケ『江青』上、三一八頁。

教育を社会的出世の梯子とすることへの批判は、能力による社会的差別を是認する社会（原理的にはブルジョワ社会、新民主主義社会も然り）批判だが、この批判は延安解放区に見られたような平等、友愛、互助、自発性、創造性を重要なものとする農民共産主義からの批判であろう。だが、近代社会における教育、教育の人類的普遍性という問題についてはこの思想はほとんど解答能力が無い。

く。「調査記」は現地調査をしていた江青らが原稿を書き、それを北京に送り、毛沢東が筆を入れて『人民日報』紙上に掲載された。その内容の大枠は謝興堯の結論に沿ったものだが、『太上感応篇』などの『善書』を頒布していたこと等を根拠に、「勢力ある流氓頭子（ならず者の頭）」と断罪したり、大紳士、大悪覇、大小官員とつるんで大債主、大地主、大有名人になったのだとして、理想化された「労働人民」像から武訓がいかにかけ離れた醜悪な人物であるかを暴露することが意図されたようだ。少なくともそう読めるものである。そして「調査記」は、武訓を否定するために、同時代の同地方の農民蜂起軍の指導者だった〝宋景詩〟を、武訓と対蹠的に農民革命の道を歩んだ人物として発掘してきたのである。歴史の皮肉かも知れないが、もし『武訓伝』批判と武訓歴史調査が無かったならば、宋景詩はかように華々しく登場することも無く、たかだか太平天国期の北方農民運動の一指導者として歴史学者の研究論文に登場する程度であったろうし、『宋景詩歴史調査記』のような詳細な調査も為されなかったであろう。

「武訓歴史調査記」が発掘した宋景詩像はかなりの反響を呼んだらしい。その中に映画『武訓伝』に対抗して映画『宋景詩』を制作してほしいという意見があり、中共中央宣伝部、政府文化部が映画製作を決定して、その肝いりで一九五一年九月初めに、「『宋景詩』創作組」が組織された。その組員に選ばれたのが、『武訓伝』批判の口火を切った賈霽《こせい》、太平天国期の北方農民運動の研究者・銭宏など十名で、陳白塵は前述したような経歴を持ち、太平天国の歴史劇作家として著名だったから、中央から創作組に加わるよう要請されたのである。

この創作組には、（1）、宋景詩に関する文献資料を研究した後、（2）、山東省堂邑県一帯に行って宋景詩の歴史調査を行い、農民大衆が提供する歴史資料でもって、農民革命英雄・宋景詩を表揚する映画脚本と舞台脚本を創作すること、という任務が与えられた。[27] 創作組の活動に対して李進（江青）が直接指示することは無く、彼女はまだその地位にもなかったらしい。調査に出発する前に、北京で范文瀾や栄孟源らの歴史学者と交流し、また中国戯曲研究院資料室や各地区当委員会の全面的な協力の下で行われたことから見ても、党中央宣伝部、政府文化部の全面的な支援の下で実施されたことが窺われる。目的であった映画『宋景詩』の脚本は陳白塵・賈霽の共同執筆で一九五四年一月二四日に四稿が完成し、五五年に撮影が行われ、五六年三月の「全国新作映画展覧週間」で上映された。映画製作に当たっては、人民解放軍を動員し、かなりの費用と人員物資が投入された。陳氏の話によると、映画が出来る前の脚本段階、あるいは脚本以前から論争があったという。最大の問題は、「武訓」に対抗させようという「農民革命英雄・宋景詩」が一度はっきりと清朝に「投降」しており、こうした投降主義者を表揚してよいかという問題であったらしい。この宋景詩の投降をどう解釈するかということに『宋景詩歴史調査記』がかなり重点を置き、詳細に分析し叙述しているのはその影響である。この問題については周揚も江青も、宋景詩のような投降を本当の投降としてしまうなら、一九三七年九月の抗日のための第二次国共合作において紅軍が国民革命軍第八路軍に編成されたのも投降ということになるではないか、と主張したという。こうした論争のために、脚本は何度も手を加えられ書き直されて、四稿まで行くことになった。毛沢東や周恩来も事前に脚本を読んだらしい。周揚はある会議の後で、「毛沢東がほめていた。問題はないと言っていた」と語り、周恩来も「いい」と言ったという。だが映画が完成した後も、放映される前から映画に対する批判、それもかなり地位身分の高い人物から批判の声が出て、陳氏がそれに対して公開質問状を出したりして、どうも順調に公開上映へとは至らなかったようである。この地位身分の高い人物が誰であるかは分からない。一九八五年の今でも投降主義、あるいは映画の反歴史主義傾向についての批判論争があり、一定していない。例えば、曾立平「評歴史劇創作中的反歴史主義的傾向」（『戯曲芸術』一九八一年一期）、高国藩「従〝反歴史主義〟談到《宋景詩》的歴史真実性」（『戯曲芸術』一九八一年三期）、を見られたい。

（27）陳白塵「農民革命英雄宋景詩及其黒旗軍――『宋景詩歴史調査報告』提要――」（『人民日報』一九五二年一一月一、二日）。

三、『宋景詩歴史調査記』

陳白塵たちが一九五二年に堂邑県崗屯（甘屯）を中心とする農村地域に入って調査を開始したとき、これらの村々では、宋景詩は二千年来続いてきた王朝支配、お上に対する「反逆者」というレッテルが貼られていた。地主たちによる地域社会支配の下でそうした評価が押し付けられ、「反逆者」として語られ流通していたのである。陳白塵らは、宋景詩が果たして好い人かどうかは、村人に訊いて見るよりほかはないと考えて、調査に出かけて行ったから、村人たちに彼についていろいろと訊ねてみるが、村びとの口は重く、話を聞こうと思っても煙草をふかすばかりで、一向に口を開こうとしなかった。農民たちの心の中には堅い壁が作られていたのである。そのため、聞き取りには大変苦労したということだ。ここでも旧中国社会における地主支配層・読書人の世界と、想いを胸中に沈着させて口をつぐんで生きなければならない農民たちの世界との断絶を知らされるのである。人民共和国の成立と、一九五〇、五一年の土地改革における農民の「翻身」の後でも、そうだったというのである。『調査記』に出てくる宋景詩の妻の霍春姐の実家では、誰も宋景詩と霍春姐とのことに触れようとしなかった。ところが土地改革で農民たちの攻撃対象とされていた地主たちは――調査対象人の土地改革期の階級区分の成分が『調査記』には載っていて、要監視分子、監視されている地主などとある――、これに恨みを抱いていたから、霍春姐はこの「反逆者」と関係があった、と悪口を言う者が出てきたという。農民社会の怨讐の深さをうかがわせる話である。『宋景詩歴史調査記』はこの時の二か月の調査によって収集された資料を基に、陳白塵が映画脚本を書き上げ上梓（陳白塵・賈霽『宋景詩』、芸術出版社、一九五四）した後、調査資料と以前から収集整理されていた文献資料を駆使して書き上げた労作である。

私が、この『宋景詩歴史調査記』を翻訳しようと考えたのは、この本は中国の民衆運動のリアルな姿を詳細に描き出すことに成功しており、その点で一頭群を抜いたもので、これほど中国農民の生の声でもって彼らの歴史を書いたものは他に類を見ないからである。歴史の勉強をし始めてみると、ヨーロッパの民衆運動や農民運動が各国の歴史研究者によって詳細に発掘され研究されてきていることが分かる。そして日本の百姓一揆や民衆騒擾についても、戦後に大量の研究が蓄積されてきて、今日私たちはかなり手軽にこれらの研究からヨーロッパや日本の民衆運動像というものを得ることが出来るようになった。さらには第三世界の種々の宗教運動や民衆運動についても、人類学者の研究を通じて次第に見通すことが出来るようになりつつある。だが、陳勝・呉広以来、世界史上類を見ないほど膨大な農民戦争を累積させてきた中国史はというと、中国革命自体が巨大な農民戦争として勝利したにもかかわらず、その前史をなす近代でさえも、農民・民衆の生きている姿や世界を生き生きと伝える歴史書はあまりにも少なく、中国の民衆運動や民衆文化についての具体的なイメージを得たいと思っても、ほとんど持ちえないといっても良い状況にある。試みに、陳舜臣氏の『中国の歴史』を通読していただければ、氏が多くの箇所で、庶民の姿が見えてこないと嘆いておられるのを眼にすることだろう。そして陳舜臣氏の『阿片戦争』が名作として成功しているのに比べると、『太平天国』はやはり中途挫折の感が強いのも、中国史の史料が官僚読書人の手になるものが圧倒的で、彼らの手になるこれらの史料が、漢文特有の形式性を帯びていて、民衆生活の具体性をそこから窺い知ることが困難であることが影響しているのだと思われる。読書人の書いた厖大な書籍はあるのだが、伝統的知識人はその精神において庶民生活のあれこれや、具体的事実を詳細に記述することに興味を示さないから、それらから中国人の生きる社会の実相というのはなかなか捉え難いのである。伝統的中国社会とそこに生きる人々とを理解しようとすると、今日でもなお『水滸伝』や『紅楼夢』、『聊斎志異』、『官場現形記』などの小説に勝るものはないのである。

私も中国史の勉強をするようになってからやむなく必要にかられて資料や研究書を少しばかり読むようになったが、こうした観点から見たとき、『宋景詩歴史調査記』は格段に面白く、刺激に富んでいた。いわゆる「文化」を持たない農民たちの「口碑」を重視しながら歴史を見る目、視座というものを文化大革命期の硬直化とその後の全面否定の残骸の中から取り出してもう一度考え直してみるのもいいかも知れない。私は、人民中国の歴史学は、伝統史学と違った調査をベースに持った歴史研究をもっと生み出すべきであったと思う。今なおこの『宋景詩歴史調査記』を越えるものが無いのを大変残念に思う。しかし今日の研究レベルから見ると、不満な点や問題点がない訳ではない。

第一は、咸豊十年の抗糧闘争（土地税反対の経済闘争）の高揚から冠県劫獄をきっかけとする山東西部白蓮教（八卦教）反乱（政治的宗教的反乱）へとかなり直線的に捉えている点である。訳出して付け加えておいた八卦教指導者の張善継と左臨明の供述や楊泰の告示（訳書二九一－二九五頁所収）から見ると、白蓮教（八卦教）反乱は、教徒の孫全仁らに対する官の弾圧＝宗教弾圧を契機に惹起されたものであり、その最初の号砲はむしろ咸豊十一年二月十一日の直隷省邱県攻撃である。二月一九日の冠県劫獄はその後のこの白蓮教組織の全体的蜂起の一つとして計画され、抗糧農民の多くもこの巨大な反乱の渦の中に合流していくことになったのだが、この経済闘争から政治的宗教的反乱への越境の決定的役割を果たしたのが、白蓮教（八卦教）組織であったことを考えると、『調査記』の白蓮教組織と活動についての分析は必ずしも十分とは言えないであろう。八卦教離卦（教）組織の老教主・郜老文らの紅旗の独自の活動も白蓮教組織内部の問題から生じているのだが、このことを含めて、五大旗の組織構造と活動については档案資料を使用して改めて検討してみる余地がある。しかし、調査の主たる目的は「農民起義」指導者の発掘で、「邪教」とされかねない白蓮教の問題を追究することは忌避されたか、脇に置かれたのである。当時としては未知の秘密のとば口まで行ったこと自体を評価すべきだろう。離卦教主・郜老文の下の宗教と武術（練拳）は「義和拳」の源流の一つをなしているのである。拙著『義和団の起源とその運動』「第一章」（七五、七六、九一頁）を参照されたい。

第二は、この反乱と四十年後の義和拳の運動との関係である。『調査期』本文では、安徽巡撫が宋景詩を殺害したという報告は信用できず、光緒二十六年（一九〇〇年）に老人になっていた宋景詩が堂邑県甘屯に姿を見せ、義和拳の騒ぎを見て、姿を消した、という農民証言があると書かれている。そして、『人民日報』に掲載された調査報告文を読んだ読者から寄せられた、生き延びた宋景詩は同治光緒年間に口外（内蒙古帰化）に来て武術を教えていた趙老同という人物ではないかという消息と考証が付録に付されている。宋景詩とともに嘗て反乱に加わった老人たちが、四十年後に義和拳の反教会蜂起が起きてきたとき、どのような反応を示したのか、未使用の農民証言の調査記録の中に言及がなかったのか、知りたいものだ。調査資料は冠県文書館に在ったと聞いたが、もはや「失われた記憶（記録）」になってしまったのだろう。

第三は、農民革命、農民戦争に焦点を合わせた分だけ、農民の心性や日常世界を描き出すことが少し少なくなっているのが、外国人読者としては若干不満が残る点である。「老百姓」の生活や行動に何ら文化的なものを見出さない中国知識人の感性からすると、それもやむを得ないのかも知れない。

陳白塵氏はその後、一九六二年に中国演劇家代表団の一員として一度来日し、千田是也、木下順二、山本安英、滝沢修、杉村春子氏らと交流している。その時日本でも泉座によって氏の『昇官図』と『結婚行進曲』が上演された。帰国後、氏は各地で資料を採訪して『太平天国』三部作を書き直そうと意図したが、戚本禹らの李秀成供述の評価をめぐる政治的な動きによって窮地に陥り、農村社会主義運動のために農村に入って「四清運動」をやることになったという（一九六三、六四年）。

文化大革命が始まると、江青の上海での女優時代の過去を知悉していた鄭君里が監獄でむごたらしい死に追いやられたのをはじめ、一九三〇年代の上海派の演劇映画関係者の多くが「毒草」として打倒の対象にされたが、陳白塵も例外ではなく、六六年から六九年まで北京に留置されて審査を受け、七〇年春に文化部幹部学校に随って湖北省雲夢県の農村に追放された。中島みどり氏の名訳『幹校六記』（楊絳著、みすず書房）でわが国でもよく知られるようになった文革中に知識人が歩まなければならなかった苦難の道を氏もたどったのである。因みに楊絳は陳白塵の妻である。

七三年に氏は病気のために南京に戻り、その後療養を続けた。この文革中の回憶を書いたものが『雲夢断憶』（三聯書店、一九八三）で、中嶋咲子氏の訳『雲夢沢の思い出――文革下の中国知識人』（凱風社、一九九一）で出ている。一九七六年、氏と関係の深かった周恩来が他界した。彼は悲しみの中で大発憤して七七年に、毛沢東死後から四人組逮捕に至る政治過程とアナロジーし得る漢の高祖死後の呂后の権力掌握をめぐる歴史劇『大風歌』を書き上げた（一九七九年出版）。一九七八年に乞われて南京大学中文系の教授に就任。その頃、魯迅夫人・許広平から『阿Q正伝』の映画化の申請が外国からあるという相談を受け、氏はその映画化は中国人が為すべきことだとして、一九八〇年にこれを映画脚本化し、翌年には舞台化して北京で上演し評判を取った。氏の脚本になる映画『阿Q正伝』は日本でも中国映画祭で上映されたから鑑賞された方も多いのではないかと思う。一九八七年にわたしは南京で氏にお目にかかって、いくつか『宋景詩歴史調査記』についてお話をうかがうことができた。その後の消息についてはあまり詳しく知らなかったが、一九九四年に死去された。

【付記】この映画『武訓伝』に対する毛沢東共産党の論難、批判運動は如何にも無理があり、文革否定後に、武訓の名誉回復が訴えられた。一九八〇年に『斉魯学刊』（第四期）に、ある読者（無錫市公安局の張経済）の「武訓に名誉回復を与えることを希望する」という投書が載ったのを契機に、有力各誌がこれを転載、名誉回復の機運が出てきた。孫瑜の回憶もその中で書かれたのである。胡喬木も一九八五年に陶行知研究会で、陶行知は「傑出した教育家であり、教育思想家だった」、陶が顕彰した武訓本人と映画『武訓伝』へのかつての批判は「非常に片面的で、極端で粗暴なものだった」（『人民日報』九月六日）と語り、名誉回復がなされ、私たちが一九八六年に農村調査に行ったときには柳林鎮の武訓師範学校も再建が始まっていた。その後、黄清源・姜林祥『武訓評伝』と大部の張明主編『武訓研究資料大全』（いずれも山東大学出版社、一九九一年）が出て、再評価が為されるとともに、一九四九年以前から文革後までの武訓批判に関する関係資料が網羅的にまとめられて出版された。

この文章はもともと、『黒旗軍――十九世紀中国の農民戦争・陳白塵撰述『宋景詩歴史調査記』――』（研文出版、一九八七年）の「あとがき・解説」として書いたものである。今から三十年前の当時の雰囲気の残る硬質な文章で、「農民戦争」などと言う語彙を余り疑問も感じなく使っているもので書き改めたい気もしないではないが、中国で武訓の名誉回復の動きが出て、孫瑜の回憶が出た直後の一九八七年に書いたもので、研究としては最も早い部類に属するものだし（いいだ・もも氏が『週刊ポスト』で面白いと取り上げてくれた）、まあ一応全体構造を捉えそこなっていないものであるから、前後の文を省略して、若干の語句句読などを直したほかはそのままにして、再録する際にいくつか補足することで責めを果たすことにした。

『武訓歴史調査記』を初めて読んだのは修士論文を書いていた一九七六年で、山東農村社会の姿を知るために、アーサー・スミスの一連の本や景甦・羅崙『清代山東経営地主底社会性質』などとともに社会経済史の資料として読んだ。京都大出身の神戸輝夫氏なども使っていたので、その政治背景など知らずに使った。『宋景詩歴史調査記』を初めて読んだのはその後、博士課程で義和団起源の白蓮教を課題にしたときである。義和団から四十年前の咸豊十一年の同地域の魯西白蓮教反乱を取り扱った本で、読んで大変面白かった。それは、（1）村まで出て来て、その村落の位置まで載った詳しい地図が付いていたこと、（2）その村の農民の口碑・オーラルヒストリーを駆使していたこと、（3）しかも文献資料をきちんと整理して使用していること、（4）構成が「劇的」で読ませる叙述だったこと、が主な理由だった。中国史を勉強し始めてみると、西洋史や日本史に比べて大雑把で、社会の深部や人の内面（心性）になかなか入っていかないのが不満だった。つまり、中国史研究で使う史料の漢文文献では落ちこぼれてしまう諸要素をこの書は多分に持っていて、その知的な渇きを潤してくれたからである。その後も、折に触れ読んでいたが、一九八五年に高校教師から大学の教員になって時間的に大いに暇になったので、漢文と現代文、口語が入り混じるこの本で、語学の練習を兼ねて翻訳作業を毎日やることにした。訳了して出版してもらう段になって、解説を書くために調べてみると、こういう政治的ないきさつだったことが分かって、中国の歴史をやるのは面倒なことだと痛感した次第だった。

いくつか補足して置きたい。この地域には　その後、日中共同の華北農村「義和団調査」（一九八六年～一九八九年）で農村調査に入った。その記録は『近代中国の社会と民衆文化』（東方書店、一九九二）にまとめられている。その時に、義塾、武訓師範学校、武訓の故郷の「武庄」や宋景詩の住んでいた「小劉貫荘」なども見学させてもらった。その旅行と印象記は「宋景詩の故郷を訪れて――柳林鎮・小劉貫荘訪問記――」『けんぶん』八号（一九八七年一〇月）に書いた。当時の武訓学校の様子も書いてあるので、参考にしていただければ幸いである。この問題が一番熱気があったのは一九八〇年代で、教育に力を入れようという再建の息吹があった。学校の子供たちも生き生きしていた。その後、二度訪れたが、全国の教育学会や教育者、政治家が寄付した石碑が通路の両側にずらっと並び、顕彰のために公園までできているが、教育の熱気はあまり感じられなくなっていた。

映画『武訓伝』と映画『宋景詩』は国立近代美術館で上映された折に見た。『武訓伝』の方がはるかに出来のいい映画である。一九五〇年に『大衆電影』がこの年のベストテンの一つに選んだだけのことはある。映画『宋景詩』は人民解放軍の騎兵を使ったり、大仕掛けで金もかけたが、人物の掘り下げや心理描写に深みが無く、芸術性は低い。近年『武訓伝』のＤＶＤ（二〇一二年、広東大聖文化伝播有限公司）が発売されているので見られるとよい。毛沢東は政治的効果や宣伝でしか「教育」や「芸術」を見ないらしいということが改めて分かった。中共の指導者たちも恐らくそうだったのだろう。エイゼンシュテインなどの優れた社会主義リアリズム映画を生んだロシア共産党との違いだろうか。

映画『武訓伝』批判の運動は、この文章では、胡風批判、紅楼夢論争、文化大革命へと繋がる線で説明したが、一九五一年から五二年にかけての第一次胡適批判運動ともやはり繋がっているのだろう。胡風、兪平伯も胡適との関係を批判されたから、根は同じなのだと思う。一九四九年以前にアメリカの教育を受けて大きな影響力を持っていた文化的潮流に対する弾圧ということである。デューイの弟子の胡適、すでに学問的権威になっていた胡適の北京大学での弟子や友人たち（兪平伯、胡風など）、同じデューイの弟子の陶行知、アメリカ映画の孫瑜、そしてアメリカ・プロテスタント教会、こういうものを容認しておくのは「政治的に危険」で、鎮圧しておく必要があるという、ブルジョワ文化への敵意だけである。これを全て帝国主義の「文化侵略」として打倒対象にした。朝鮮戦争――中共の他の指導者の反対を押し切って説得し、金日成の戦争発動を支持したのは毛沢東で、その支持が無ければ金日成は朝鮮戦争を発動できなかった――と、土地改革で、国内の戦時体制を強化しなければならない中で起きた批判運動であるが――この時の反革命鎮圧での死者は百万人、土地改革でも数万人の地主が殺されたと言われる――、「毛沢東『社会主義』体制」というのは、こうした準戦時体制と切り離せなかったように思われる。ロシアの戦時共産主義や江西ソビエトの戦時共産主義の性質を保持し続けたのではなかろうか。一九五二年の国内トロツキー派に対する弾圧もおそらく軌を一にしている。

私が気に入った歴史研究・歴史調査は、このような一九五〇年前後の政治状況と密接に絡み合っていたのだが、この「歴史調査」という方法はその後の私の研究方法を決めたように思う。文献実証だけでなく、華北の農村へのミクロ的接近や、キリスト教案発生地、太平天国発生地などの地域に入って実際に現場を踏んで、史料を読み直してみるやり方である。その点ではこの翻訳は大きな経験になったのだった。

第五章　中国の社会主義と知識人

——天安門事件期の李澤厚・劉暁波について

はじめに

一九八九年六月四日の天安門事件をめぐっては、数多くの評論が書かれているが、当時の評論は、基本的に、ゴルバチョフのペレストロイカに〝明るさ〟を見ていたのに対して、天安門事件については、その体質の古さ、固陋さ、〝暗さ〟を見る思いがする、という明暗二分法の雰囲気が支配的であったように見える。それはさらに、その深層から言えば、わたしたちのうちに内面化された、ヨーロッパ的ロシアと、アジア的中国、という二分法のパラダイムのうちに理解された〝社会主義の現在〟の像であったとも言えるかも知れない。別の分かり易い表象としては、ヨーロッパ的知性を感じさせるゴルバチョフと、中国的体質を感じさせる鄧小平・李鵬、という対比として印象付けられたとも云い得る。わたしの感性も、少なくともそんなふうに刻印されたのであった。

しかし、少し落ち着いて考えてみると、いみじくも、天安門の運動指導者が「今度ほど歴史の重みというものを考えさせられたことは無かった」と語るように、事件の背後にはそれなりの歴史的現実性というようなものが存在したのだということに気付く。一介の歴史研究屋が不得手な現代中国論のようなことはあまり語らぬ方が無難なのであるが、ここ五年程にわたって華北の農村に入って、農村調査をした実感的経験からしても、天安門事件の結末には、ある種の歴史的必然性というようなものがあるように思えたのである。

わたしも中国研究者の端くれとして、当時、北京からダイレクトに送られてくる映像や、ジャーナリズムが送り出してくるメッセージに接しながら事件の推移を注視しない訳には行かなかった。なかでも、行動主体としての学生、知識人インテリゲンチャの言論や、大衆運動の盛り上がりと党・政府との息詰まるせめぎ合いの成り行きに注目して、あれこれと思い巡らし議論をしていたが、そして、学生・知識人・市民の要求に同感を禁じ得なかったことも事実であるが、その一方で、わたしが数年来接してきた華北の農村の人々をはじめとする厖大なサイレントマジョリティである老百姓たちの静けさが気になって仕方なかったのである。というのは、われわれのつたない政治的経験から見ても、外国人のわたしが知っている限りでの中国の社会の構造や人々の意識のありようから見ても、中国の政治世界とその力学は、かれら学生たちや市民が考えるほど生易しいものでも、単純なものでもないのだということを痛感させられていたからである。

そんなこんなの思いを抱えていた折に、たまたまこの海外事情研究所主催「『社会主義の現在』第三回研究会（一九九〇年一二月二二日）」で話をする機会があって、華北農村の経験と、この頃考えるようになった中国の当代を歴史の連続性において考える視点から、最近の中国をどう見るかということについて話をさせてもらった。その考えの基本は今も変わらないので、それを敷衍しながら、それとの関連で少しばかり目に留まった最近の知識人の言動について述べたいと思う。

一、専制主義

《中華人民共和国は中国専制権力の最終完成形態である》

わたしが華北農村を調査しながら歩いて感じたことを率直に申せば、中華人民共和国は〈共和国＝Republic〉ではない、ということである。このことは政治学者・厳家琪も述べているところであるが、革命を経て成立した政権＝権力は人民の権力ということになっているにもかかわらず、〈民〉は依然として、統治・支配の客体にすぎず、社会的にも政治的にも主体としての立場と権利を与えられていない。北京から華北の農村社会に浸透している権力のすがたを見ると、人民共和国は中国専制主義支配の歴史上もっとも完成度の高い形態である、とわたしには見えた。

天安門事件後のある華北の農村のことである。ここの村民委員会・党支部の部屋には、上部組織から送られてきた「首都の動乱に関する中共中央の講話」というカセットテープが置かれていて、書記や村長が村の婦人や若者を集めて、このテープをカラオケセットにかけて学習をしていた。その際に、『中国青年報』や『中国婦人報』、『人民日報』が利用されていたが、このようにして全国津々浦々の村や郷、「単位」で事件について学習が行われたに相違なく、大部分の人々はかく、「天安門事件」を理解したのである。歴代王朝は県城レベルまでしか中央権力を浸透させ得なかったのに対して、共産党は、このような中国全土の数十万の村々と都市の各「単位」にまでその組織網を張りめぐらせ、この組織網に沿って中央の指示を学習させ、徹底させ得る唯一の組織となっているのである。この党員八千万人の組織は政府組織に比べてはるかに効率的であり、軍とともに、中国を統一している骨幹をなしているものだといって良いのである。また、郷鎮レベル以上の幹部の「本籍回避制」の実体を実見するにつれて、共産党の全国統治は、清朝支配から最も多くのことを学んでいるという印象を持ったのである。もっとも、清朝時代に科挙試験に合格した「優れた人格」による統治は、「胥吏」的官僚制になってはいるのだが。

また、中国封じ込め政策、中ソ対立という国際環境の中で中華人民共和国が採った革命外交を見ると、そこに社会主義革命的な要素も見ることが出来るのだが、その基底にあるのは、第三世界の盟主として、自らの貧しさを顧みずに物資・技術援助を行い、その反対給付として、中国の政治的影響力を保持するという構造を見ることが出来る。援助（飢餓輸出）は政治の代償物であったのである。これはいわゆる朝貢システムの現代版とも言いうるものであろう。北京の大学や中央民族大学、八達嶺に行って見ると、皮膚の色を異にした多くの第三世界の人々を見ることができる。それを眼にして、この北京の持つ吸引力は何であろうか、と考えさせられる。それは「革命」聖地への留学ということのみならず、大唐帝国の都・長安に近いものを感じさせられた。つまり、その人々の背後に、北京からかれらの故郷・故国に放射状に伸びている〈政治〉の糸が見えて仕方なかった。それは、帝国統治、朝貢関係の集約点であることの証左現象であるようにわたしには見えたのである。

では、こうした帝国的専制主義支配が成立しうる基盤というのは一体どのような社会なのであろうか？　その前に、この中国的な専制について一言述べておかなければならない。この専制は、いわゆる冷酷な強力による支配、恐怖を原理とする専制支配とかなり様相を異にしていることに注意しなければならない。そこには、「調解（調停）」的原理――情・理・法――、とりわけ、家父長制的な情・理の作用を媒介とした支配原理、〈恭順的、あるいは受容的納得－服従〉原理が働いているのである。このことは、モンテスキューの中国論とも深く関連するところであるが、考慮に入れておかねばならない。

まず、華北に限定しながらだが、中国農村社会の構造について概略モデルを基礎にして話をはじめたいと思う。

二、農村社会

華北の大平原はまさにどこまで行っても平らな灰黄色の多分に砂質を含んだ土壌が延々と続いている。この大平原の上に、ちょうど、苗床に種もみをバラバラと直播したように、全く同じと言って良い数十万の村落が散在している。それぞれの村落は、村外からの暴力的脅威が存在していたために、散村ではなく、集住形態が採られ、経済的に比較的富裕な村には土壁（圩）が周囲にめぐらされていて、緊急時の避難、防衛処になっていた。こうした景観は一八六〇年代の捻軍活動期に「堅壁清野」の政策が取られたために生じたものであろうが、その後の民国期の軍閥、土匪活動による混乱のために、変わることなく続いてきた。万里の長城から河南省・安徽省に続く、こうしたいわゆる中原の景観は、日本やヨーロッパの変化に富んだ農村風景とは大変異なっている。広大な一様性と言っても良い。この砂質の黄土の上で、農民たちはかつては泥レンガ（最近は赤色の素焼きレンガ、経済力があるとコンクリート製）の家に住み、小麦、高粱、トウモロコシ、綿花を作って生活を営んでいるが、その基盤は、治水灌漑が整備された農業ではなく、旱地農業であり、むしろ靠天農業（おてんとうさままかせ農業）と言って良い。

治水灌漑については、少なくとも灌漑は、過去においてはここの村落レベルまでには至っていなかった。そこに至るのは、一九五〇年代の大躍進期の人海戦術による整備（井戸掘り等）によってである。したがって、専制権力の基盤としての水利、治水灌漑という、いわゆる「水の理論」（ウィットフォーゲル）を論ずるときは、重要なのは灌漑よりも、大禹による黄河治水のような治水、洪水防止、国土安全と耕地保全の前提であって、それも大河川の基幹部分を指すものと考えたほうがよい。

したがって、この農業は極めて不安定な基盤の上に営まれているもので、農業技術も比較的単純なものである。村落は二百戸ほどが一塊を成して集住しており、その内側に入って見ると、いくつかの大姓＝同族が数十戸ずつ塊を成して棲み分けが為されており、それら大姓の周辺や中間に少数姓の家屋が存在するのが普通のようである。村への帰属意識を示す本村人、外村人という区別はそれほど明確ではなく、一～二世代を経れば、その村の人間として認知されるようである。村と村との境界は明確でなく、その村の人間が所有する土地の多い村落の周辺が村の範囲と考えられていて、共同体規制はいくつか見られるものの、弱い。この父系血縁組織は〈宗族〉と呼ばれるが、分家（フェンジャー）によって成立した単婚小家族――私的小土地所有者――を相互に結び付けるもので、原始的な血縁共同体ではなく、氏族制が分解した後の歴史的形成物と考えるべきで、それ自体としてはひ弱な存在である単婚小家族の安全の補完的保障組織として機能している。

標準的な単婚小家族は、五～六人からなり、二〇畝前後の土地を耕作する農民家族と考えれば良い（一畝は六・七アール）。この農民家族において最も大きな問題は、絶え間のない人口の増加と均分相続である。清朝時代と人民共和国成立以来の人口増殖には驚くべきものがあるが、この人口増殖がなぜ起きるのかということは、平和と経済的安定という要因に加えて、父系血縁制社会である中国の宗教における生命観、祖先崇拝と深くかかわっている。さらに、農民家族生活の不安定さの補償――労働力の添加による生産力の増大、増収、経済の多角化が可能になろうし、老後の保証の為でもある――、また、同族の大きさ自体がもたらす地域社会における一族勢力の増大が与える保護機能の増大、社会経済的利益ともかかわっている。

相続制度は、男子均分制である。これは農民家族のみならず、商家においても同じである。この制度はどうも古代からのものであるらしく――国家の性質との関係で考えるべきだというのがウェーバーの見解だが――、必ずしも遊牧民族起源とも言いきれないようである。しかし、この均分相続の結果はどうなるかというと、先の人口増殖とあいまって、不断の土地財産の零細化であり、経営規模の漸小化である。農民家族は子孫の増加とともに延々と零細化を進めていくよりほかない。これが農民生活のもう一つの不安定要因である。耕地の外延的拡大の限界とともに発生した華北からの東北（満洲）への大量の移住移民と王朝末期の大農民反乱の震源はここに在る。この不断の零細化の傾向はどのようにして補塡されるのだろうか？　個別農民家族は、ある程度の経営規模を不断の発財と土地の購入によって補っていくよりほかない。逆に言えば、この不断の発財によってのみかろうじて農民経営が維持され得るということである。このような、自分の首を絞めるような相続制度がどうして千年以上にも亙って維持されうるのであろうか。大土地所有者の出現を抑止したい国家の政策意思をそこに見る見方（ウェーバー）もあり得るだろうが、私の考えは次のようなものである。三〇〇畝を所有する農民家族を例として考えてみる。例示した家系図の（　）内は所有畝（ムー）である。

この家系図から読み取れるように、三代も続くと、条件が変わらず一定の場合には、各農民家族の所有する土地財産は極めて零細化していくことが分かる。しかし各世代の血縁者全員の財産の総計は常に三〇〇畝である。つまり、宗族内の各家族内で均分相続をおこなっても、宗族全体としては常に三〇〇畝という財産の保有は維持されていて、族全体の力・勢力は減じられていないのである。この過程で、一族の誰かが「昇官発財」、科挙に合格して官僚になり財力を持つようになったりすれば、宗族全体の勢力は増大することになり、一族の成員はその恩恵に浴することをある程度期待することが出来る。発財した者が一族の者に援助や扶助を与えることは慣習的な社会的義務であり、それをしない場合には、社会的非難（道徳的非難と面子の失墜）や恨みを買うことを覚悟しなければならない。それだけでなく、やがて社会的制裁を受け、自分の首を絞めることになる。こうして均分相続は、危険の分散だけでなく、ある種の補償を得ることになる。その意味で、血族は一つのつながりの全体としてユニット Unit として考えられていて、そうした観念と上記のような維持機能の下にこの均分相続制は支えられていると考えられるのである。また一方で、子孫が多いことは一族の勢力の増大を意味し、成員にとって種々のチャンスが多いことを意味する。これは氏族

〈図表Ⅲ〉

- 曾祖父（300）
  - 1. 伯祖（100）
    - 1. 堂伯（50）
      - 1. 従堂兄（25）
      - 2. 従堂兄（25）
    - 2. 堂叔（50）
      - 1. 従堂兄（12.5）
      - 2. 従堂兄（12.5）
      - 3. 従堂兄（12.5）
      - 4. 従堂兄（12.5）
  - 2. 祖父（100）
    - 1. 伯父（33）
      - 1 堂兄（33）
    - 2. 父（33）
      - 1. 兄（16.5）
      - 2. 自己（16.5）
    - 3. 叔父（33）
      - 1. 堂兄（11）
      - 2. 堂兄（11）
      - 3. 堂兄（11）
  - 3. 叔祖（100）
    - 1. 堂伯（25）
      - 1. 従堂弟（50）
    - 2. 堂伯（25）
      - 跡継ぎなし
    - 3. 堂叔（25）
      - 1～3従堂弟（各8）
    - 4. 堂叔（25）
      - 1～2従堂弟（各12.5）

総計	（300畝）	（300畝）	（300畝）	（300畝）
人数	1人	3人	9人	18人
1人平均	300畝	100畝	33畝	16.7畝

制の名残と言って良いと思われる。古くから、「罪九族に及ぶ」と言われてきているのは、まさにそこで問題とされていたのは、個人ではなく、男系生命（＝「気」）の延長の全体であるこの族全体（集団）であったこと、そしてその族（集団）を抹殺すること、族全体の勢力を減ずることだったことを示している。別な表現をすれば、生命の永続的繁栄の観念は、「経営体」観念を凌駕しているということである。「私有財産」観念や「経営体」重視の観念は、社会的、政治的、司法法制的な諸関係の総体によって支えられているにすぎないのであるが、その結果として、二次的社会的諸関係はこの生来の原基的な自然的関係と拮抗するに至らず、この自然的血縁関係こそが最も

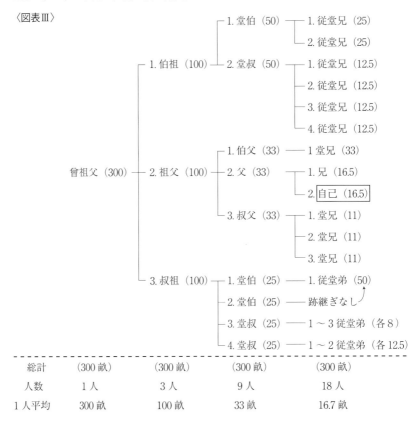

信頼しうる「避難所」として永続してきたのだともいえる。

華北の村落はこうした宗族（その結束力は比較的に弱いが）が幾つか集まって成立したものと見なすことが出来、大部分の村落が明代初期の移住者（永楽年間の山西省洪洞県からの移住伝説を持つ）を核として形成されたこともあって、村落自体が共同体として農民各家族の生活を規制しつつそれを維持保障する機能は極めて弱く、所謂「共同体」ではない。自治機能もかなり弱い。ここから次のようなことが言えると思われる。

農民は、自然条件においても、家族の均分相続によっても、さらにはその外側の村落においても、そして地方政府・中央政府の保護機能においても、きわめて不安定な中に置かれていたこと、それを補償するものこそ血縁関係組織—宗族であったことである。各農民家族は、確固たる経営基盤が無く、しかも均分相続によって不断に零細化を進める傾向にあったから、したがって、農村においては長期に亙って固定した社会層は存在しない。長期波動から見ると、農民反乱や自然災害による生物学的淘汰を中に挟んで、各農民家族は浮沈を循環的に繰り返す。科挙試験は開かれた制度であり、固定した封建的身分制度はなかったから、営利のチャンスは原則的にすべてに開かれていると思われた。つまり、中国農村社会は徹底した〈実質的平等〉の社会であり、ヨーロッパの中世村落のフーフェ制、日本の幕藩体制下の農村とは決定的に異なる原理によって成り立っているのである。これが巷間よく言われる中国社会主義の〈平均主義〉の源泉なのである。それ故、農民は「階級」的利害意識を持ち難い。発財も零落もともに明日は我が身の世界なのである。これは悪循環に陥っているといえないだろうか。人口増加が生み出す矛盾は、農村の局地的市場の価格格差を利用した小商売や移住・移民・出稼ぎといった方法によって緩和されてきたが、むしろ零細化の中で農村に滞留することの方が多かった（これが農民ボルシェヴィズムの温床たるルンペン・プロレタリアート、無産遊民階級である）。

これに対して、では、都市ではどのような関係にあったのだろうか？　中国の都市は先ず第一に、政治都市としての性格によって特徴づけられる。明清期の都市は商工業をも含むようになっているが、これが農村人口をどれだけ吸収し得たかは否定的にならざるを得ないのである。周辺農村との市場的つながりも強くなく、産業基盤である商業、手工業ギルドも半自由ギルドと言われるように、閉鎖制が存在した。近代になって顕在化した農村の相対的過剰人口は、従来の都市というよりも、開港場都市や新たな流通運輸線上にルンペン・プロレタリアートとして集まって行った。現在では、周知のように戸籍制度（農村戸籍と都市戸籍の区別）によって農村と都市の間の人口移動は厳しく管理制限されていて、数億の過剰人口が農村に滞留しているのである――「盲流」現象を経て、最近二〇〇〇年代になって戸籍移動は若干緩和されたが、この「移動の自由」を禁じた「奴隷制」はなお存在している――。

つまり、わたしの言い方で表現すれば、中国農村社会は〈制御棒無き人口増殖炉〉であった、と言って良いのである――「解放後」失敗した人口政策のつけを、極端な強権的「一人っ子政策」で払わねばならなかった背景がこれであった――。

こうした解体的で開放的＝非制度的な（しかし、農民の村落外との経済的な結びつきという意味では、陸上交通の不便さもあって、基本的にはウィリアム・スキナーの言う第一次市場圏にとどまっている）、しかも不安定で、不確定的な社会――中国前近代社会は「封建社会（フューダリズム）」ではない。別な意味で、「自由」な＝「自らに由る」社会である――の中で生き抜く人間は、ある「身分」や世襲的な職業というような社会的狭さを生きることによって安定した生活保障を得ることは出来ない。村落共同体や社会制度による保護保障が無く、開放された社会であるがゆえに、人々は自ら積極的に幾つもの安全装置とチャンスを作ろうとする。放射状に作るのである。これが〈関係（クワンシー）〉である。わたしはこれを中国人の人格の背景をなす〈タコ足型関係性〉と呼ぶのだが、ある一つの関係性では保証しきれないから二股、三股、幾股もの保険を掛けるという意味でも、多方面にわたって「関係（クワンシー）」を作るのだ。血縁関係と「関係」性こそが中国農村社会にあっては生きることを保証するものなのである。中国人にとっては、関係の実在性こそがリアリティなのだ。中国社会における〈信用〉というのはここに根差している。人と人との具体的な関係性がある程度以上進むと、それを切ることが出来なくなる。濃密な〈関係〉網の中でその関係を切ることは、その人にとって社会的自殺行為になるからである。こうして、近き将来において相手は社会的自殺行為になる裏切りをやることは無いであろうという互いの相互拘束的な了解が生まれる。こうした性質の〈信用〉の上に頼母子講のような種々の経済行為が成立しているのだと考えられる。わたしは、中国人の基本的な人格の歴史社会的背景はこのようなものであると考えるのである。これは氏族制や共同体的なものが近代以前の早期において解体した後に作り出された、人と人との絆のあり様、社会的結合のあり様と言って良いかも知れない。

父系血縁社会は、血縁という自然性に依存するから、原則上それへの帰属は拒絶され得ない——反逆者など一族の不名誉者は「族譜」から消されることもあるが——。投錨地としてのこの血縁関係性内への帰属と保護、相互扶助は自然性のうちに保障されるから（だから族長を中心にする族内規制は自治的に厳しくなされる）、その血縁性の外側においては、本質的に自由勝手なのである。であるとすれば、血縁を越えた世界、つまり「社会」はアナーキーになるよりほかない。それを抑制するのは、社会生活における情理・慣習といったものになる。中国アナーキズムはこのような社会の自律性に幻想＝「現実性」を見たのかも知れないが、それは改めて考えることにして、しかし、アナーキーになるからには、ある種の社会的規制、制御が必要になる。儒教の「礼」とは、情理・慣習とともに、かかるものと考えて良い。血縁関係性内の規範を社会化、外延化したもので、かかる本来的に勝手でありうる諸個人の関係の節制、制御のための規則といってよい——社会倫理の問題だが、「礼」を声高に云うのは、「礼」が「無い」からで、宗教倫理として個人と社会に内在化されてないことの反映なのである（補）——。この礼的秩序とはまた異なった次元で存在するのが〈約〉の世界、〈俠〉の世界＝秘密社会なのだが、これは今は置いておく。

三、国　家

今まで述べたような、社会的規制力の弱いアナーキーな社会を基盤として成立する国家とはいかなる国家なのであろうか？　村落、都市、ギルド、地方などの中間諸団体が自生的、自律的な自己社会秩序形成力を欠いているが故に、専制かアナーキーしかないのではないかと思えるのである。このことは、社会生活において、われわれの考える意味での〈法〉が機能しないことによって——中国社会では、法・理・情の順に重視されるのではなく、情・理・法の順に機能する——、更には、実質的平等へと引き戻す不断の圧力の作用によって、より一層深く印象付けられる。また、中国の歴代王朝は、豪族や大土地所有者を規制して、理念的に小農民の維持を図ってきた。それは、権力による個別人身支配＝民の掌握と、民生保全という王朝権力存在の正統性イデオロギーの双方にかかわることでもあったからだが、経済的には、つまり剰余価値収奪としては、平均的小農民が生み出す余剰を薄く広く収取することによって、国庫収入を極大化する方式であった。その結果、権力を掣肘する大土地所有者は姿を消し、あるいは科挙によって権力に取り込まれて従属していった。商工業者も王朝権力の抑制政策によって政治的対抗者としての力量を持たなかったから、つまり、王朝権力に対抗性を持つ中間的諸団体や社会層が存在しなかったために、権力は一層専制化を強めたのである。

この小農民について言えば、人民公社は、無産化した〈人民〉固有の形を作り出そうとする運動相を日常化しようとしたもので、不断の「運動」でこそ、これを維持し得た。しかし、生活の基本というものは定型的なものの繰り返しであって、この農民生活の基本相にとって、運動は間歇的なもの、表層的なものにとどまる。わたしは、人民公社というのは、中国農民にとって間尺に合わない着物を着せられたようなもので、出来れば脱ぎたいものであるという強い意識を持っていたのだ、と常々話しているのだが、毛沢東は、「運動」によって社会を創ろう、組み立てようとした途方もない間違いを犯したのではないか（全体主義）、とこの頃考えるのである。勿論、毛沢東のみならず、農民たちも、革命と土地改革の中に見られたコミューン的な人間の結びつき（運動）の幻想に支配されたのであろうが――社会は制度化されねばならないし、それも平均的な人間（大衆）の能力と利益に合致した制度でなければ持続し難いのだが、毛沢東はスターリンの農業集団化を念頭において性急に適用して社会主義化を促進しようとした。それも大衆の能動性、積極性の「運動」で実現しようとした――。その後の、集団所有制・個人請負制というのは、歴史上の小農民創出という側面との類似性が強いように思われる。これは世帯人口基準に依っているが、労働力基準であった均田農民に近い存在を生み出したといえるのではないか。

蛇足ではあるが、しかしこの農民・農業問題について一言言えば、請負制導入による農民の勤労意欲の向上で、一九八四、八五年に食糧生産は頂点に達したものの、灌漑などの農業基盤が放置される傾向もあって、更には、農村人口の増大による一人あたりの耕地面積の狭小化があって、事態は楽観を許さない。加えて、食糧の質の向上（穀物から肉へ）は、必要穀物量を増大させていく。だが耕地の拡大は限度に来ている。このようにして食糧問題は次第に深刻化していくことが予想されるのである。これは現代化、工業化の陰に隠れていて、あまり問題視されていないように見えるが、やがて重大な問題になろう。すでに五千万人とも言われる農村過剰人口の「盲流」が始まっているのである。これこそが歴代王朝権力を脅かした中国社会深部の〈暴力〉性である――その後、二〇〇〇年代に入って深刻な「三農問題」として論議されたが、最近は静寂化している。食糧輸入を含めた中国農業の問題として論じられるべきだろうが、わたしには論じる能力が無いので、既述のままにするよりほかない（補）。

人民公社時代には、農民の旧来からの財産所有権すらも解体された。もとからの馴染みの土地との関係から切り離されることは無かったが、土地への関係行為 eigentum は媒介的なものになった。半ばプロレタリア化されたといって良い。都市民はすべて無産化された。人々は無産化され、アトム化されるし、以前の財産権に代わる法的保障はなかったから、自己の生存、生活と精神に基盤、拠りどころは失われ、心理的には根無し草のように浮遊した。そのため、勢い政治の風波に翻弄されやすくなり、また政治から逃れるすべも無くなり、政治こそが唯一の生きる手立てとなっていったのである（H・アーレントのいう「全体主義運動」）。文化大革命の悲劇発生の一つの要因である。こうして大小の〈政治〉権力こそが、物質的利益のみならず、種々の利便、チャンス、名誉、特権をも生むような〈政治〉万能の一元社会になった。「当官（官になる）」とはまさに、いまも変わらぬ発財への道なのである。世界帝国を結び付けていたのは経済ではなく、〈政治〉で、政治的な単一統一体であったという意味においても、人民共和国は歴史上の中華帝国の完成形態へ近づいて行った。

　この人民共和国は中華帝国の再建に帰結していった、ということを少し敷衍しておこう。わたしは、清朝崩壊から一九四九年の人民共和国成立までを中国革命と捉える見解に賛成する。その間にさまざまな試みや錯誤を挟みながら進行したこの過程は、旧体制《アンシャン・レジューム》の崩壊から始まり、新体制の樹立を一応の画期としているが、より包括的には、中国が近代世界の圧力（帝国主義による侵略を含む）に対抗しつつ、自立し、近代世界に適応していく過程であった。この過程は現在なお進行中である。人民共和国というこの新体制は、中国的世界の中にそれ自体として存在していた〈民〉が、帝国主義侵略に対抗したところに成立する能動的人間の集まりとしての〈人民〉になることによって、つまり運動による〈民〉の政治化によって、達成された。この動きの運動相から言えば、その指導的役割が極めて大きかったにしても、中国共産党は人民大衆の一部にすぎなかった。運動が国家へと落ち着いていくとともに、〈人民〉は〈国民〉になっていくはずであったが、毛沢東は運動を永続化しようとし続けた＝永続革命論、のである。先に、毛沢東は「運動」によって社会を創ろうとした、と述べたが、それはこのことの別な表現である。がしかし、その運動の終焉とともに、運動が固定化した惰性態としての制度として定着化するとともに、次第に帝国システムになっていったのである。

なぜ帝国システム化したのか？　その最大の理由は、経済構造を異にし、格差の大きい広大な地域を抱え、五十六の少数民族を統治しなければならない現実そのものにあった。共産党はこの現実を「中華民族」ナショナリズムの「救国―革命」運動として包摂してきた以上、これを制度化して統治しなければならなくなったのである。その時最も参考になったのは、中華民国の統治機構ではなく、清朝帝国の統治システムであった。もっとも、中華民国は清朝世界帝国に較べれば、漢族国家にすぎなかったから、むしろ手本にはならなかったであろうが。さらにもう一つの要因がある。「共産党が無ければ新中国はない」というスローガンは良く知られたものだが、これは「家産制国家」の意識性を示しているものだと思う。この家父長主義意識が問題である。つまり、毛沢東を中心とする俺たち中国共産党が、血を流して作り上げた、俺たちの国家なのだという意識の浸出と考えられるからである。上に述べたように、共産党は人民大衆の一部にすぎなかったのだが、いつの間にか、意識の上では俺たち共産党の国家になってしまっている。このような意識による「私」＝わたくし的国家として維持されるようになったことと関連するだろう。天安門事件の時の楊尚昆の発言はこうした統治者の意識性を最も良く示したもので、これは家産制国家とほとんど変わらないといって良い。それだけでなく天安門の学生たちの抗議のあり方も、子の父に対する態度と共通するところがあって、刷り込まれた伝統的な家父長制的政治文化としての家産制が共産党統治の下でなお生きていることを天安門の学生たちは知らしめたのである（王丹）。家産制と社会主義とが密通し、人民民主独裁と伝統的専制が、統制的な社会主義官僚制と家産官僚制が癒着したのである――近代共和制国家の基本原則、共和国の「主権」はどこに存在するか、国民にあるのか、共産党にあるのか、軍隊は国家の軍隊か、私軍ではないか（共産党という一政党の軍隊、憲法下にある国家の軍隊ではない。指揮権は共産党中央軍事委員会が持つ）、憲法より上の共産党、選挙権は？（参政権無き納税義務である）、議会制は？　権力分立は？　基本的人権（自由）の保障は？――。こうした見方からすれば、「官倒」（官僚の職権を利用した金稼ぎ活動）は、彼ら国家幹部や官僚にとっては、俸禄フリュンデと見なされているのではないかとさえ思えてくるのである。

共産党権力の正統性は、救国ナショナリズムの純正なる体現者として、抗日戦争を戦い民族利益を代表して血を流して民族と国家を救済し、自立した中国を打ち立て、圧倒的多数を占めた貧しき者を救済した、という「建国神話」にある——「遊撃戦」（遊んで撃たぬ戦いとも言われた）をやった共産党軍がどれほど日本軍と戦ったのか、手酷い打撃を受け多くの戦死者を出した国民政府軍と比較してみると好いが、「神話」では逆転させられ、共産党こそが最も戦い勝ったのだとされ、国府軍の抵抗は抹消された。「抗日民族統一戦線」を主張した中共は抗日戦（第二次大戦）の時に、「敗北主義」（帝国主義戦争をしている自国政府の敗北を主張し、帝国主義戦争を国内階級戦争に転化し、革命政権を打ち立てるとする一九一四年のレーニンの主張）をうまくやって、国民党の国民政府軍が日本軍によって弱体化させられたのを利用して国内戦争、革命に持ち込んだとも、「三国志」的だったとも言える（毛沢東が日本社会党代表団に言ったように、日本軍国主義のおかげだと、感謝するとの意）——。これが、歴史的「進歩」や「平等」とつながった社会主義イデオロギーと相まって、総体としての共産党の正しさが主張される。個別的な誤りはみな人物（陳独秀、李立三、王明、四人組・林彪、毛沢東などなど）と路線によって生み出されたが、総体としてはなお、共産党は偉大で正しい、とその現実的統治能力の保持と相まって、主張し得ているかのように見える。天安門事件はこの「神話」の仮面を剝ぎ、有効性を減じたが、その下に残ったものは、厳然として存在する支配機構、強制機構としての党・政府の全国官僚機構と軍隊（私軍）であった。この二つによる統治は、これはもう帝国支配というよりほかはない、とわたしには見えるのである。

四、文化・心理

このような中国に対する私の見方は、やはり歴史研究者のそれらしく、いわば、現在の中国をある種の連続の相において眺めようとするもので、革命による断絶＝不連続を軽視するきらいが無い訳ではない。しかし、中国の政治や経済はともかく、人間のあり様、生活の質というものは革命やイデオロギーによってそんなに変わるものでもなく、刷り込まれた文化・集団心理というものは、まさにこうした連続相下で捉えた方がむしろリアリティを持つのである。こうした傾向は、文化大革命の悲惨な経験を経た中国知識人の中からも出て来ている。とくに、伝統文化を打破しようとした文革がまさに中国の持つ「古さ」によって悲惨な形状を呈するに至った、そのことの捉え返しが課題として重く圧し掛かっていたことの反映として出てきた議論は、奇妙にわたしのこうした関心と交叉するのである。なかでも、李澤厚と劉暁波の議論はわたしの関心を刺戟する。響き合うところと不協和音とを含めて、評論風に紹介をし、コメントを付け加えたいと思う。

【李澤厚の議論】　思想史家・李澤厚は、こうした「古さ」、「持続性」を儒教的〈文化―心理〉構造と捉え、革命を経ても現在なお中国の思惟パターンとなって生き続けているのだと自己切開している（邦訳『中国の文化―心理構造』坂元ひろ子等訳、平凡社、一九八九年、参照）。この構造は、柏陽の「醬缸（漬物ガメ）」論とも通じるものであるといって良い。李澤厚は、孔子の仁学＝儒教は四つの構成要素（1）、血縁という基礎、（2）、心理的規準、（3）、人道主義、（4）、個としての人格、から成っており、これらは互いに依存し合い、浸透し合い、制約し合い、相互に転換して、相対的に安定する有機的構造の総体（システム）＝各要素の総和を越えた有機的統合体を為していて、その統合的特徴が中国の〈実用―実践理性〉である、と云う。この有機的統合体は閉鎖性とともに適応能力を具えているがゆえに、外からの干渉もしくは破壊をつねに撥ね退ける。

（1）、血縁という基礎。李澤厚は、周礼を氏族制社会の規範と見なし、春秋期の氏族制解体のなかで、この周礼に表現された氏族・血縁的家父長制的秩序＝「親親・尊尊（親者に親しみ、尊者を尊ぶ）」を維持、恢復することが孔子の目的であったが、孔子の「仁」の基礎はこの血縁秩序で、かれはこの血縁関係制度を普遍的・恒久的な社会的意義、役割を持つものとした。そしてこの「氏族的伝統」はその後も、政治・経済・社会のいくらかの変化を経つつも、生き続けた、と言う。つまり、氏族的共同体の伝統の規範観念は、氏族制の解体と再編成が徹底しなかったこともあって、現代まで生き続けているということだ。この捉え方は、マルクス主義歴史理論よりも、むしろウェーバーの〈氏族（ジッペ）論〉、家父長制、家産制国家論と切り結ぶところの方が多いように思われる――氏族制の解体の後の再編成が、封建制（フューダリズム）にならない。つまり、「公」と「私」、主従関係の忠誠のあり方、倫理のあり方、が「封建的（身分制的）」でないこと、「封建社会」を経過しなかったことに、その近代的克復の中国的な困難の問題性があろう。

（2）、心理的規準とは、「仁」の内的心理であって、外面的な礼、儀の基礎であるとされる。この内面心理は、日常的な親子の愛情などの生活上の義理人情、別の表現で言えば、日常生活上の〈倫理―心理〉システム、人と人との世間的な関係、に求められ、そこに根差し、そこで満たされる。それは、自然的な正常人の普通の情感といって良く、「仁」をそこに据えたがゆえに、「仁」は礼に優先する位置を持つようになった。

（3）、人道主義。氏族社会内の温情ある（＝「中庸」）原始的民主制。「親親、尊尊」から、人に「仁」でもって接する人道主義に拡大した。この「仁」の主体的面を言う。かくして、人と人との社会的関係、交流こそが人間の本質であり、従って、社会的義務、責任もここに（人と人との交際関係の場面に）おいて生じることになる。

（4）、個としての人格。このような仁で礼を解釈した孔子は、周礼回復という歴史的責任、使命を「君子」に突き付けて、主体的能動性、即ち人格的個人の行為を求めたのである。こうして、学習と教育による自己修養によって陶冶された、抑制のある、歴史的使命を持った「個人」の人格の要求、ということが生じてきた。

これらの四要素は、前述したように、統合体を為しており、その統合的特徴が次のような中国的な〈実用—実践理性〉である。中国の精神は、宗教的情熱に駆られることのない「合理的」な精神であることはウェーバーも認めるところであるが、このように、超越した神に服従する必要のない「仁」に由る精神、経験と、人間関係の世俗世界を超えて飛翔しない理知は、すべてを実用的理性の天秤に掛ける。それ故、中国においては実用的な兵、農、医、芸が発達したが、思弁的、抽象的理論が見られないのだ。このような〈実用—実践理性〉は沈殿して思惟パターンを形成し、〈文化—心理構造〉になり、小農経済を基礎とした民族心理・民族文化の構造となって、相対的に独立した働きと役割を果たすようになった。

実用理性の人生観、生活信条は、すべては現世の幸福と快楽の為で、「生死」はみな人間関係の中のことであり、「あなたとわたしと彼」の関係そのものが本体であり、実在であり、真理である。ここでは本体と現象が混然一体となっている——現代の「関係学」の根拠！——。これは神と人という関係ではなく、超越的な存在は必要ではない。これが「体用不二（体＝天と用＝人は二つではない、体と用は一源である）」、「天人合一（天と人間が一致する）」なのである。「本体、道、無限、超越は、まさにこの現実の生活と人間関係の中に在る」。「天人合一」や「体用不二」は有限の中に無限を求めること、「実在のところ」「倫常日用の人間世界の生や生活経験」「のところで超越を得ようとし、人間世界で道、体を得ようとすることなのである。」

こうした精神的態度を余英時（プリンストン大学）は、「内在的超越」と呼んでいるのだが、これは「現世拒否」ではない。むしろ現世肯定、現世執着であり、世俗の中で精神的安寧と幸福（＝「中庸」）を得ようというものである。

それを支えるのは、理性と感性の合一した美意識といったもので、それは曖昧で総体的なぼんやりとした把握で、非分析型の知性といって良い。これが伝統精神である――ギリシャの青い海と澄んだ空気、そして明るい太陽の光で輪郭がクリアーに見える環境と、中国の黄土の砂塵の朦朧とした光線の混沌との差、海の青と黄土の黄色の差（蘇暁康『河殤』）ともいえる。古代ギリシャの多民族が重複し混在した世界の中では多民族の文化に共通の普遍性を求める精神が「数学」「哲学」＝最も普遍的な文化を生んだのに対して、中国ではすべてのものを朦朧と包む「全一性」totalitäte が支配した。万物一体の仁――。こうした中国の文化は、心身と宇宙、自然との合一に帰衣する「楽しみ」を主調とする「楽観的な文化」と言え、またその構成要素と重層構造から楽観的包含力、安定フィードバックシステムを持っていて、自己の体系に由って外来異物を解釈し、相手を曖昧にして同化してしまうのである――対他認識が曖昧であるとともに、自己にも欺瞞的な「文化的民族主義」であろうか――。

李澤厚は、このような伝統的な〈文化―心理〉構造を押さえたうえで、その長所と短所を挙げ、現在の中国にとっては、外来文化を吸収して、この〈実用―実践理性〉を飛躍させ、高次に再構築すること、深みのある楽観文化を創り上げることが必要だと云う。現代化、市場経済の衝撃で小農経済と血縁紐帯が終焉に向かうとき、この伝統意識をどのように適応、転換、改造させるべきか、と問い、彼は、「伝統の転換的創造」、「西体中用」――「西体」とは現代化、マルクス主義、主体および主体意識、「中用」とは、中国の現実との結合、民族化のこと――を唱えるのである。

彼の〈文化―心理〉構造論はかなり正鵠を得ていて、そこから種々の問題の本質が見えてくるようになり、彼自身もかなりそれを察知しているのだが、この最後の「ではどうするか」という点になると、彼の議論も見事に「楽観的」、「伝統意識」構造を呈して、摂取、融合＝同一性追求の傾向を見せるのである。劉暁波などの若い知識人は、李澤厚のこの問題追求の中途半端さが我慢できないのである。彼の切り拓いた地平、そこに中国の近代化にとって最大で最も深刻な問題があると私も考える。とすれば、「中国的特色のある社会主義」と区別がつかないような「西体中用」などでごまかさないで——私がはじめてこの「西体中用」という語を聞いたのは、一九八〇年、文革否定の中で開かれた義和団討論会で歴史学界の重鎮の黎樹が、これからは「西体中用」で行かねばならんと云ったのが最初である——、知識人として一貫して語るべきであったろう。その曖昧さは彼の言論に影を落とす中国政治の〈亡霊〉と、彼ですら免れ得ない「文化的民族自尊心」のなせる業であると思われるが、残念なことである——国内では言論規制があり、立場上いろいろ差し障りがあったのだろうが——。

例えば、その転換的創造の具体例として、社会体制の構造面で、〈救国—革命〉の中で圧倒されてしまった〈啓蒙〉（自由や民主）を回復し、文革のような専制と無政府状態の発生を防止するためには、「和尚打傘、無髪（法）無天（和尚が傘をさしたら、髪の毛も無ければ天も無くなる）」——（補）文革期に毛沢東がエドガー・スノーに語った言葉、当初、スノーは「破れ傘をさして荒れ野を修行する」イメージで伝えたが、無髪は無法で、怖れる法もなき「専制」を意味したことが分かった有名なエピソード——状態や、党委員会が憲法に優越したり、党紀が国法に代替する状態を終わらせ、社会主義的自由や民主の達成のためには、要諦は、法律の制定と厳格な施行だ、と説く。

なぜ、中国で党が国家に優越するのかと考えると、——それはプロレタリア階級専政（プロ独論）では説明が付かない、代行理論でもつかない。理論的には普通、革命後、プロレタリア階級はまず国家を掌握する。そしてその国家を通じて自らを形成しつつ、反革命に対して「プロレタリア階級による専政（独裁）」が行われる。権力行使の主体は「国家」、プロレタリア階級の意思に法源を持つ「国家」なのだ。未成熟なプロレタリア階級の暫時代行者としての「党」でさえも、「国家」を通じて権力を行使するのであって、スターリンのソ連ですら建前はそういう風になっていた。とすると、別な説明が要る——、わたしの考えでは、共産党の国家だからである。民族や国民の国家ではなく、共産党が国家を「私」しているからである。共産党が主人で、国家が共産党の「私物」なのだ。唐朝は李家の、明朝は朱家の、清朝は満洲族の国家であったのと同じように、共和国は共産党の国家（家産）なのである。伝統的士大夫がいう「天下の興亡、匹夫責あり」を裏返せば、「国家の興亡に匹夫は責なし」ということだから、国家と距離を置いて自立すればいいのだが、「中華民族ナショナリズム」の〈救国―革命〉の優位相の中で、李澤厚も、天下と国家、民族と国家、党と政府の区別が曖昧になり、党、国家を相対化し得てないのである。もっとも、政治が「無孔不入（どんな穴でも入る）」全体主義状況の中では、それは出来にくいのであるし、その国家の禄を食む身なれば無理からぬところでもあるのだが。そもそも、李澤厚の謂う伝統精神からは、文化共同体としてのナショナリズムは湧出するが、ドイツ的なものであれ、社会契約的なそれにしろ、ヨーロッパ的な意味における「国家理念」というようなものは出にくいのであって、憲法・法が国家理念の体現だとすれば、どうして中国においては容易に憲法が次々に捨て去られ、無視され得るのか一貫して考えてみたらよい。「臨時約法」の運命また然りであったろう。政治（つまりは威と勢）がすべての現実であること、更には家産制「的」国家の「法」というものを考えるべきではないか。李澤厚の謂う〈文化―心理〉構造、〈実用―実践理性〉からは、世俗を超越する理念＝国家理念、憲法というようなものは生まれないし、必要ともしないことになる。世俗の〈関係〉を超えた非人格的な抽象的規則＝〈法〉を守り執行したりすることも期待は出来ないということになるのだから（当為＝ゾルレン、倫理の問題はいまは置く――（補））。彼の提言はいささか矛盾に満ちたものになる。私の議論もさすれば、内部からの創造的転換の困難さを指摘しているだけではないかと指摘がなされようが、ただ可能性としては、中国国家を超えた、競争する国家間関係の進展、国際市場とのリンケージの深まりの中から、徐々に、内輪のつながり＝関係を超えた存在を媒介にして、中国の国家と社会がそれに習熟するよりほかはなかろうと思う。その意味では開放の十年は今後の糧であることは間違いない――対外的面子を気にする自尊心から国内を改善するしかないのだという考えに私は今も変わりはない。とはいえ、改革開放から既に四十年、あいだに天安門事件後のイデオロギー的内巻化があったとしても、民主化は進まず、じつに固陋であることを示していよう（補）。

【劉暁波の議論】　ところが、劉暁波は李澤厚のこうした安易さに我慢がならず、徹底批判の論を展開する。彼は、「中国現代知識人と政治」（『争鳴』一九八九年三月〜）の中で次のような批判を展開する。

中国知識人たちの文革否定論は、文革を作り出した専制主義政治と千年に及ぶ人治の伝統を守るものとなっている。彼らは否定の矛先を人物や路線に向けて、本質である専制主義と人治へ到らないからだ。それは伝統社会で忠臣が、明君でもって暗君を、清官でもって貪官を否定するやり方と同じだ。現在必要なのは、専制主義制度とその文化的基礎を徹底的に否定することだ。毛沢東や劉少奇（「共産党員の修養を論ず」）、孔子などに表われた伝統文化、そして専制政治の随伴物である絶対権威の神化された偶像、これらを否定しなければならない。彼ら知識人の文革否定論がそのようになるのは、一つには、社会政治変革を権力を持つ者の道徳、人格に頼もうとする伝統的な道徳人格万能論の意識があるからで、その点で、彼らはかつての「諫士」と同じである。このような、政治制度から見ない視点では、専制主義を永久化させるだけだ。むしろ、この道徳万能の意識と、血縁倫理関係をもって人と人との法律関係に代替しようとする意識こそが、かの醜悪なる「人治」の根源なのだ。ところが海外の大儒はこれを「内在的超越」の自足的人格だなどと誉めそやしている（前述の余英時のことである）。李澤厚が転換的創造だという新文学の代表的作家・劉賓雁なども、「第二種の忠誠」と言っているが、これは「直諫の忠」である屈原流の憂患意識、盲目的絶対忠誠にほかならない。反右派闘争の後もなお、「忠貞」を抱いて、今なお専制者が恩賜で冤罪の名誉回復をしてくれることを望んでいる。「忠誠」で虐待され、ある時その赤心が公正に承認されると、感激して十倍の忠誠を尽くす、これはもう自虐としか言いようがない――（補）歴史家もそれを麗しきものとして書き、権力を正当化するのだが――。そもそも知識人と権力との関係は、母（党、祖国、人民）と感じているから、母が子を間違って打っても、母に背くことは出来ないのだ――天安門事件のリーダー・王丹が父と子の関係でこのおなじ話をしていることは何度か書いたので繰り返さない――。劉賓雁の「第二種の忠誠」は、こうした教えても改めない母（＝主人）と子（＝奴隷）との関係――奴隷関係を鞏固にするものにほかならない。

謝晋（映画『芙蓉鎮』などの第四世代の監督）の映画にせよ、その他の文学にせよ、みな「九番目の鼻つまみ者」だったことを資本として、自己を唯一の受難者、英雄として自己美化している。中国知識人の、責任を他人に押し付け、功労はすべて自分に帰す根性が透けて見える。

劉暁波の批判の方が私には本質的なように思える。彼は、劉賓雁のような専制権力＝共産党への忠誠ではなく、知識人の忠誠は、政治に左右されない真理、信仰、自己の権利（法律、学問の自由、参政権）への忠誠でなければならない、と言い、法の重要性を強調する。伝統的専制社会では、「刑は大夫に上らず、礼は庶人に下らず」であったが、現在も党法と憲法は分離し、「党紀は国法の容れざる所」で、党は国家の上、党法は憲法の上となっており、「刑は党員に上らず」の状況で、劉賓雁は党籍剝奪で済んでいるが、〔『北京の春』で民主化を主張した〕魏京生はなお入獄したままだ（一九七九年逮捕、懲役十五年入獄、九三年仮釈放。九四年再逮捕で懲役十四年、九七年仮釈放国外追放。十八年間入獄、現在在米）。「官が大きくなれば、地位も高くなり、党籍が長くなれば特権も大きくなる」現実の中では、党への忠誠というのは、道徳の美名にすぎず、実は特権そのものへの忠誠なのだ、という。だから知識人の覚醒、根本的な転換が必要なのだが、昔から中国知識人の忠誠には実権者への「献眉（こび）」がある。それは、中国知識人は政治に使えよう（「走仕途」＝学んで優なれば則ち仕う）とする一元的価値志向があるからで、隠士と言われた者ですら、その忠誠と諫言を認めて栄誉と地位を与えてやると（利を得ると）、こそこそと出て来て従順になった。専制権力の「仁政」には殊に弱いのである。中国で反伝統・反専制が続かないのは、民衆、知識人が愚昧であることに加えて、支配者が知識人を認めてやって買収するからで、中国知識人はこの買収、「浩蕩な皇恩」の前では、永遠の子供でしかなく、ころりと参るのだ。その原因の一つは、彼らが私利を求めているからで、その最良の方法は、学んで優なれば則ち仕え、官になること（当官）で、これを人生の第一の価値としているからだ。「権力を有するは一切を有する」社会で、政治に参与しよう。それは「天の降した大任」であると言って、学んで優なれば則ち仕う、のだ。そして学者文化人は自分の名声を資本として官僚、高級奴僕になってゆくのである。

劉暁波はこのように批判しながら、知識人の内省、自己批判、自己否定が必要だ、と主張するのだが、その議論をもう少し見ていくことにしよう。そもそも、中国の「楽観」文化は、自己の内心の真実を正視しようとしなくさせる。中国人は、人間の外に絶対神聖な上帝、神を持たないから、自分は世界で最も貴い存在だと考える〈唯我独尊〉の狂妄者となっている。民族となってから、中国人は「国」の境界という観念を持たず、〈天下〉と云った。天下に王たり、というのは宇宙を主宰することで、だから「中国は世界の中心」という観念が今も根深く残っている。テレビ・ドキュメンタリー『河殤』（一九八八年放映、作者・蘇暁康）にすら、その奴隷的な自卑と屈辱感の背後に、かつては主人であった自豪と虚栄が見えている、と批判する。中国人の、真剣で自覚的な懺悔精神が少なく、すべての誤りと責任を他人に帰し、成功と栄誉、真理を己に帰す性格は、中国歴史を貫く民族の劣性根性の遺伝である。この〈唯我〉的な民族性格は、人格万能主義文化、専制主義政治の必然的産物なのだ、と言う。こうしたことを自己批判したのは唯一「五・四」時期だけであった（例として、郁達夫、魯迅、とりわけ『阿Q正伝』を挙げる）。

中国人の、仲間割れして仲間内で闘う特徴もこの〈唯我独尊〉の人格に由る。この人格は、独立自立した人格ではなく、奴隷と主人の二重性を持つが、一九四九年以後には頂点に達し、傲慢になって世界を蔑視するようになった。そして政治運動の中では、この〈唯我独尊〉は、党派闘争、弁論において、自らを絶対永遠に正確なものと主張し続けたがゆえに、あの文革の残酷さを生んだのだ。ところがその時の「苦難」は今度は功利実恵をもたらす資本とされている。受難者の最大の資本がこの自己の軟弱さであって、弱者は強者に保護を求める。これは権力に従う奴隷的な人格である。この弱者、軟弱な者の多さが、専制主義が勝手に振る舞える最適の土壌なのだ。自分はこの軟弱さには同情はしない。「その争わざるを怒る」（魯迅）。必要なのは、実権者の暴政に抗し、専制者の恩典を拒絶し、大衆の愚昧を批判する知識人の強者の人格である。

中国知識人の人格原型は、古典モデルである、①、屈原モデル――ひとたび君王と祖国の遺棄に会い、千年万苦を歴しても、君に忠、国を愛する気持ちを変えることは無かった――と、②、大禹モデル――父の仇を討らざれば、三度家門を過ぎるとも入らず、という献身精神、無私の人格――、であり、これらと「民生の多難を哀しむこと」への関心、これである。古より今に至るまで、孔孟の表彰した理想的人格をはじめ、こうしたかくも多くの偉大な人格があったのに、どうして知識人は終始帝王たちの「娼優と道具」でありつづけたのか？　実はこれらの人は人でなく、神で、その人格は抽象的な人格なのだ。中国では超越神が無いから、「人」を神聖化する。そして偶像化、権威化、模範化するのだ。一切のものが世俗化され、すべての最高価値は人の内心世界とされているから、中国宗教の無数の神々はこうしたある種の道徳人格の代表神というべき性質を持っている。こうした人格崇拝の極端な発展が、実は英雄学習運動（雷鋒、王傑、……）で、大寨、大慶も、労働模範、三好学生……もこうした神なのである。文革後もこの種の人格崇拝は続いており、（周恩来、十大企業家、深圳、等等）、権力者がそうするだけでなく、大衆が自発的にそうするのだ。まことにその偶像を作り上げる能力こそは中国をして名人輩出の民族たらしめている。全社会が人を持ち上げて偶像化するのに与える献眉《こび》と美化、おだてあげこそが、最良の染料であり、中国的というのは大きな染料甕なのだ。この中で知識人は駄目になっていく。彼は次のように述べる。

「中国の長期にわたる思想意識上の高度の独裁化、一元化の伝統は、はっきりとこれら大小さまざまな人格神と関係がある。むしろこれら神話流の人格は、完全に独裁者たちの政治的必要と道徳基準に照らして塑造されてきたものであるが、その本質は人間の非人間化である。こうした非人間化は、個別的、特殊的、具体的で、生き生きした豊かで多才な人間個性を、専制と愚昧の二重の手段によって疎外し、一般的、普遍的、抽象的、僵屍（ミイラ）的な人格モデルにし、かつ専制権力を後ろ盾として、このモデルに絶対的倫理的価値を賦与し、むりやり逼って人々にこの価値を受け入れさせるのである。ここにおいて人間の個性は消失し、ただ絶対完美の平均値が残るのみになる。この平均値は〝ゼロ〟である」。

劉暁波は、知識人は社会のその他の階層から独立、超越して、精神的財富を創造することを己の任務とし、純粋知識を第一の価値とする「群体」（集まり）でなくてはならず、この人々は、(1)、知識にのみ依存する独立した地位を持ち、——そのためには、財産権と思想・言論の自由が保障されなければならない——、(2)、独立した価値志向、(3)、社会的役割（知識の普及、社会批判）、(4)、疑い批判する自省意識、(5)、超越意識、を持つべきだという。そして〝知識の独立〟を、〝知識に価値を！〟と叫ぶ。だが、それは中国においては極めて困難だ。なぜなら、知識に対して最も残酷、愚昧、野蛮なのは彼ら知識人自身であるからだ。中国知識人の真理を堅持しない、功利化された人格を見よ。彼らは、世俗を超えた絶対価値を追求したり、政治、道徳を超えた科学的真理を追究するというような、功利を超えた〝自由〟、心の自由を持たない。現実の人生の政治的功利と、道徳的名誉ばかり秤にかけている。これは、知識人の政治的人格＝「走仕途」の必然的派生物なのだ。そのため民族精神は委縮し、神秘的なものや、未知なるものに対する〝驚き〟や〝探検欲〟も失われている。

劉暁波はこのように自分をも含めた中国知識人の〝醜さ〟を切開しながら、知識のために生きることを自らに課して、自分を追い込んでいく。こうした近代知識人として生きようとする彼の殉教者的意識、それは戊戌変法の時の譚嗣同とも通じるものがあるように思えるが、それが彼を天安門に連れて行き、逮捕されて裁判に臨ませているものであると私は理解するのだが、甘いだろうか。しかし、この議論は貴重な芽ではないだろうか。彼の主張が中国知識人の間に受け入れられて定着し、同調者を見出すことはなかなかに難しいであろうけれども。

劉暁波の議論をかなり詳しく紹介してきたのは、彼の批判は究極のところ、李澤厚の謂う〈実用―実践理性〉に対する徹底批判であるからである。私の関心と交叉するのは、彼がその根源を、中国の宗教が超越的存在を持たず、世俗化したものであること、そしてそれと、帝王、聖賢、祖先崇拝の伝統とが結合することによって、神を崇拝するのではなく、人に対する崇拝を生み、中国人の精神に世俗を超えた究極的価値を志向する宗教的精神が無いことに求めていることである。中国の近代化を考えるとき――社会主義「現代化」であれ何であれ――、これは深刻な問題であろう。現実のまとわりつく諸々の関係を突き破り、社会をどのように整序するかというとき、人治から法治へ移行するとき＝政治改革、の最大の障碍であるからだ。――中国宗教が原初的に俗なる世界と聖なる世界を対立するものとして分けないものであったことが運命だった。この聖俗不分明性、世俗権力と宗教権力との緊張拮抗が無いことが、知識の独立性が無いことの最大の問題で、宗教の中でこそ世界中どこでも知識は発達したのだ。西洋でそれが世間に出てきたのはルネサンス・宗教改革期で、そこでは知識を保護するシステムが作用した。宗教権力に対抗する王権、商人等々が保護したのである。市場もそうだ。近代国家も。権力の奴僕にならずとも知識が独自の機能を持って生きられるには、知識で飯が食えなければならない、それを保障する「制度」が重要なのである。出版の自由や市場、大学の学問の自由、などなどである。

私はここで、ウェーバーが『古代ユダヤ教』の中で、人間にとって決定的なことは既に歴史――書かれた歴史――以前に終わっていた、という意味のことを述べていたことを印象深く思い起こす。中国のこの〈実用―実践理性〉は恐らく、現実の市場経済に適応し、それが必要とするものを習得していくであろうが、そうした資本主義的世界経済の現実というものを突き破る理念的萌芽のようなものがこの理性から生まれて来ることは無いと思う。私たちは嘗て、人民共和国や文化大革命に、私たちが経験している〝近代〟というものとは違った社会というものがありうるかのごとく幻想したのだが、そしてその幻想は、マルクスがパリ・コミューンの中に、レーニンがソヴィエトの中に幻視したのと同位といって良い、毛沢東が「人民」の「運動」の中に幻視したものに、周波を同調させた幻――人間の類性が見させる夢――であったように思える。かといって、劉暁波が依拠するような、ユダヤ・キリスト教的な宗教精神とヨーロッパ的近代知性にのみ寄り掛かる訳にもいかないのだろう。この問題は当面のわたしの任務を超えたものであるから、これ以上触れないことにするが、私がここで述べたことは、中国の〝社会主義〟を中国固有の歴史の中に、事実として、それなりの位置を与えてやること、そうしたところに私たちは今いるのではないか、ということなのである。この巨大な社会は、その固有の深部の暴力性を抱えながら、「市場」の暴力と「政治」の暴力との間を揺れ動くことになるのであろう。だが単線的に、「資本主義」的経済の自律性の伸長と相即照応する政治システムへと移行するとは考えられない。それ程、経済も社会も、知も、成熟していない。経済の発展、変化が（中産階級を生み）政治改革を生む、という経済重視の見方もあるが、それは非常に長いスパンでは間違いではないだろうが、歴史研究者としては、歴史の惰性態、慣性としての政治文化や、統治領域の広大さ、多様性（多民族）、格差、そして競合する国家間関係、というような諸要因を考えると、近代的「国民」国家スタイルと、帝国システムとを組み合わせながら、暫らくはまだ「政治」優位で行くよりほかない、との判断に私は傾くのである。しかしこの「政治」の推移の分析は、これは私の仕事ではない。

［本稿は研究会での発表にかなり大幅に手を入れたものになっている。しかし大意に変更はない。尚、私のこうした関心については一九九〇年の国立民族学博物館での報告“Religion and Modernization in China”, *Senri Ethnological Studies*, no.29, 1990.12, Osaka. pp.97-111.［「中国の宗教と近代化」、本書第六章に収録］を参照していただければ幸いである。「調査」というのは文部省科研費「近代中国の農村社会における民衆運動に関する総合的研究」（代表佐々木衛）による海外調査の見聞、成果

による。家族、宗族、均分相続については、志賀秀三氏の優れた研究『中国家族法の研究』に触発されること多大であるが、改めて考えることにし、いまはここで筆を擱く。（一九九一・二・八）」

【付記】この文章は右のような経緯で書いたもので、東京外国語大学海外事情研究所・文部省特定研究報告NO一五（平成二年度）『地域紛争（コンフリクト）と相互依存（1）』（一九九一年三月）の「特集　社会主義の現在3」に掲載されたものである。原文は削除せず、その後長年経過して若干補足説明が必要になったと思われるところは今回少し書き加えた。二十五年の歳月が経っても余り論旨を変える必要を感じなかったのは、私の思想と研究が深まらなかったからだが、中国の国家と社会も基本的に変わってないということであろう。同じ問題はなお存在し続けているし、この把握もそう間違ってもいなかったからかも知れぬ。李澤厚は、自由な思考と言論が狭められて、いまアメリカに居る。劉暁波は御存じのように、その後「08憲章」を発表、共産党に囚われ、獄中でノーベル賞を受賞するという劇的な経歴を送り、いま獄中に在る。私はこの時（一九九〇年）に今までの中国知識人と違った議論をし、それを生き抜こうとする彼の気配に魅かれて彼を評価したのだが、間違いではなかったようである。ただ、私の評価を、東大東洋史出の若い知人に話したところ、眉唾物扱いをされたのが今でも記憶に新しい。劉暁波については、08憲章とノーベル賞受賞後、我国でも多くの著作が出ており、本稿の後の活動について言及すると、一冊の本にならざるを得ないが、私の研究能力ももう枯れ始めてきていて心もとないので、旧稿に少し手を入れて置くよりほかなかった。その後の劉暁波については、最も良い余傑『我是無罪』（時報出版、二〇一四）を読んでいただきたい。

第六章　中国の宗教と近代化

はじめに

わたしに与えられたテーマは、日本宗教を比較文明学的に検討する際に、その比較対象として、中国文明における宗教と近代化との関係を取り上げることである。このシンポジウムは、文明を〈人間―制度・装置のシステム〉と捉えるところから出発しており、その点からすれば、わたしは中国近世の宗教制度・装置を重点的に取り上げるべきかも知れない。この世界帝国である清朝中国の宗教制度・装置は巨大であり、かつ広大無辺ともいえる裾野の広がりを有している。その中核に位置するものは、国家祭祀としての専制皇帝による天地の祭りである。大地が死の世界から生の世界へ、すなわち、〈陰〉から〈陽〉へ転換する冬至の日に、天の子である中華世界に君臨する皇帝は皇城の南側（陽を象徴する）にある「天壇」において、文武百官を従えて〈天〉を祭り犠牲をささげ、さらに皇城の北側（陰を象徴する）にある「地壇」で、作物を生育させ万民をはぐくむ大地を祭る。こうして、天命を受けて大地を統治する皇帝支配の宗教的聖化＝正統化が行われたのである。また、始皇帝が自らの皇帝即位を天に報告するために泰山に登って封禅の儀式をおこなって以来、泰山をはじめとする主要な山岳は天を支え、天と地を架橋する神聖な処として聖化されてきた。だが、これらの山岳は同時にまた大衆の道教信仰の対象ともされて、そこには多くの道教の神々が祀られている。

第二には、この帝国統治の柱である家産官僚制は儒教の教えと孔子への崇拝によって支えられていた。儒教経典を学んで古典的教養を身につけ、科挙試験を通過した官僚たちはすべて聖人たる孔子の弟子として師の孔子をあがめ崇拝しなければならなかった。皇帝は孔子崇拝の物質的表現として曲阜に壮麗な孔府、孔廟を造営し、各府県には孔子を祭る文廟が設けられ、国子監から私塾に至るすべての学校には孔子像が掲げられて、官僚とその予備軍である学生たちに礼拝が強要された。科挙制度と家産官僚制は儒教と孔子崇拝によって支えられていたのである。それにくらべると、度牒制度によって国家管理下に置かれた仏教・道教は制度・装置群としては弱体であったといえよう。

だが、これら儒教・仏教・道教の諸々の制度・装置群についてここで詳しく論じる余裕はない。むしろ、近代化という観点から中国の宗教に接近しようとすると、これらの人間—宗教制度・装置システムを底辺で下支えしている中国人（以下、主に漢族をさす。回民は除く）の宗教心のあり方そのものを検討することが重要になろうかと思われる。従って、重点をやや人間の側に移して、中国人の宗教意識のあり方や思想・道徳・倫理というような幾分文化論的な問題にかかわりながら、テーマについて検討してみたいと思う。

一、台湾の宗教

最も資本主義的近代化の進んだ中国人社会である台湾の宗教問題から入ってみることにしよう。近年の経済発展に伴う社会変動＝近代化の進展とともに、台湾の宗教には二つの際立った現象が生まれてきているといわれている。李亦園によると、*それは（1）功利主義と、（2）敬虔主義の潮流だという。一般に、伝統的信仰をもつ者は、金儲けや職業上の成功に価値を置き、子供がそれらに成功することを期待し、教育や能力向上を経済的職業的利益を獲得するための〈手段〉と考えており、キリスト教徒などの非伝統的信仰者がそれらを〈目的〉視するのと、好対照をなしているという。そして、こうした自己の事業の順調や利益を神明に祈求する、人々の功利主義的な伝統的宗教態度を背景に、童乩《タンキ》、あるいは神媒儀式の流行が近年顕著になって来ている。さまざまな悩みや不安、迷いを抱えた顧客を相手に、儀式を行って衆人の前で神霊がシャーマンに降下して憑依する状態を現出せしめて、神力の加護保佑を演出し、符呪や香灰を利用して超自然力による保護や治癒を与える、また超自然力に深く結びついた各種の占術によって悩みや迷いに解答を付与するというようなことが広く行われているのである。これは急激な社会変動に伴って伝統的な価値意識や信念体系が揺さぶられて、既成の信念体系では対処不能になっていること、そして、貧困や相対的剥奪感、伝統的な安定した社会的な絆からの離脱や挫折感、心身の病気などの種々の新たな問題に逢着した人々が個人的解決を求めてきていること、そうした問題に対して、神霊の超自然力のはたらきを背景にした呪術・魔術を媒介にして解決を与えよう、それを得ようとするところに現象したものである。社会変動に対応したこうした宗教現象は、戦後日本の新興宗教の勃興にも似た現象だと言えよう。その神秘主義的傾向と功利主義的傾向は日本の新興宗教に較べて一層強烈だが、性格的には類似したものと思われる。

＊李亦園「宗教問題的再剖析」、楊国枢・葉啓政編『台湾的社会問題』七三年版、巨流図書公司、民国七十三（一九八四）年、台北、所収。

熱狂的敬虔主義宗教としては、各地の廟宇で行われている集団入乩（エクスタシー）に見られるような、信者自身が直接に、〝神的なものとの交感交流〟を行い、神霊を保持しようとする神秘主義的恍惚道派がある。この派の信者には低収入の都市移住者が多い。これらの、社会的絆を断ち切られながら帰属するところもなく、アイデンティティを見失い、社会における個人の役割も曖昧模糊としている底辺層の人々が、身体接触をともなう宗教的熱狂・恍惚の中で自己を崩壊させ、同時に濃密な人間関係を再建しようとする傾向を見せている。ペンテコステ派も先住民族（原住民）を中心に布教活動をくりひろげ、反儀式的な、神との直接交通＝神霊との一体感を強調して成功している。

これらは民俗宗教的な童乩（タンキ・降童）＝霊媒、恍惚道を特徴とする神秘主義派ともいえる。前述した功利主義的宗教の急速な拡散に対抗する性格を持った敬虔主義派が一貫道（天道）や恩主公崇拝叢である。これらは、伝統的道徳の振興運動と見なされているように、儒教道徳の励行や戒律の遵守を強調する宗派であるが、一貫道は民俗宗教系神秘主義派と同様に、天才・地才・人才の三人のシャーマンに神霊が降下し、シャーマンの口を通して知的に洗練された〝聖訓〟が信徒に伝えられるという秘儀的儀式をその宗教活動の中核に置いている。これらの道徳的内容を持つ聖訓の学習が信徒に要求されるという点ではこの派は、主知主義的性格へ一歩踏み出しているといえよう。

つまり、台湾の宗教は、急激な社会変動に適応しようとする、民俗宗教に根をもって急速に拡散してきた巫覡的・呪術的・儀式的な功利主義宗教と伝統的道徳振興の宗教運動との振幅緊張の中にある。大まかな見取り図から言えば、一方の極に、伝統的エリート「宗教」である教養文人層を担い手とした儒教道徳主義が生き残っており、他方の極に、農耕文化に特徴的な神霊のシャーマンへの降下——集団的熱狂という呪術恍惚道、こうした民俗宗教的な超自然信仰が位置し、一貫道などの敬虔主義的道徳振興派は、超自然信仰を胎盤としつつ、エリート「宗教」である儒教道徳主義を取り込むことによって、両極間を架橋しようとする中間的位置と性格、言い換えればシンクレティズム（総合的折衷）の性格を有しているといえよう。こうしたシンクレティズムが可能となる宗教意識の構造については後述することになるが、このような見取り図と分析は、われわれが中国の宗教と近代化という問題を考える際に大きな示唆を与えてくれると思われる。

わたしは、中国人の宗教の根底にあるものは、（1）祖先崇拝――これは中国社会の特質をなす父系血縁を中心とする〝家〟、〝宗族〟と深くかかわる――と、（2）天＝宇宙信仰と結びついた超自然信仰体系ではないかと考えている。これらと儒教との関係は後察することとして、まず天信仰と超自然信仰体系について考えてみることにする。

この宗教的特質は、農耕民族である中国人の農民生活の宗教意識が原基をなしているといえよう。農民の生活は大自然の諸力による制約を受けるため、自然の背後に超自然的な力を表象して、それらを拝したり、あるいは操作しようとして様々な呪術的手段を生み出す。また収穫の祭りを中心にオルギアに彩られた宗教生活を持つ。農耕民の祭りは、人々の人的協和の追求であるとともに、大自然の調和への人間の協力を表現するものであった。こうして農民世界に基盤を置いた、農耕的自然世界と人間の社会とが密接に連帯的であるという宗教感情が生まれ、世界を、自然秩序と人間的秩序とが密接な連関性をもったひとつの有機的現実として、調和的にとらえる世界像をつくりあげたのである。

二、天の信仰

自然的世界と人間世界とを蔽う普遍的全体性は〈天〉であった。「天の大徳は生という」「万物は天にもとづく」というように、天は万物の根源であり、万物を化育することが天の本然的ありようであると考えられた。人間も天から生まれたものであり、天の意思に順うことが人間の本来的あり方であると信じていたと思われる。古代において、〈天〉は、気高い人間の顔をした昊天上帝＝上帝として表象され、大自然の調節者、自然時間の作者、降雨を司る気象神、地域神、はたまた洞察力、裁断力をもった膺懲者、救助者として、主権的で唯一本質的な神力を持った存在、力（カリスマ）の源泉と見なされた。この天＝上帝は、権威（カリスマ）を具えた人間を自らの息子（天子）としてその権力を任せ、人間秩序と自然秩序との調和をなさしめる。王が天より享受した優れた人間としての性情＝徳が完全で、その生命を宇宙の秩序に合致せしめるとき、自然秩序・自然時間は順調に推移する。王が、上帝から授権された天命に従わず、その徳が不完全でその政治が不調なときは、上帝は災異をもって警告を与える。上帝の裁断はこのように〝自然〟の動きによって人間に告知されるか、あるいは夢に現れて警告や恩恵を与えるか、神秘的交換によって知らされた。人間の問いかけに対する天の意思は、神秘的な力を宿すと考えられた亀甲やめどぎを用いて、天の意思と交流し、占うことによって答えが得られた。このようにして得られた天の意思に順うことによって、自然秩序も人間秩序も調和が保たれると信じていたのである。

ここに万能の主権的力である〈天〉＝上帝に対する一神教的信仰の信念を見出すことが出来るが、天の意思は、夢判断（夢解釈学）、占術、神秘的交感といった魔術的神秘的手段を媒介として覚知せられたということ、そして、超越的存在たる上帝＝天の意思は直接語られる〝ことば〟としての〈命令〉へと一層の合理化に進み入るのではなく、天体や星宿・自然の動き、甲骨、八卦などの象徴の意味を解読し、読みとるという、呪術的感応関係を通して覚知する非実証的――意味概念不明瞭――な方法の神秘主義を一層精緻化する方向へ、呪術的合理化の方向へと歩み入ることになった。また、この〈天〉信仰と、農耕民族の豊穣信仰と密接に結び付いた大地の生殖力への信仰、人間の生命と霊魂にかかわる祖先の力に対する信仰、とが重なり合っていたことによって、この一神教的信仰は世界の一元的合理化へと歩み入る道を塞がれた。そのため、中国人の宗教的世界像は、宇宙神教的精霊論を背景にして、多くの神々精霊鬼神が世界に充満する自然主義的多神教（＝汎神論）への道を歩むことになった。

三、儒教と天信仰

孔子は古くからのこうした一神教的天信仰と、秩序調和を目的とする儀礼偏重に対し、天とともに、人間の所行やその動機、つまり人間の相互親愛を目指す人倫関係をも同じく重視せねばならないとし、そこへ新精神を賦与した。人間が天から享受した本性は知（是非善悪の判断能力）と仁（他人を愛する情的作用）であるから、自己を内省して良心の命を直覚し、最も純真なる父子兄弟の親愛の情たる孝・友を社会全体にまで及ぼし（修身斉家治国平天下）、即ち仁徳を発揮して、社会全体が相親相愛して平和な社会生活を送れるようにすること、これが人間の道徳だとした。天は、孔子の思想道徳の中心におかれてはいたが、しかし、彼は自らの教説を天を根拠として哲学的に体系化することはしなかった。のちに『易経』を利用した儒家がその哲学的体系化を成し遂げた。この陰陽の交代が寒暑季節の変化を現わすように、それが天の運行の原則であるとされ、「一陰一陽これを道という」天道解釈＝宇宙論を根底において、森羅万象がこの抽象原則によって解釈されうるとして、人間も天の道を受け陰陽の凝固せるものとの規定を受けた。従って、人間の道徳仁義の道もつまるところは、陰陽が消長して万物を化育する天道にしたがうことであって、人間の知と仁も陰陽の道を受けて性となったものにほかならない。天の命が心性に仁となり知となっているのだから、「邪を閑《ふ》せぎてその誠を存する」こと、天から賦与された徳性の自然の動きに順応していささかも加工しない〈誠〉によって、身を修めることができ、自然の大道にしたがうことができる。言い換えれば、万物を生成化育することが自然の作用、非人格的な秩序の神である天の道であり、人間の中にこの生成化育の潜勢力が蔵されている、これが人性で、天から享受したこの人性を発揮して天地の化育に参与し、これを助けることが人間の為すべきこと、道徳であり、人間生活の節目節目にあたって、君臣の義、父子の親などの五倫を遵守することによって、それが成し遂げられる、としたのである。

こうして儒教の道徳主義も、天道＝宇宙の秩序原則という形而上学的抽象原理を根拠とした哲学的体系として完成の域に達することになった。仏教の影響を受けて宋学はこれを一層哲学的に合理化集大成し、宇宙万物の形而上学的法則性を理、根拠の理とし、人間はその本然の性＝道徳的本性をこの理より得ており、性即理である。〝気〟の清濁純駁を蒙る自然的人間の本能的本性＝気質の性は理を隠蔽するものであるから、それを克服して、理念的本質である本然の性、道徳へ復帰すべきである、とし、道徳的理想主義、道学的厳格主義（リゴリズム）の性格を強めた。陽明学はこれに対し、心と理を二つに分けることを不可として、心即理、二者の相即不離を主張し、人間の先天的本源的な道徳知たる己の良知を事事物物に致すことによって正しさを判断し実行せよとする主観的道徳主義を強調した。

エリート教養文人層のこの合理的道徳主義は中国文化の国粋として彼らによって保持せられ、次第に上層社会から中下層社会に浸透していき、農民的なオルギアが次第に消えていったように、大衆の生活に影響をおよぼした。だがこの道徳主義は、大衆の中に根強く普遍的に存在していた幽霊や神霊などの精霊に対する信仰と闘い、これを打破しようと試みることはしなかった。そのため、古くからのプリミティブな神霊信仰は全階層に共通した通俗信仰として生き残りつづけた。このような万有神霊宗教の精霊鬼神信仰は、世界は、その性質が未限定的でどこへでも現れることのできる魔術宗教的な力の相互作用の〝宇宙的連続〟から成っているという表象構造を持っている。だが、だからといって人々の行為や思想のすべてが神秘的なものになるのだというのではなく、〝鬼神は敬してこれを遠ざける〟儒教的な一定程度の合理化の方向を進むことも可能だったのだが、天の下の万有神霊を認める超自然信仰体系は打破されることなく近代まで生き残り続けたと言わなければならない。

四、祖先崇拝

祖先崇拝こそが中国人社会全般に共通した顕著な宗教的要素、土台であると言われている。それは、祖先崇拝と土地の生殖力に対する信仰が太古の農耕民たちの宗教の基盤をなしていたからである。

祖先崇拝の原初的形態は、家と家の土地についての次のような考えであった。家は二つの部分、生きた人々と死んだ人々から成っているという考えである。太古において、死者は家の敷地の中に埋葬され、家の土地の中で脱皮し地中に浸み込んでいった。同じその一隅に夫婦の床があり、女性はそこで新たな生命を宿し育てた。だから、生まれた子は先祖の実体からその実体を授かったのだと考えた。子供は大地に留まった先祖が再び生命をもって、家の生きた人々の部分に立ち現れたものと考えた。ひとつの親族集団の死者と生者との間にはこうした直接的な関係があると考えられた。やがて、死者は家の墓地でそこにある先祖の死体と合わせられ、その死者の集団が個人化された魂と見なされるようになった。そしてひとつの親族集団の守り神であるようなこの先祖、祖先の霊に対して、自然が生まれかわりを見せる秋と春に家でできた肉や穀物、酒が供えられるようになった。

この子孫による祖先崇拝によって死者は幽界＝黄泉での安寧を享受することが出来るのだが、子孫が親愛と敬慕をささげることに対する反対給付として祖霊によって現世での福・禄・寿が与えられる。祖先崇拝は、彼岸を重視する死者崇拝と異なって、死者と生者との直接的な関係を通じて現世の血縁者たちの人的結合を強化するとともに、現世に生きる人々に恩恵が与えられるという重要な現世的機能を持っているのである。孝道によって支えられた家族関係が死者へ延長されることによって、死者と生者は分離されることのない統一された親族集団を形成した。祖先への供犠の際には、祭る者――祭られる者との関係は、父と子は従属関係にあったから、祖父と親和関係にある孫が祖父を祭ることになっていた。死者である祖父の霊はかれを祭る純真なる魂をもった孫へ憑依するなりして、孫を媒介として、祖父（父）から父（子）へ権威が授与された。従って、祖先の位牌は、①高祖・③祖父・⑤本人の、祖父―孫グループと、②曽祖父・④父・⑥子の、祖父―孫グループとが左右に分かれて配置された。祖父に供犠を行い、祖父を祭る特定人物たる孫を祖父の霊に与えることこそがこの第一の孝行の義務とされ、そのためには子は妻を娶らねばならず、息子を生むことが子の孝行の第一とされたのである。

孝を中心とする人倫関係を強調した儒教は、この親族構造を維持する祖先崇拝と重なり合った。むしろそれを基盤として孝道を唱えたと言えるかも知れない。だが、死者との直接交感というような神秘主義は儒教教養層の合理的精神によって次第に墓地の祭りに近づけられた。先祖の墓地は地相術である風水への信仰と結びついて大自然の神聖なる力を補足するように配置され、その神聖な力によって、祖先の体内に凝固した良き影響力がこの世の生者＝子孫と家全体に恩恵的に及ぼされる、とされるようになった。つまり、儒教も、世界を神聖な力の交叉する世界と捉え、自然の神聖な力、祖先の霊、現世の家全体、これらを神秘的媒体で連続的に結びつけ、生者の現世における利益（富、栄誉、長生）と結合させたのである。こうした、祖霊の鎮撫安堵と祖霊による恩恵給付、従ってまた祖霊放置と災難給付とを一対にしたところに中国的な功利主義の性格が顕現しているともいえる。むしろその利益の方が念頭に置かれて喪や墓葬が行われるようになったという点では、儒教は社会的道徳主義を強調したにもかかわらず、個人の宗教倫理としては万有神霊的神秘主義と現世功利主義とをともに許容しており、それを克服し得ていないのである。道教はその万有神霊宗教としての性格から、矛盾なくこの祖先崇拝を包摂したが、仏教やキリスト教はこの家の統一を支える祖先崇拝と妥協することによってしか中国での活動は可能とならなかった。

儒教倫理では、「身体髪膚これを父母に受く」として、子は自分の身体を傷つけることを忌避せねばならなかった。それは、身体は親族全体が不可分的に持つところの全体的実体の一部分であり、期限が来れば全体的総体に返却せねばならない借物だったからである。こうした、死者と生者とを一体的に考える家の統一という観念は中国においては非常に強く、罪九族に及ぶという刑罰や反逆者の祖先の墓を暴いて骨を毀すというような処罰のやり方は、その家族・親族集団のもつ実体の全資本を減じさせようということで、それをまた耐えらないことと感じる社会的観念が背後にあるからなのである。このように見て来ると、儒教の社会的道徳主義さえもかように、中国人の祖先の精霊に対する崇拝、万有神霊主義、現世功利主義を下敷きにしていたと言わなければならないと思われる。

五、道教の宇宙観

道教は、儒教が人間の社会的義務＝人倫関係を極めて重視したのに対し、これにあまり関心を示さず、むしろ個人の救済を目的とした地平から出発した。マスペロは、道教を、古代の社会集団の宗教から個人の宗教を作り出す中国的試みであり、信者（道士）を〝永遠の生〟に導こうとする救済の宗教である、としている。*道教は、なにびとも逃れ得ぬ死からの救済を、肉体そのものを物質的に不死なるものにすることによって実現しようとする宗教であった。三魂七魄から成る肉体を不死なるものに変えるためには、辟穀などの食餌法、胎息などの呼吸法、金丹の調合服用などの練丹術、房中術などの性的実践術、そして体操、これらの〝養形〟技術の訓練を実践するとともに、人間の肉体を宇宙に照応する小宇宙と見なして、体内に居る神々と内観瞑想という〝養神〟技術によって関係を取り結び、忘我（エクスタシー）の境地において宇宙の窮極的存在＝上帝より以上の世界の真の支配者である非人格的な〝道（タオ）〟——これは後に「太上老君」に人格化される——を得て、宇宙的神秘の中に溶け込む至上感を通して〝道〟との神秘的合一が成し遂げられる。このとき、肉体と精神は同一化し、自己は溶融して〝道〟そのものと一体化する。〝道〟は永遠に不変不死なるものであるから、死することは無い。すなわち、諸技術によって個人の本性たる〝命〟を豊かにし、無限の能力を得て、不死に至ることが出来るとする宗教であったといえる。だが、道教はその一方で儒教の道徳主義の影響を受けて、永生不死は心の良き風紀に依らなければ達せられないと説き、のちには人間の本性である内心の一粒金丹＝内丹の修煉も説かれるようになった。

＊アンリ・マスペロ『道教』、川勝義雄訳、平凡社東洋文庫、三二九、一九七八年。

道教的宇宙観においては、宇宙の各部位すべてに神々が存在していて、神霊な力を持つ救済者・教化者、職能神、地域神、等の神々がパンテオンを形成している。そしてまた、宇宙と個人の身体は神秘的導体物質である〝気〟によって宇宙的連続のもとにあると捉えられる。この万有神霊宗教は、至上の力を得て不滅のいのちを持つようになった不死の師である神仙たちを生み、それらを世界にはびこらせ、修道者（道士）はこれらの神霊や神仙との交霊による教化を受けて不死の道へと進みゆくのである。だが、かような救済のありようは大衆にとっては到底実現不可能なものであったから、大衆の信仰は次第に道士の宗教とは幾分異なったものとなっていった。養形術は健康を、徳の実践は幸福を、房中術は子孫を、現実的利益として人々に与えた。だがそれにとどまらず、集団的で熱狂的な祭祀・儀式、男女集会や呪（まじな）い、護符の使用などが行われ、信者の外側に存在して全世界を支配する神々が外から信者に救済をもたらす、とする大衆的道教の傾向が生まれてきた。この傾向は、大乗仏教の仏や菩薩の存在の影響によって作り出されたものであろう。

道教はこのように物質主義的な自然観を持っていたが、俗人に対しては魔術という宗教的救いの道を拓いたといわなければならない。至上の力と不滅のいのちを獲得した神仙たちは、この現世にしばしば魔術使いとして姿を現し、悪鬼と闘ったと描かれ、大自然の力が神格化された神々も神聖なる力を持った存在として姿を見せた。こうして、大衆にとって世界は、超自然力の交叉する空間であると表象され、それらに対する畏敬とともに、それらに適応順応することによって、あるいは何らかの手段によってそれらを操作することによって、現世における禍福の操作が可能になるとする、順応・操作的態度を持つ功利主義を生み出した。またそれと同時に、多くの操作不能の場合には、天命論＝定命論的な諦観＝世俗の運命を甘受する態度（没法子・メイファーズ）をはびこらせることになった。これは狡賢いご都合主義ともいえるが、帝国統治の支配―服従にとって適合的な心的態度《メンタリティー》であった。むしろ帝国統治がこうした処世態度を作り出し、再生産し続けたといってよい。専制帝国の政治支配に対抗的な宗教倫理にもとづく共同体は中国においては形成されなかったのである――この唯一の例外的なものとして、十全なものではないが、白蓮教を挙げることは無謀ではあるまい――。

六、仏教の受容

儒教には救済論は無く、人間の本来的善性を修養や学問的思弁・省察によって陶冶して道徳的自己完成をめざすもので、自然の秩序法則への順応、家父長的社会秩序への恭順的順応という精神的態度を生み出した。道教も技術的道徳的な修煉によって個人の命・本性の力を増大させ、自然・宇宙の本源性＝道との合一による不死へ、という現世の無限の延長を実現しようという不可能な現世内自己救済を目的とした。どちらも、天・宇宙・自然の永劫不変な摂理的運行、世界や社会の永遠的秩序に順応したところの人間の生の在り方が追求されたといえる。その意味では、両者ともに不変の天地の間にひろがる世界的平和秩序の農耕文化の宗教で、順応主義・静的性格とともに現世に対する強い執着と現世での功利関心性を帯びていた。

仏教はこの中国の宗教土壌の特徴的磁場へ入って来て、それに吸い寄せられるようにして受容されたのだが、中国仏教は、では中国社会においていかなる役割を果たし、どのような地位を与えられるのであろうか。国家権力と結びついた仏教や遁世的寺院主義はしばらく置くとして、中国社会と大衆に死後の来世・彼岸と救済という問題を提起した点にその役割を見出すことが出来るのではないかと考えられる。

在俗的な大乗仏教から出発した中国仏教は、大乗小乗を総合したような一乗仏教の世界を切り開いた。教義的には天台・華厳が中心になったが、独自の実践仏教である禅宗と浄土宗を生んだ。この過程で仏教は、大衆に対する宗教的説教・弘布活動や、救済論にとって重要な来世＝浄土信仰、大衆の個人的救済追求の姿勢、因果応報・輪廻転生による世界解釈などを中国社会の宗教的土壌に持ち込んだ。

仏教の活動、とりわけ在家修行を可とする慧能（六三八－七一三）の新禅宗以後の活動は、中国宗教史上新たな動きを生んだ。儒教における新儒教＝宋学の形成、道教における全真教、真大道教、太一教、浄明道などの新道教の形成、という平民的宗教文化の潮流が形成されたのである。仏教の因果応報論が宋代に道教に功過格を生み出し、広く大衆化したし、大衆の念仏結社も生まれ、大衆の宗教生活は大きく変化した。

この仏教の大衆化は、黄老思想や不老長生術の一つと見なされて受容された仏教の性格を一層中国化させることになった。そのため、中国仏教には汎神論的な性格が強く、日本の浄土真宗のようなものは生み出さなかった。明清の頃には、禅の修行である瞑想は、道教の瞑想や習慣的な静坐と変わりなくなり、ともに個人の力を創造することを目的とし、呼吸法や健康法と結びついた点でもきわめて中国的実践になった。禅の禁欲的苦行もあまり重要視されず、在家の修禅者は頓悟を人生上の実際的な諸問題を解決するための智慧や機転＝心の機敏性を獲得することと見なし参禅するといった、いかにも中国的な功利性追求のものに転回せられた。従って「南無阿弥陀仏（ナンウアミトーフ）」と唱詠することだけが中国人の仏教信仰を示すものと見える。事実、禅浄双修といわれるこの浄土教が中国人の仏教信仰の中心であったといわれている。だが、在家浄土教信者でも、この苦界たる現世を逃れて西方浄土に生まれ変わることを祈るのではなく、彼岸と同時に現世における不老長寿を祈るのであって、概して中国人は彼岸と此岸とを分けず、不即不離なものと捉え、来世に大きな関心を払おうとはしなかった。西方浄土に居るといわれる菩薩は、中国の場合、慈悲心と憐愍の心を一身に体現した〝母〟である観音菩薩であり、子供や女性の保護神として、道教の西王母に近い現世的性格を示している。また「南無阿弥陀仏」と念じたとしても、それは仏や菩薩全体を総称したもので、観音菩薩を指すことも多い。衆生救済のために現世に下生する弥勒仏にしたところで、両手に乾坤袋を持って、でっぷりと突き出た丸い大きな腹をした黄金色の布袋様なのであって、きわめて現世救済の色彩が強いのである。

こうして、中国仏教では、人間の内面的な心や精神そのものの追求＝解脱追求や、彼岸志向という仏教に固有の側面は中国的な世俗的価値、現世利益の方向へ引き寄せられ弱められたといわなければならない。僧侶も日本とは異なって、学識人格に優れた者どころか、むしろ食い詰めた連中の避難所の様相を呈し、その腐敗堕落は衆知のものになり、道士とともに人々の蔑みさえ受けるようになった。大衆の救済を求める宗教的欲求を組織化し、全国的教会制度を形成することも無く、また大衆教化、教育機能を持つことも無く、大衆の救済の願いを導き、そのみとりを担任することも無かった。大衆の中へ仏教の教えを浸透させたのは、宋代以後の民間の念仏結社や宝巻流宗教結社など、後の明清期の白蓮教活動に繋がる民間の宗教運動であった。それらの活動を通じて三期末劫論（過去・現在・未来に対応した救済論的歴史展開論）、六道輪廻からの離脱、不殺生などの宗教戒律、真空家郷＝人間の始源的故郷にいる無生老母の許への救済、といった内容が民衆に向かって説かれたである。こうした大衆的救済を提示し得るようになるための宗教的世界像を下敷きとして与えたのは浄土仏教であったが、寺院と僧侶は大衆的影響力を持たなかった。

七、中国的シンクレティズム

明清期に大衆に向かって善事善念を勧め、悪事悪念を戒めた通俗道教については、善書類の代表格である『太上感応篇』に就いて見ると、それには、一切を天が照覧しているとして、人々の全生活領域の多岐にわたる個別具体的な規範が網羅並列されており、確かに大衆の規範的生活態度を生み出した側面も見られる。だが、それらの諸規範は拡散的傾向が強く――場面対処的規範で――、一貫した内面倫理に支えられた生活態度を形成するというよりは、現実的功利的性格を持った処世態度に終始したように思われる。

儒教の道徳主義も、その根拠へと遡及していくと、天＝宇宙論的基盤によって基礎づけられていること、道教も、宇宙秩序、その非人格的支配者である〝道（タオ）〟との神秘的合一によって永遠の生に達しようとした万有神霊宗教としての個人救済宗教であったこと、が分かる。唐末以後の禅や華厳の盛行ののちは、人間の仏性、本心、不変常住の真心は宇宙万物を宿すものと捉えられた。これらに共通するものは、三教いずれもが現世の人間の人性＝本性を、宇宙の真存在（儒教の理、道教の道（タオ）、仏教の真如）との一致によって根拠づけていることである。従って、天＝宇宙と人間は相互感応的、連続的にとらえられており、相互に調和一致（天に順うこと、道を体すること、仏性を得ること）させることによって、人性＝人間本性の達成を実現させる、ということが中国宗教の中心課題であったということが出来る。この天・宇宙――人間本性関係を中軸にしている点で、中国宗教は三教合一であり得、はたまた五教合一（一貫道）、六教合一でもあり得るのである――「中華鍋的」ともいえる混淆――。

これが中国的シンクレティズムの特徴であり、あらゆる宗教を呑み込み混合させる宗教的〝中華思想〟の構造（「中華鍋」的であるとともに「全一的」）なのである。デ・フロートはこれを〝宇宙神教〟と呼んでいる。* 中華帝国の存在を内側から支えた宗教のこの構造は帝国が崩壊した後もそう容易には崩れそうにもない。このような構造を持つ中国宗教の関わるところは、だが、生身の人間のみ、現世のみであって（現世主義・功利主義）、救済宗教とは言い難いところがある。

＊デ・フロート『タオ・宇宙の秩序』、牧尾良海訳、平河出版、一九八七年、原著、J.J. de Groot, *Universismus* : Berlin, 1918。

このような彼岸と此岸とを区別しない「天・宇宙――人間の本性」関係を基軸とした宇宙論的人性宗教は、しかしながら知識層の主知主義・非神秘主義によって提示され支持されたものである。大衆の宗教はこの「天・宇宙――人間」の間の世界に数千の偶像、英雄神、職能神、地域神、自然神、仏教道教の元祖・諸仏諸神などの無数の神霊を介在させ（これらの神々は帝国官僚制に比定されるヒエラルキーをなしていたりする）、それらの神聖な力が相互に交叉する世界として表象し、それらが祭られてあるあらゆる種類の寺廟に参って、聖賢仙仏各種の偶像を区別することなく拝して奉納をおこない、これらの神霊から御利益をいただこうとする。中国人の九十％以上がそうする。そうして、世界は神秘的導体によって感応相関づけられているから、この自私自利のために種々の呪術――占夢、星占い、術数、降僮、暦占、等――を駆使して、鬼神の吉凶運命の支配を変更したり操作したりしようとするのである。神から倫理命令が人間に定律的に来るのではなく、人間の側から利益追求的に、神からいただくために神々に向かうのである。言い換えれば、呪術の対象として現世的目的をもって〈祭る〉神なのである。こういう現象は、大衆が宗派教団によって組織的集団的に宗教的訓育を受けていないことを示している。この宗教は原理的には、家産国家の祭祀として、天子によって天地が祭られ犠牲がささげられることによって――この場合、祭天と祖先崇拝が一致する――、天・宇宙の秩序が整い、天地の恩沢が全土にあまねく及ぶ、とされて一応完結している。そして、人性修養の役割が三教合一的性格を強めた儒教・仏教・道教に与えられたのである。「皇帝教皇主義」的な帝国王朝は、それゆえ、自己のこの宗教的権威に対抗しかねない異端的宗派によって大衆が教団的に組織化され、宗教的教化を受けることを好まなかったから、宗教を国家の統制下に置き、社会と分離させようとする傾向を示した。そのため、大衆は一定の宗教制度や組織によって宗教的訓育を受けることもなく、万有神霊教的な民間宗教の只中に放置されていたのである。こうした宗教状況に近代化の起動力を求めることは困難であろう。余英時が高く評価する商人倫理も、人間関係における〈信用〉を基軸とした合理性であり、非人格的な経済合理化への起動力となるものとは、やはり異質であろう。

中国の伝統的宗教は近代に入ってからの社会変動に対応できず、崩壊といって良い状態になった。科挙廃止と王朝の崩壊によって儒教の担い手であった教養文人層も分解し、儒教道徳は「人を喰う」封建道徳として排撃された。だが、それに代わる社会倫理と目されてきた、革命の溶鉱炉から生み出された共産主義的同胞倫理も文化大革命で無残な姿をさらして、社会的に効力を失いつつある。統合原理としての民族的社会主義――中国的特色のある社会主義――は強調維持されるだろうが、その間に経済的近代化が進行するとすれば、社会倫理の混乱が助長されることになるだろう。そのとき、哲学的宇宙論と切り離された儒教の人性修養的な道徳主義は社会主義政権にとっても避けられない課題として浮かび上がらざるを得ないであろう。なぜなら、それ以外の合理的社会倫理を中国宗教は生み出さなかったからである。だが、大衆の宗教的欲求はその社会倫理さえも超えてゆくと思われる。

資本主義的近代化の特質を、土地＝農村からの人々の離脱、人口移動と都市化（農村との絆の漸次的喪失）、核家族化、産業化に伴う人間の歯車化・アトム化、人間関係の希薄化、社会制度・社会生活の合理化、というようなものと捉えるとすれば、こうした社会変動に伴う個々人の困窮や不幸にとって有効な唯一の避難所になり得るのは、この呪術的な神霊信仰、すなわち頭初に述べたような超自然信仰しかないのではなかろうか。あるいはむしろ、救済宗教よりも、困窮や不幸に対してその都度的に解釈を与える、これらの一貫した世界像を必要としない呪術的信仰の方が、高度化する工業化社会にはより適合的であるともいえる。台湾の事例はこのことを、そして、そこから特定の秘法伝授者を中心とする宗教共同体が形成されてくる傾向を示していると考えられるのである。社会主義中国はその政治イデオロギー上、こうした宗教的傾向を禁圧し、公認大宗教の枠内に押しとどめようとしているが、近代化が避けられない以上、社会制度の違いによって社会変動もやや異なったかたちをとるとはいえ、いずれ同質の大衆の宗教的傾向に遭遇することになると思われるのである。その予兆は既に現われているのではないだろうか。

【参考文献】

Marcel Granet, *The Religion of the Chinese People*, (Maurice Freedman trans. ed.) Harper & Row, 1977.［グラネ『支那人の宗教』津田逸夫訳、河出書房、一九四三年］

羅竹風主編『中国社会主義時期的宗教問題』、上海人民出版社、一九八七年。

戸川芳郎・蜂屋邦夫・溝口雄三『儒教史』、山川出版、一九八七年。

李亦園『信仰與文化』、巨流図書公司、民国六十七年、台北。

李亦園「伝統民間信仰与現代生活」、『伝統文化与現代生活研討会論文集』中華文化復興運動推進委員会編印、民国七十一年、台北。

鄭志明『中国社会与宗教』、学生書局、民国七十五年、台北。

余英時『中国近世宗教倫理与商人精神』、聯経出版、民国七十六年、台北（森紀子訳『中国近世の宗教倫理と商人精神』平凡社、一九九一年）。

梁漱溟『中国文化要義』、学林出版、一九八七年、上海。

ウィン・チット・チャン『近代中国における宗教の足跡』、福井重雅訳、金花舎、一九七四年、東京。

M・フリードマン『中国の宗族と社会』、田村克己・瀬川昌久訳、弘文堂、一九八七年。

デ・フロート『中国の風水思想』、牧尾良海訳、第一書房、一九八六年（J.J. de Groot, *The Religious System of China*, 1892 – 1910, 6vols の抄訳）。

竹内義雄『儒教の精神』、岩波書店、一九三九年。

島田虔二『朱子学と陽明学』、岩波書店、一九六七年。

窪徳忠・西順蔵編『中国文化叢書６　宗教』、大修館書店、一九六七年。

鎌田茂雄『中国仏教史』、岩波書店、一九七八年。

M・ウェーバー『儒教と道教』、木全徳雄訳、創文社、一九七一年。
橘　樸「通俗道教」、橘樸著作集第一巻『中国研究』、勁草書房、一九六六年、所収。

【付記】この文章は、一九八八年三月に、谷口工業奨励会四十五周年記念財団の後援で国立民族学博物館で開催された『近代世界における日本文明――宗教の比較文明学』という国際シンポジウムに提出し、発表したものである。このシンポは梅棹忠夫・中牧弘允両氏（当時国立民族学博物館館長と教授）を中心に企画されたもので、「文明の比較研究」のために毎年連続して国際的な日本学者を集めて国立民族学博物館を中心に大阪で開催されていたシンポジウムの「宗教」版で、「宗教」をテーマにして日本文明の宗教を比較の視点から考えようという趣旨だった。

この頃私は、「清代白蓮教の史的展開――八卦教を中心に」（『続民衆反乱の世界』汲古書院、一九八三）、「天啓二年の徐鴻儒の反乱・私考」（『老百姓の世界』二号、研文出版、一九八四）などを書いて「白蓮教」（中国民間宗教）を研究を発表していて、それを見つけて、中牧氏が声をかけてくれたものであった。これらの論文は義和団の起源をめぐる問題を研究していた過程の産物で、中国宗教の専門家ではなかったが、歴史と社会のなかでの宗教を考えるのに、日本と比較する相手として少しは役立つかと判断されたのであろう。丁度、われわれの義和団関係の華北農村調査が終わって、調査報告をまとめている時だったから、その知見も含めて報告させてもらった。

シンポは多くの優れた世界の学者が日本語で討論する面白い知的刺激に溢れたものだった。なかでも印象的だったのは、失明されておられた梅棹氏が、事前打ち合わせで、早めに出した日本人側の提出論文要旨を読んでいて（つまり眼ではなくて朗読を聞いて読んでおられて）、的確な質問と応答討議をされたことだった。シンポはウェーバーの「世界宗教の経済倫理」を意識して、その読み直しあるいは修正を目論んだ企画で、氏の基調報告はこれらの提出論文を踏まえて見解を提示されたものだった。シンポの最中も縦横に論議を展開され、知的生産の生命線である視力を失われても、鋭く深く機敏に動く頭脳と思考には敬服の至りだった。なるほど今西錦司が「天才や」と云っただけに、すごいなと思った。終戦を張家口で迎えた梅棹氏は、中国に大変関心を持っておられて、「まだ行って無い省は江西省だけや」と言って私の最近の中国での調査の話を興味深く聞いておられたのが思い出される。

シンポジウムにはハーバード大学から同世代の人類学者ハーデカさんが来ておられて、大本教の出口王仁三郎時代の「ジェンダー」について報告されたが、当時の私は「ジェンダー」という切り口が全く理解できず、恥ずかしい思いをした。日本でジェンダー論が盛行するのはその数年後のことだったと記憶している。山折哲雄氏や井上順孝氏、世界各地の若手の研究者などとのシンポは自由な好い雰囲気で知的刺激に溢れていた。本来ならこれを糧に、「世界宗教の経済倫理」張りの宗教研究に精進すればよかったのかも知れないが、非才の到底及ぶところではなく、中国に拘泥するしかなった。

文章は、基本的にウェーバー宗教社会学を基軸にして、中国宗教を概念的に把握した西洋の中国宗教研究を通じて、まず「中国宗教」の特質をコンパクトにまとめ、当時改革開放政策を進めつつあった「社会主義」中国の政治社会の動きの中で、その中国人の宗教意識がどのような相を見せているのか、今後どのような軌跡をたどるかという予測を交えた提示になった。中国宗教についてのまとめとしては、その後少し勉強して本を読んだ今日でもこんなものしか書けないだろう。ウェーバー宗教社会学者の池田昭氏が少し勉強になったといわれたが、整理はあまり間違いでもなかったようである。もう少し具体的に考察したのが後掲の「マックス・ウェーバーの太平天国論」である。

予測というのは当たるものもあるし、当たらないものもあるのが普通だが、大体の大筋としてはそうはずれていなかったように思う。はずれたのは、一九八九年の「天安門事件」が一九八〇年代の自由な雰囲気を一変させ、思想宗教に対して極めて抑圧的になったことである。八〇年代に生まれてきた「法輪功」——これは、仏教の救済論と道教的身体技法＝気功を組み合わせた明清期の民間宗教（白蓮教）の現代版といってよいものである——や土着キリスト教系の癒師・預言者的な動きなどが厳しく弾圧され、社会変動に伴う神霊宗教の広がりが相対的に抑制されたことだろう。それに代替するように避難所として急激に成長したのが、プロテスタント系キリスト教教会（家庭教会など）であった。国際的な視線を意識して対法輪功のような強圧策が取れなかったことも要因の一つだったが、これは誰の予想も超える速度で拡大した。それ故に、共産党は目立った動きに弾圧的姿勢を見せ始めている（例えば、二〇一五年の温州の多くの教会の破壊）。この人民共和国における宗教・思想政策の構造的特質については、『中国の反外国主義とナショナリズム』（集広舎、二〇一五）で整理して書いておいた。参照していただきたい。五・四の「打倒孔家店」の思想を受けて出立した中国共産党が「社会主義イデオロギー」に依拠できなくなって、「文化的民族主義」に依拠し始めたとき（現今の「中華民族主義イデオロギー」がそうである）、伝統文化的な社会倫理に依存しなければならなくなるのは避けられないことである。対外戦略の一つである「孔子学院」の世界的展開などもそうした伝統文化化傾向の一つの現象であろう。「向銭看」（銭もうけ主義）が、経済の高度成長から天井を打って、「新常態」の低成長へ転換し始めている中、こうしたところへ回帰していくのは必然的な動きで、それは「社会主義」共産党イデオロギーが「秩序」順応型の社会倫理イデオロギーに衣替えする動きになる筈である。

第七章　マックス・ウェーバー『儒教と道教』の太平天国論

はじめに

ジョナサン・D・スペンスの『神の子　洪秀全』（拙訳、慶應義塾大学出版会、二〇一一年、原著 *God's Chinese Son — The Taiping Heavenly Kingdom of Hong Xiuquan*〔神の中国人の息子—洪秀全の太平天国王国〕）を読むと、太平天国（組織）にとっては、洪秀全が一八三七年に科挙試験に挫折して人事不省になった折に見た「夢」、そしてその後に一八四八年にまた見た「夢」、この二度の「幻夢 Visions」が決定的に重要だったことがわかる。ホンコンでジェームズ・レッグ（儒教経典の英文翻訳 *Chinese Classics* をした学者）などの一流の外国人宣教師たちの薫陶を受けた洪仁玕（洪秀全の甥）でさえ、洪秀全の「幻夢」は神ゴッドの啓示だ、とその真実性を強く信じたのだから、太平軍に加わった他の多くの人々はその「宣伝」を、かれらの中国的な宗教意識からもっと深く信じたのである。天が救世主（洪秀全）を生んでこの世に下されたのだと。そこには後世の「毛沢東神話」に近いものがあったのだろうと思わせる。

「幻夢」の上帝（ヤハウェ）は、天上の洞に住む道教的神仙や仏、菩薩、神々とそう変わらないイメージで、彼は地上と同じく妻帯し、子供を持ち、家族を形成している。この神仙が地上に誰かを降してきて何らかの作用を果たさせる。洪秀全はこの人間の姿をした上帝に会い——神 God を見し人はいないのだが、洪秀全は自分は神（上帝）の「顔を見た」と主張した——、そして、お前はわしの長男イエスに次ぐ息子だと言われて、天の父・上帝（神）の命令＝

「天」の「命」を受け、妖魔をやっつける存在、「天下万国の真主」となるべく天命を受けた存在であると主張した。そしてそれが真なるものとして人々から受け止められた。天の父・天の兄（上帝ヤハウェとその息子イエス）が下凡するシャーマン（楊秀清と蕭朝貴）によってそれは眼に見え、声に聞こえるものとして人々に伝えられた。これは、民間仏教系宗派（民間宗教）の「啓示」「お告げ」（扶乩）と同じ構造である。その意味で、「白蓮教」などの伝統的な異端宗教が歴代の宗教反乱において呈示してきた「真命天子」の一つのバージョンであるといって良い側面を示している。

ウェーバーは、宗教というよりは身分倫理としての儒教は合理的な精神であるが、生活を内面から組織的に組み立てる起動力が無いとしたが、この正統儒教と違ったこれらの異端宗教の流れ（道教をふくむ）は、方向をもつ生活方法論の源となりえたのではあるまいか、と問うた（『儒教と道教』創文社版、二九一頁）。中国の異端宗教やこの太平天国は「世界宗教の経済倫理」を考えた比較宗教学者としてのウェーバーの眼にどのように映ったのだろうか。マルクスの太平天国論については論考があるが、我国の宗教社会学者のウェーバーの太平天国論についての論文はまだ見かけないから、少し詳しく見てみることにしよう。『儒教と道教』はだいたい次のような論述構造を示す。

一

春秋戦国期の分権的封建制の諸国家間の競争の結果、官僚制統一国家秦帝国が成立して、始皇帝は諸侯国を支配者の家産に併合、自身の官吏行政下におくことに成功した。それ以来、家産制的国家構造が出来あがり、それが継続してきたが、その国家を官吏として支えたのは読書人階級で、それを内面から支えたのは恭順さだった。士（読書人）を中心とする儒教文化の根底をなす恭順（孝、ピエテート Piatät）、その表現としての祖先崇拝、これこそが家産制的な臣民心情の元徳で、その基礎をつくっている。家父長的支配にとって世俗内的な恭順さは根本的意義を持つのである。これがまた、宗教的寛容の絶対的な限界を形づくった。中国の国家は自己の尺度に照らして国家に敵対的な邪教を訓や剣でもって迫害してきた。なぜなら中国の帝国は、国家祭祀、個人の義務としての祖先祭祀のほかに、唯一の公的承認の教理＝儒教――それは哲学、処世学、身分倫理であったが――を持っていたという点で、教派的な国家に近づいていたからである。したがって、アンシュタルト的に恩寵を施す「皇帝の官職カリスマ」の全一性（totalität）は、自分と並んで秘蹟の恩寵を施す、預言者、伝道師、総主教、聴罪師などの権力が存在することを許容しなかった。

これら認可されていない新しい神の崇拝は「邪教」として非難されたが、そうした点だけでなく、（1）、教団ゲゼルシャフトを作り、献金させること、（2）、神の化身とか、総主教のような指導者を持っていること、（3）、祖先の系譜を捨て、両親の家族と別れている、という三点が決定的だった。（1）は、政治警察の取り締まり対象で、そのような宗教教育など必要ないというのが国家の立場だった。徳性は、儒教的臣民は「五常」のなかで、私的に訓練すべきもので、それで十分だ――中国共産党流に言えば、共産党「臣民」の共産主義的な社会倫理・同胞倫理は、党指導の「教育」で訓練すべきもので、それで十分だ、となるのであろう――。全一性の下では、いかなる「ゼクテ」（sect）も必要とはしないのであって、それが存在するだけで、国家の家父長主義的な原理を侵害するものだ。

（2）の宗教指導者（宗教カリスマ）は、公然たる欺瞞であると否定する。来世の応報とか、特別な魂の救済などといったものはありはしないのだから、欺瞞だというのである。こうした存在は、世俗内的なアンシュタルト・カリスマ（施設＝公認祭祀施設、寺廟などがもつカリスマ）に対する無視（侮蔑）である。此の世での魂の救いに配慮することは、祖先たち、そして皇帝とかれの官吏たち、天によって為すことを正当化され資格付けられた者、が行うべきことであって、その枠を淫りに超えてはならないのである（これが「淫祠」の原義である）。救済信仰とか、秘蹟の恩寵を得ようとすることは、祖先への恭順、行政の威信を脅かすものと見なされたからである。

なかでも（3）が決定的だとウェーバーは云う。つまり、キリスト教が中国伝統の祖先祭祀を拒否するということは――太平天国の場合は、死者を納棺せず、布に包んだまま埋葬したことは洪秀全の場合についても『神の子　洪秀全』で述べられているが、それはすぐに救済されて天上に上るのだからというのであった――、官職の規律、臣民の従順の根本である「恭順さ《ピエテート》」、この政治上、家産制的な政治上の根本道徳への威嚇を意味したからであるという。従って、キリスト教的宗教意識、つまり「すべてを決定する皇帝カリスマの力に対する信仰と恭順関係の永遠の秩序とから［人々を］解放する宗教意識」は、「原理的に我慢のならないものであった」のだ、と鋭く剔抉する。かれはその他にも、宗教がもたらす商業的、倫理的な諸理由を挙げているが、次のような指摘は傾聴に値する。

中国は歴代、仏教や道教に寛容だったというようなことを中国（学者）は云うが、それは、「臣民飼い慣らしの利用できるものとして」あったのであって、「異端祭祀に関して国是的理由を認めた寛容の基礎」とは、かような「軽蔑を含んだ〝黙許〟」に過ぎなかった、大衆を飼い慣らすために宗教は必要である、あるいは自分の不安を慰め和らげるために役に立つ、程度にであったのだ、と。本来的には、家父長的政治支配と儒教的秩序だけで十分なのだ、その心地良さ、安定さで良いのだという心情であろう。

妻帯した世俗祭司を有する俗人信徒の共同体を発展させること、したがって、一種の〝教派（セクト）〟の宗教意識が成立し始めると、政府は激しい干渉を行った。宗派精神（人格性）は、血縁、身分、政府免許状（度牒）によって保証される価値、品性ではなく、仲間の社会（ゲノッセンシャフト）への帰属、その内側での自己主張によって保証正当化されるものである。宗教団体内集会での受苦経験の告白（告解的な）や共有を考えるといいのだろう。この宗派的宗教心の機能こそが、恩寵施設（恩寵アンシュタルト）――皇帝教皇主義国家、カトリック教会、のような自分たちこそが民に恩寵を与えているのだと思っている機関・施設――にとっては、ずっと厭なものなのだ、という。寺廟は監視しやすいけれども、こちらは「監視」し難いからだ。これが本音である。ウェーバーは、中国歴代王朝のキリスト教に対する迫害はこれ以上の理由付けを要しない、という。典礼問題（礼儀之争）に現象した、「臣民の身も心も皇帝に」という皇帝教皇主義国家の政教一体論の中国皇帝は、「身は世俗君主に心は教皇に」という政教二元論を許さなかったのだとの歴史学的な説明の、もう一つの宗教社会学的な表現である——一〇八頁の〈図表Ⅱ〉政教一致の国家体制を参照されたい——。

キリスト教伝道がその精神において認識された時には、宗派形成になるのだから、近代になって軍事的な力しか条約上のキリスト教容認に導かなかったのだ、というのがウェーバーの中国とキリスト教についての結論である。また、正統儒教が異端を反乱を企てるものとして取り扱ったことが、異端をして力に訴えさせる結果になった。こうして異端の反乱が繰り返されるのだ、という。

ウェーバーは、儒教国家における正統と異端についてこのように原理的に把握したうえで、この構造を打破しうる可能性を持ったものとして「太平天国」を考え、新たに一節を設けて論ずるのである。かれのこの太平天国論は第一次大戦中に『アルヒーフ』に発表した原論文「儒教と道教」には無く、一九一九年から二〇年にかけての冬に大改訂したときに書き加えたものである。安藤英治『マックス・ウェーバー』（講談社学術文庫、二〇〇三）は、かれはこの反乱を世界史的意味づけのもとに高く評価し、この社会革命の挫折を惜しんでいる、それは、ヴェルサイユ講和における中国の苦渋へのウェーバーの感情が投影されているのではないか、と書いている（四三四頁）。『儒教と道教』の注を見てみると、ウェーバーは、太平天国自身の資料に関しては、一八五三年にイギリス公使ボナムらが南京（天京）市内で入手でき得る限りの太平天国の出版物を探し出し、それをイギリス艦ヘルメス号で南京から上海に持ち帰った太平天国文書（『神の子　洪秀全』二六二、二六八頁参照）を、メドハーストが『ノース・チャイナ・ヘラルド』の六月二五日以下に翻訳発表したもの、それらを後に小冊子にし、Pamphlets in and by the Chinese Insurgents of Nankingという題名で上海で出版した（一八五三年）、その冊子を使用している。それには、「太平詔書」「天条書」「天命詔旨書」「三字経」「奉天討胡檄」「太平礼制ならびに太平軍目」「頒行暦書」が含まれていた。また、ドイツ語

のシュピルマンの *Die Taiping-Revolution in China, 1850-64*, Halle, 1900 を使用している。その点、まっとうな史料検討のうえに、その議論を組み立てているといって良い。以下、その「太平天国論」を見ていくことにしよう。

二

そのはじめに、彼は太平を「西洋的特質をもつ宗教形式、つまり教権的な性質」であると見て、こうしたものを中国人も持てることを示したと評価した。太平天国は中国の鬼神信仰と呪術、偶像崇拝を拒否したが、そのキリスト教は「半ば神秘的・オルギア的、半ば禁欲的な倫理」である、と規定する。かれは、洪秀全をひどい癇癪持ちの忘我的説教師と呼んで、キリスト教と儒教の折衷混合だとしているが、前者の側面を神秘的・オルギア的と見たようである。「幻夢」や「天の父」「天の兄」のシャーマンもそれに入れて良いのであろう。その中で、父なる神と、聖なる存在としてのイエスと、聖霊の宿る弟の予言者（洪）としているが、これは通説やスペンス書といささか異なった理解で、不十分である。父なる神、子（長男）のイエス、その弟・神の次男の洪秀全というのがその家族関係であり、洪秀全は果たして「予言者」、ユダヤのそれのようなものであったどうかはなお議論が残るところで、もしウェーバーが、中国に存在しなかった古代ユダヤのような「予言者」の姿を洪秀全に見ているのだとすれば、少し筆が走りすぎてはいないだろうか。偶像崇拝を厳しく否定し、人々に悔い改めを求める点では似ている面も無いわけではないが。

ウェーバーは、太平天国のキリスト教的な儀式、習俗を挙げたあと、次のように規定する。洪秀全は中国皇帝と同じく「最高司祭」である、と。しかし、『神の子　洪秀全』がいう洪秀全の聖書理解からする自己規定からすると、「祭司王メルキゼデク」であり、天地を祀る最高司祭・中華の皇帝「天子」とはやや性格をことにする面もあるのではないか。宗教機能としては、「天王」（洪秀全）が、「神」によって妖魔を退治し、この世を支配する使命を与えられ、統治する「王」である限り、新たな中華皇帝であるその性格が現われている、という理解なのかも知れない。それは一面で正しい捉えではあるが、「天王」は新たな中華皇帝と重なりつつも、少し微妙にずれるところもある。『中国的な』「真命天子」ではあるが、かれは「神」と直接しないのである。より「神」と直接したのは天の父皇上帝（ヤハウェ）の代言人（シャーマン）・聖霊（聖神風）だった東王楊秀清であった。ここに悲劇があったのかもしれない。

ウェーバーが、天王の下の東王以下の五王を「管区官吏」としているのは、東西南北を方位と解したかららしい。太平天国の科挙の「三級試験」や、全官吏の天王による任命、などにも言及しているが、各王の私兵的側面や内訌については触れることはない。太平の経済政策に関しては、古代の経験からの倉庫政策、強制労役などがあるが、対外行政と対内行政（女性指導者による）、交通政策、貿易政策などは古くからのものと大きな違いがあった、それは、かれは比較歴史学者らしく、イギリスの経験に照らして、原理的には、ピューリタン革命におけるクロムウェル対ウィリアム・ロードとの対立、国教会主義に対する清教徒主義に近いものと見た。太平天国の政権は初期のイスラム、ミュンスター（宗教改革のときの再洗礼派の拠点）のような説教者支配を思わせるものだという。

太平天国の支配と国家を「禁欲的、戦士的教団の公共体」であるとし、その活動を、軍事的掠奪共産主義と愛の無差別主義との混淆だとしている。これは南京定都前の流寇的な軍事行動段階の性格としては極めて正しい指摘であるが、定都以後の太平天国の経済をあまり良く検討しないものであろう――もっとも使用した資料が一八五三年段階の定都以前のものが主流だったから止むを得ない側面もある――。その初期の掠奪性は『神の子　洪秀全』にも詳述されているように、疑うべくもないことだが、その後の十余年の国家経営が全く掠奪に由るだけで成り行く訳にはいかないわけで、税制、産業、貿易政策についてももう少し考察が要るだろう。もっとも、この側面については、研究は現在でも進んでいるとは言い得ないのだが、唐徳剛『晩清七十年・二・太平天国』（遠流出版、一九九八）が面白い指摘をしているので紹介する。太平天国は、特産品を国家管理の企業（製作処）で生産し、これを域外に輸出し、西洋式武器その他の必要物資物品を買い入れたのだ、この貿易と国営産業が太平の経済を支えたのだというのである（一一七頁）。この側面に、社会経済史が得意のウェーバーも筆を運んではいない。『神の子　洪秀全』はこの点を示唆的に書いているが、ウェーバーの関心、正統儒教と家産官僚制を支える心情と、太平の宗教心情という関心視角からは問題化されなかったのであろう。

そしてウェーバーは、この国家は、「国際的な宗教的な兄弟姉妹のために、国家主義的本能は押しやられている」と書き付けている。一八五三年のヘルメス号、カッシーニ号の南京訪問や李秀成が上海攻撃のときに見せた、太平の外国への融和的な態度や西洋国の中立への期待を裏切られた無念さなどを云っているようであるが、しかしこれはどうだろう。太平天国の「滅満興漢」の反満民族主義は当然知ったうえでだが、この国家がイギリス、フランス、アメリカに対して示した態度は、まさに「天朝」意識であり、「国際的な宗教的な兄弟姉妹のために国家主義的本能は押しやられている」というのは、十分には当たらないように思われる。自分たちのキリスト教的友愛倫理が厳しく弾圧され、反満洲を掲げて何とか国家建設まで辿り着いたのだが、そこで発見した「イギリス」――洪秀全は当初広西の蜂起が失敗したら、ホンコンのイギリス勢力の下に逃げ込み、庇護されても良いと考えていたのだが――、『神の子洪秀全』が描き出すその「イギリス」と南京で交渉する姿は、わたしたちにとっても少し驚きである。キリスト教的な無差別の愛、洋兄弟に対するある種の親近感は見られるものの、「国際主義」とはなかなか思えない振る舞いである。むしろ自分たちの宗教への確信、優位性、尊大ぶりすら思わせる、夜郎自大的な「天朝」意識とも言えるようなところがある。いかがなものだろう。

太平天国の官吏は宗教的、道徳的に確証された者が登用され、行政区域は軍事的徴兵と食糧供給単位であったが、一面教会区域（教区）であったという。経済は戦時経済であったというのは的確な指摘である。太平軍の軍紀・生活秩序は、ウェーバーの眼から見ると、「ピューリタン的厳格性」に思えたらしい。その軍紀・規律は清軍兵に較べれば、たいへん良かった。それは礼拝集会をつうじて確証される同胞倫理に支えられていたのだが、それのみならず、「恐怖」の所産でもあった。だからその倫理は、禁欲的で——この禁欲というのが難題なのだが、地上の天国への「救済」までの困苦に耐えようとする禁欲と解すべきであろう。日常生活の禁欲的な合理的組織化という意味ではない——、その後も教権的な強制性が色濃いのだが、ウェーバーが太平をピューリタン的に見るのは正しいが、その「禁欲性」をエートス化した日常的内面性における合理的生活方法の態度としての「禁欲」と見るか、約束された「地上の天国」まで厳しく「課せられた」強制性をもった「禁欲」と、どう区別するのか、難しいように思われる。延安で禁欲的に清廉であった共産党員も、権力の座に上ると「腐敗」するのと同じく、中国における「禁欲」倫理をどう考えるかは、通俗道徳論も含めて、精神史研究的にもなお未解決であろう。

かれはこの倫理を、成果は天運によるとする「儒教的な宿命観」と、「新約的な職業美徳」(職業義務の履行)とが結合した、「倫理的な正しさ」、勇敢さに溢れていたと表現している。それは伝統主義的な正しさに代るものだった。この倫理はまた、「儒教的な互恵主義」(朋友関係のお互いさま、己の欲せざること人に施すこと勿れ、の「恕」、全社会倫理の基礎)と捉えられているのだが、宗教共同体の同胞倫理、あるいは敵を前にした「同胞性」——抗日戦時の同胞倫理等とおなじような——と見なすべきではないだろうか。そしてその次のところに、「懺悔と祈りは贖罪の手段である」と書いているが、太平は「罪」の意識を持っていて、礼拝集会などで己の罪を懺悔したという理解なのであろう。中国宗教における「罪」意識の「欠如」はつとにウェーバー自身が指摘したところであるから、太平がこの罪の宗教意識をどう処理したかについては、もう少し論及がほしいのだが、残念なことに詳しくは論じられていない。それは現代の学者の課題なのだろう。

宗教に関してウェーバーは、太平が、ユダヤ教・プロテスタントには友好的だが、カトリックと高教会(アングロ・カトリシズム)には敵対的だったと正しく指摘している。太平は聖像や聖母崇拝と、芸術的絵画表現とを区別せず、それらを「偶像崇拝」と見たことが、その最大の原因であったろうが、しかし、「洋兄弟」への態度のみならず、清代を通じて南京に残っていたカトリック教徒に対する弾圧姿勢もなかなか理解し難いところがある。軍事共産主義の規律のリゴリズム、非寛容性がでた側面もあるのであろう。この規律も、クロムウェルのピューリタン派が王党派に優っていたのとおなじである、としているが、彼にはどうも、ヨーロッパ人には、太平天国をイギリス・ピューリタン革命と引きくらべ、ピューリタン軍と比較対比してみると分かり易いという意識があったようである。

イギリス政府は、政治的並びに商業上の諸理由から太平天国に敵対し、太平軍による上海占領を阻止したのであるが、その太平の倫理についてかれは次のように総括する。

それは、「千年王国論・オルギア的要素」と「禁欲的要素」（男営・女営の分離や、日常生活の合理的組織化の生活態度が見られたことを指すらしい）、とのひとつの独特な混合であった。この「禁欲的要素」は、他に比類なきものであった。呪術的な偶像崇拝の破壊――これはまさに伝統への革命、破壊だった。天の父は「人格的な」普遍的な「世界神」だった。しかしながら、ウェーバーは、イエズス会ですら容認した祖先崇拝、これは続けざるを得ないことだと見た。太平の教派成員それ自身においてか、それとも、太平支配下の住民においてかは不明だが、祖先崇拝の前に不可避的に拝跪するだろう、また、中国人の「偽善的な正しさ」の強調＝誠実さよりも表面的な正しさ、儀礼主義と言い繕い（自円其説）、多重人格、これらがあり、儀礼主義が増大すれば、歴代王朝と同じくアンシュタルト（国家、あるいは国家教会）による恩寵施配という原理へ立ち戻るだろうと推測した。優れた直感である。これは、延安的な共産党禁欲倫理が、共産党カリスマによる家産官僚国家がすべての恩寵を人民に与えるのだとする家父長制支配原理に立ち戻っている姿（一〇八頁図表）を見るとき、洞察的でさえあるように思える。

ウェーバーは、外国人宣教師によるキリスト教布教は駄目だが、太平はその土着化した一形態であり、正統儒教との決裂で、「キリスト教に近い宗教が中国で成立するための最後の時期であったかもしれない」と、その夭折をいささか惜しむかのように評価したのだった。

西洋的な教権的な宗教共同体である太平天国を含むこのような宗教的な私的結社は、太平天国以後、「大逆罪」に同じくなった。家産官僚制の無慈悲な迫害が都市では成功し、「沈黙する中国」を作り出し、男たちはその苦闘から遠ざかり、人間関係をうまくやっていくことになった。だから儒教官僚制は、権力により宗派形成を極限することに成功した。極限されたこの宗派というのは、ヨーロッパキリスト教世界の異端とは違い、神の顕現の予言、化身のお告げ（神霊の乗り移りによる口伝）か、秘法伝授者（神仙人、悟道者）型の予言者によるものであった。後者の救済条件は、呪術＝秘蹟的、聖的なものか、瞑想・忘我的性質のもので、救拯論的な手段は、真剣に繰り返される儀式、繰り返される練習＝瞑想的習慣（念仏）で、決して「合理的な禁欲」（生活態度）ではなかった。節制を旨とする龍華教――羅教姚門派、オランダの学者デ・ホロート de Groot がアモイで調査した民間宗教、*Sectarianism and Religious Persecution in China*, 1903-04、牧尾良海訳『中国における宗教受難史』、国書刊行会、一九八〇、第七章――でさえ、この瞑想的動機を持っていた。最近知られた「拳匪 Boxers」（義和団）にも「禁欲」というものが欠けていた。これは呪術によって不死身を得ようとしたもので、仏教的救拯論と異端道教的救拯論の折衷である。何も新しい原理を付け加えることは無かったのだとし、さらに注で、これは異国の野蛮人（西洋人）に対する「戦う教会」として設立されたものだが、西太后はこのセクトの呪術カリスマを信じていた、クルップ砲の呪術的性質も信じていた彼ら「異端者」と同じであった――拳匪が呪術的な天恵を受けていることを皇后（西太后）と多数の親王が信じていたことによってのみ、彼女の政策全体（義和団庇護・対列国開戦）が説明されるのだが、この信仰もまた宦官の影響だった（『儒教と道教』二一八頁）、と述べている――。だから、義和団のような邪教徒が「儒教的」政府によって庇護されていたことへの疑問をデ・ホロートは述べているが――デ・ホロートは「儒教清教が異教と一緒だとは、鼠と猫が一緒にいるのだ。これはむしろばかげていることだ」（邦訳四四八頁）と書いている――、この場合見解を共にすることはできない、とウェーバーは反対している。この点はウェーバーの方が正しい。

ウェーバーの『儒教と道教』における太平天国論は、その前節「中国における宗派と異端迫害」と次節「発展の結果」との間に挟まれている。「発展の結果」節は、大衆の日常生活の状態への回帰というか、固着というか、その後の恒常化し凝り固まった中国宗教の姿を描いている。だから、その前に置かれた「太平天国」は、異端宗教の迫害の流れを受け、その後固定化する中国宗教が見せた「最後のチャンス」だと考えられていたことを示している。

中国大衆の日常生活は道教や仏教に影響されたものが重大な役割を果たしていたが、国家祭祀が個人の困窮に気づくことの無かった中国では、個人の困窮と苦難のために役立つ唯一の避難所である呪術が「救済予言」や「土着の救世主宗教意識」によって排除されたことは無かった。大衆に救済的宗教意識の下地は成立していたが、それは、この呪術的なものであり続けた。道教・仏教も在俗者にとって社会学的に決定的な条件、「宗教的な団体形成」が欠けていた――皇帝権力はこれを阻止し続けた――。異端的宗派だけが永続的な共同体を形成した。だから、西洋的な観点からすると、信仰の監督（魂のみとり）、教会規律、宗教的生活規範の手段、これらを「欠如」したのである。それゆえ、民衆的な救済宗教意識は完全に非社会的なものに止まり続けたのである。西洋的な意味で、「合理的な日常行為」へと社会化されなかったのだ、という。太平天国はこの意味で「最後のチャンス」だったのだというのである。

三

このウェーバーの評価は、スペンス『神の子　洪秀全』が明らかにした詳しい「太平天国像」でも、まだ支えられうるものなのか、はたまた、大きな修正を必要とするものなのかという問題にわれわれを導いていくことになる。「最後のチャンス」をどのように理解するかにもよるが、わたしは、やはり「最後のチャンス」に過ぎなかったのではないか、と思う。大平軍が滅んだ後、その宗教は、客家教会やいくつかの例外を除くと、中国社会からは瞬く間に消え去ったのである。いくら弾圧されても永続的共同体として残った異端宗教「白蓮教」と較べてみると、なんと瞬間的かと思う。一八六〇年代以後の国内でのキリスト教布教にともなう反キリスト教の思潮が蔓延したことや、清朝が、広西老兄弟を徹底殺害して、赦さず、撫することをしなかったため、多くの者が棄教したことも作用しているのであろうが、その宗教を人々が内面化し現実化するのには主観的にも客観的にも多くの条件を欠いていたのだと思う。その意味で、「チャンス」でしかなかったのではなかろうか。彼のこのやや大きな期待と見通しの甘さを除けば、ウェーバー「太平天国論」の基本骨格はそう大きな修正を必要としないで良いと判断するのだが、本書やスペンス『神の子　洪秀全』の読者諸氏はどうお考えだろうか。が同時にまた、では、近年人民共和国で信徒が急増し、その活動も活発化するにつれて、いろいろと話題を呼んでいる、その七千万人とも一億人とも云われるキリスト教信者たちの宗教、教会活動は、ウェーバーのいう大衆の「合理的な日常生活」への社会化に向かうのだろうか、という問いを生むことになるだろう。この教会活動に共産党政府は神経質になって、その「監視」と「統制」、「抑圧」を強めている。外国諸国の注視の中で、露骨な宗教弾圧はできないが、本音は、本文が述べてきた皇帝カリスマによる家産官僚制支配の下での異端宗教抑圧とまさに同じ構造を示しているのである。この点については本書第二章（一〇八頁）、『中国の反外国主義とナショナリズム』第七章（三五二頁）で少し詳しく論じておいたが、中国キリスト教信徒の方は、今度は右のような架橋、宗教的な団体形成による自らの自己形成ができるようになるのだろうか。現在の中国のキリスト教会をめぐる問題の本質はここにあるように思われる。

歴史上の太平天国がどのようなものであったかは拙訳『神の子　洪秀全』を通じて詳しく知っていただきたいと思うが、と同時に、洪秀全の太平天国が中国史の中で、文化大革命や毛沢東と重なるように見える点も含めて、どのように考え得るか、あるいは中国歴史の理解にどのような光を差し入れることを可能にするのか、そして世界史的な比較史としてどのような位置と性質を有したものであったか、これらを考えることができるようになってきたと思われる。そうした把握から現在の中国のキリスト教の姿というものを改めて考えて見る良い機会であろう。

そして更には、この太平天国を自分たちの先駆者として称揚した毛沢東中国共産党の社会主義・文化大革命をどう考えるか――ナチス、ボルシェヴィズムの「全体主義運動」（H・アーレント）との共通性と異質性を含めて――、そうした検討の歴史的時期にあるようにように思われるのである。

【付記】この文章は、ジョナサン・D・スペンス『神の子　洪秀全――その太平天国の建設と滅亡』（拙訳、慶應義塾大学出版会、二〇一一）の「訳者あとがき」の中で、新史料の『天父天兄聖旨』を駆使したスペンスのこの本を通して、いま、太平天国をどう考えることができるかということを述べた際に、ウェーバーの太平天国論を一方に置いて論じたもので、その部分に今回少し加筆したものである。前章と関心を同じくする共通のものであるが、此方の方が具体例に即している。時間的にも大分後に書かれたものである。研究が一向に進歩していないのが気恥ずかしいが、再録することとした。

第八章　日本研究・私見
――「『文化』翻訳の可能性」をめぐって

昨日（二〇〇二年九月二八日）午後の、青木保先生（当時、政策研究大学院大学教授）の「グローバル化の中の東アジアと日本研究」と題する記念講演から始まりました今回の国際シンポジウムも終幕を迎えました。このまま終わっても良いのですが、日本側主任教授をこき使うのが日本学研究センターの恒例になっているらしく、最後を締めくくれという指示であります。できの悪い頭で纏めて締め括るのもしんどいことなのですが、最後の「まとめ」の話をさせていただきます。

青木先生の言いたいことを「誤訳」を恐れず、思い切って単純にまとめると、つぎのようになるでしょう。（1）十六世紀以来の西洋化、（2）十九世紀以来の近代化、に続いて、現在、第三の（3）グローバリゼーションが進行している。このグローバリゼーションは、一つのシステムで世界を結びつけるものだが、また、単一のコードで世界を解釈しようとする〈暴力性〉をも持っている。この潮流は社会科学にも変容を迫り、〈単一モデル〉で世界や地域を解釈しようという傾向を強めている。これは、現地語や文化を学んで調査をおこなう地域研究そのものの空洞化を生みつつある。その一方で、グローバル化は、経済格差、文化格差を拡大し、ひずみ・衝突を生みながら進行しており、それゆえに、文化の多様性の擁護ということも主張されて始めている。ここに、「新しい地域研究」の必要性があるのだ。とりわけそれは、現代社会・文化（史）の研究に重点を置くべきで、

①生きた視点、同時代的視点による研究［主体（いま）と対象（過去）とをつなぐ研究］でなければならない
②比較（違いと類似の自覚）を通じた地域をつなぐ研究であること
③個別研究にとどまらず、全体（全体論）とむすびつく研究であること
④外部の視点の尊重、内部の視点の理解――外部と内部の相互性の視点を持つこと

が必要である。ここでは、「つなぐ」という言葉がいずれもキーワードになっていることがお分かりになろうかと思いますが、こうした内実を持ったあらたな地域研究（日本研究、韓国研究、中国研究）を通じて、東アジア国際社会を成立させる、そうした「地域研究」が必要なのだ、というものでした。

また、このグローバリゼーション（地球の一体化）の潮流の中で、東アジアは歴史上はじめて共通の文化的〈場〉を持ちはじめたことも指摘されました。つまり、東アジアの中国・韓国・日本は、その社会と文化の歴史的性格を異にしたため、近現代においては相互理解に欠ける側面（不幸な歴史）を持ったのですが、冷戦終結後の平和的状況とグローバリゼーションの進行の中で、はじめて他者理解が可能になる基盤が形成されつつあることが指摘されたのでした。しかし、経済や技術の伝播は比較的容易で表面的には共通化を深めても、〈文化〉においてはどうでしょう。大衆消費文化は、ますます共通なものになるでしょうが、長い歴史性をもって培われてきた〈文化〉、〈政治文化〉のあり方はその〈言語〉とともになお固有性、ナショナリティを主張し続けている側面を無視することはできません。異質性の理解、異文化理解は長い時間と努力をかけた交通と交流を経て、次第に〈理解〉の域に近づくのでありましょう。その意味での困難さをはらみつつも、進むべき方向性（その道に横たわる「誤訳問題」も含めた諸問題）がパネルデスカッション「文化〈翻訳〉の可能性」で指摘されたのではないでしょうか。

厳安生氏（北京日本学センター）は、中国近代の林紓・厳復から始まる西洋文学・学術の漢語訳の問題から続いている漢語翻訳の問題点を指摘されましたし、森本哲郎氏（評論家）は、文化の違いこそ翻訳されるべきものであり、「誤

訳」をはらまざるを得ない翻訳は、自己文化の創造力なのだ、と語られました。韓栄恵さん（韓国ハンシン大学）は、他者理解はまた同時に自己発見ではないか、と鋭く指摘されました。羅紅光さん（中国社会科学院）は、インドの〝発展〟をめぐって、当該地域の生活や文化という土壌を置き去りにした〝発展〟概念の理解が問題なのだと指摘し、中国人は〈他者意識〉がほんとうにあったのか、と鋭く問題提起されました。それぞれ広い視野からの問題提起でありました。講演者、パネラーの皆さんの内容の深い発言に素人の私などが余り口を挟まないほうが宜しいのですが、立場上、一言コメントさせていただきながら、終わりにしたいと思います。

人間のコミュニケーションそのものが個体的偏差を含んだものとしてしか可能でないわけでありますから、そもそも「文化の翻訳」とは「他者理解」そのものにほかならないと言えます。意味体系（システム）としての文化は、言語・宗教・その他の違いによってそもそも相互の異質性を「歴史以前」に刻印されているのでありまして、十全に相互置換できるものではないのです。出来得ることは、できるだけ当該「文化」のコンテキストに即しつつ、自己の文化体系の中に移し変え、他者を「理解」すること、相互の〈違い〉を自覚化させつつ「理解」させることでありましょう。その双方向、多方向における蓄積が相互理解を可能ならしめるのでしょう。その可能性は、グローバリゼーション――人と物、情報の瞬時の移動――のみならず、「類」としての人間（ホモサピエンス）において開かれてあるのだ。このことを信じる以外進みようはないでしょう。

で、〈日本研究〉のユニークさについて少し触れます。私は、日本研究は世界史的に見ても面白い研究領域であると思います。〈ヨーロッパ〉とは、簡単に言ってしまえば、かつてローマ帝国だったところであり、したがって、ローマ法とキリスト教がその文化的基礎にあるわけで、比較的まとまった文化的基礎を共有したユニットをなしていましょう。それは、イスラム帝国やモンゴル帝国との緊張・対立の中で求心性をより強めて自覚されるようになったのでした。ところが、東アジアの中で、日本だけは中華帝国、モンゴル帝国の支配下に入ったことがなかったのです。

その歴史と文化の発展はむしろ西ヨーロッパのそれと並行的で、日本語という言語の表記に漢字を借用し、さらに「かな」という独特の表記法を生み出し、「封建制」社会の発達を経たのでした――中国にはヨーロッパ・日本的な意味での「封建制」はありません――。昨年私は始めて韓国の農村を訪れました。その時、韓国までは何とか儒教的と言ってよいと思いますが、半島から先、つまり日本については、これは儒教以前の世界、言い換えると森と神道の世界だという印象を強く受けました。古代の民俗の領域がまだ文化の基層に残っている森林と神道の島々という印象です。この判断はいろいろ問題があることは承知の上で申し上げているのですが、韓国を中間項においてみると、私が研究している中国、その上層文化である儒教の「合理的」世界が吸い込まれ消え行くところのように見えました。韓国の農村に林立するのがキリスト教教会であるように、儒教の合理性の上にはキリスト教がふさわしいのかもしれません。日本にはキリスト教は根付かないでしょう。

日本研究の面白さは、日本人であるわれわれ自身が日本をどのような座標軸で、あるいは切り口で捉えたらいいか、まだ十分には達成しえてはおらず、霧の中にいるように、一つの軸＝「内なる視点」のみでは捉えきれないところにあると思われます。自己アイデンティティの揺らぎといってよいでしょう。日本語の起源がどこにあるのかが今なお強い関心を集めているように、日本文化の孤立性と雑種性・重層性が指摘されて久しいものがあります。しかしこのことを逆に照射しますと、われわれ中国研究者としては、漢語の世界そのものもある種の孤立性を持っているのであり、その支配力からベトナム、朝鮮・韓国も離脱することによって――モンゴル，新疆、チベットは漢語の世界ではありません――現代の東アジア世界が形成されたとすれば、漢文化（中国文化）そのものをも相対化してみる必要があるでしょう。このように「相互性の視点」が大切なのではないでしょうか。

第二日目の各分科会での熱のこもった報告と討論、つまり、個別専門的日本研究については、先ほど各分科会からの報告にあったとおりです。それらを全体として論評する能力はありませんので、触れませんが、一点だけ申し添えます。

「日本」という実体に内在する本質性を剔抉する、あるいはその本質＝日本を日本たらしめているもの、へ到達することを目標＝ゴールとして、できるだけそれに近づこうとする知的作業、これを本質主義といってもよいのですが、そうした個別専門研究は、そのアプローチの仕方とその成果自体が、その時代時代の諸状況の相関性――青木先生の言葉を借りて言えば、相互交流という動いている場、全体論ということになりましょう――のなかで開かれるべき認識像としてなければならないのだ、という自覚が必要でしょう。

日本学研究としての日本文化論・日本社会論などは今後ともいろいろな形で論じられ続けるでしょう。それはまさに「進化」(evolution) としてしか言いようのない形で進むのだと思います。また、本センターが理念としてもつところの「中国における日本学」の成熟にとってもそれは避け得ない傾向でしょう。それは、日本の社会・文化が複雑系・雑種系・重層系であること、つまり文化の古層と新層、新新層の複雑で重層的な絡み合いをもったシステム的展開を見せること、に起因します。〈日本〉は、グローバル化というような国際社会の複雑な展開局面のなかで、今後もその自己相を変化させながら遷移 concession していくものとしてしかない存在であるからです。中国文化のシンクレティズムは、異質な材料を異質のまま中華鍋に放り込んで火を通してからめて、はい「中華料理」という中華鍋的なものですが、日本文化のそれは、「消化」(青木氏の用語)、つまり、外来のものをひん曲げ変質させて、元来のものと接続させなくしてしまう、「日本化」ともいうようなものらしい。だから、それは自己化のある強さでもあるわけですが、こうした日本文化の強さと弱さを同時に見極める必要があるでしょう。そうした課題が浮かび上がってきたのではないでしょうか。「中国における日本学」が、この課題に積極的に取り組む契機になれば、本シンポジウムは大きな意義を持つことになるでしょう。

ここに多くの皆さんの出席を得て、成功裏に閉幕を迎えられることをともに喜びたいと思います。このシンポジウムのために後援、協賛、援助、協力を惜しまれなかった各機関および諸先生方、そして大会を陰で支えてくださった教員・職員諸氏・学生の諸君の協力と援助に深く感謝いたします。

最後に。かつてマックス・ウエーバーは、その講演『職業としての学問』を、イザヤ書を引用しつつ、救いの日々を望み続けたユダヤ人の悲哀をそそる運命を述べながら、「待ちこがれているだけではだめで、仕事にかかろうではないか」と締めくくりました。このシンポジウムで浮かび上がってきましたこのような大きな課題を前にして、私たちも明日からまた、「仕事にかかろうでありませんか」、と呼びかけて、閉幕の言葉にいたします。

【付記】この文章の原掲載誌は、北京日本学研究センター『日本学研究』第十三期（二〇〇三年一二月、外語教育与研究出版社、北京）である。原稿は二〇〇二年九月に北京外国語大学で開かれた国際シンポジュウム「進化する日本研究」（北京日本学研究中心主催）の「パネルデスカッション」の最後に日本側の「主任教授」として締めくくりの話（「総括――シンポジウム「進化する日本研究」を終えるにあたって」）をした時のものである。グローバリゼーションと地域社会・文化の問題は最近のイギリスのEU離脱の国民投票でも問われた問題である。当時は、脱北者の北京日本人学校への亡命問題などがあったが、日中国交正常化三十年の年に当っていて、日中、日韓関係はまだそう冷却していなかった時代の国際シンポであった。その後、二〇〇四、五年頃から反日デモが起きたり、二〇〇八年の北京オリンピックの騒ぎなどで次第にギクシャクし始め、冷却化していったが、その前の段階の雰囲気で「東アジア」が語られている。その後の、尖閣諸島国有化問題や慰安婦問題で生じた日中、日韓関係の「相互不信」感はすぐには良くはならないだろうが、少しの懐かしみを込めて再掲することにした。

第九章　私の中国「歴史」研究と「現代世界」

最終講義をしろということですので首を洗って出てきました。本当は何もせずに大学を静かに去った方が良いのですが、同僚たちからやってもらわなくては困る——次年度以降の人がやらなくなる——というので、仕方ないからゼミ形式の格式張らない形で、ということになりました。テーマは私の所属が共通講座「現代世界論コース」ですからそれをくっつけただけです。しかし、「私の異端的東洋史研究と現代世界」とでもした方が良かったかもしれません。「歴史」というのを何で知るのかというと、自分が生きていなかった時代に生きていた人、親とか祖父母、先輩とかから話を聞くことで、自分の生、意識よりも前の出来事を知ることで始まる。それが「歴史」というものとの繋がりの意識の始まりらしい。かつて中国に『人到中年』という小説がありました。映画にもなりましたが、文化大革命十年の話です。こうしているあいだにもう中年になった、という意味です。それを捩《もじ》って言えば「人到老年」です。同僚の中川君から「先生、もう老人ですよ」と言われて、自己意識との差に啞然としました。ですから、今日は「老人」の話です。若い皆さんはよく知らない話ですから、「歴史」なのでしょう。私が若いころお目にかかった当時の老学者先生たちの話です。歴史（歴史学の歴史）としてすこし身近になって参考になるかもしれません。

世代論風に言いますと、私はフォーティ・ナインナーズ（四九年組）になります。もともとはカリフォルニアの金発見（一八四八年）の翌年に金探しに殺到した一旗組を言いますが、ＵＳＡのフットボールチームにもあります。日本では一九五〇年の朝鮮戦争組と区別して中国革命世代と自称しました（「些細な違いのナルシシズム」です）。いわゆる「団塊世代」ですが、世界史的にも、アメリカでも「ベビー・ブーマー」と言い、ドイツ、イタリアなどでもこの世代が目立ちました。第二次大戦が終わって兵士たちが帰国した後に生まれたこの世代はいろいろと問題を起こしたからです（「赤い旅団」など問題も多い世代です）。少し変な歴史的位置に置かれているようです。私の家庭も日中戦争に駆り出され、五年間大陸に行っていた父親（一九二〇年生）が帰国して結婚して生まれた子供ですから、戦争の臭いがまだ残っていました――家族史や個人史についてはまた書くこともあるでしょうから略します――。と同時に、私が福島県の片田舎の村で生まれた時に、北京では、毛沢東が天安門の上で「人民共和国成立了」とやった訳ですから、まあ中国と縁が無かったわけではなかったらしい。田舎の村には満洲から引き揚げてきた家、戦後新たに開拓に入った家、ブラジルに移民に出た家などもあり、大字部落の共同墓地にはずらりと戦死者の新しい墓が並んでいました。雰囲気としては戦争の傷跡がまだ色濃かった。私は幼稚園に行きませんで、田舎の田野で遊び呆けていたのですが、幼いころ真空管ラジオから流れるＮＨＫラジオの「尋ね人」という番組をよく聞きました。「昭和二十年、南方ニューギニアの〇〇にいた、××部隊の某某の消息をご存知の方、お知らせください。」「満洲牡丹江で昭和二十年×月、〇〇開拓団にいた△県の某さんの消息を探しています。」というような言葉を聞いて育ちました。それがどういう意味なのかは親が教えてくれましたが、深刻な印象を残しました。

少し歴史の勉強をしてみようと思い始めたのは、高校二年（一九六六年）の時からです。白河の関のある県立白河高校に入りましたが、ここで「戦後歴史学」を体験します。世界史を担当することになった坂本宜夫先生と羽仁五郎の影響です。日本史は元近衛兵だった北川先生でしたが、井上清の『日本の歴史』（岩波新書）などを読み始めていた生意気な学生はその歴史観に反発しました。坂本先生はまだ若く、近くの農業高校から転任して来て二、三年目で、進学校だから、生徒も少しは違うだろうと気を入れて世界史を教え始められたようです。最初の授業で、人間の発達における「労働」の役割などをエンゲルス張りの論を話されました。保守的な福島県の当時の田舎の高校では、マルクス主義とか唯物史観とかは「アカ」だからと、禁句に近かったから（今でも）、マルクス主義などという固有名詞は出しませんでしたが、「理論」味があって「新鮮」だった。世界がパッと開けた感じですよね。それで、歴史や社会科学の本をアット・ランダムに読み始めました。そんな中、当時三省堂が高校生向けに『学生通信』という月刊か旬刊の新聞を出していまして、それが図書室に数部置かれておりました。そのある号に羽仁五郎のインタビューが載っていまして、天皇制の問題だったと思うのですが、えらく歯切れのいい議論をしているんですね。田舎の高校性には目の覚めるような論です。昔から戦争や貧困の問題を考えざるを得なかったこともあったのでしょう。世の中にはこんな議論をする学者もいるんだ、と驚愕したわけです。何か新しいものの見方を教えてくれるような、学問の臭いといったらいいのか、そんな「ショック」を受けたことをよく覚えています。羽仁五郎は東京へ出てから何度か講演を聞きましたが、いつも切れのいい話でしたね。ああいうのを大秀才というんだろうね。それで田舎で羽仁五郎の新書の類を読みました。一番おもしろかったのは『ミケルアンジェロ』ですね。これは学徒出陣した大学生も持って行ったというものです。世界史の授業で最も印象に残っているのは「封建制から資本主義への移行」「原始的蓄積（イギリス）」です。後年、何十年ぶりかで先生にお会いしたとき、お聞きしましたら、東北大で吉岡昭彦のところでイギリス近代史の論文で卒業し、教員になったと言われました。長年の疑問の一つが氷解したわけです。当時、大塚久雄編『西洋経済史講座――封建制から資本主義への移行』が出ていましたから、それ張りの授業だったことが分かります。吉岡氏は大塚さんの弟子です（のちに大塚さんと論争をしました）。岡田与好さんが福島大におられたのではないかな。まあこんなふうに大塚史学のジュニア版の洗礼を受けたわけです。これはマルクス・ウェーバー問題なのでしょうが、まだウェーバーはまるっきり視野に入っておりません。

一方、羽仁五郎の方面からは、芋づる式に三木清とか野呂栄太郎とか、大内兵衛の名が出てきますし、弟子筋として井上清、遠山茂樹、林健太郎などという名が出てきました。井上清と三木清は少し読みました。読書はマルクス主義的になりました。ニーチェなんぞも文庫本を開いたらしいが、到底わからなかった。そうした中、「一〇・八ショック」が起きました。一九六七年一〇月八日、ベトナム戦争最中に訪越しようという佐藤栄作首相を阻止しようとした三派全学連のデモが蒲田弁天橋で機動隊と衝突、京大生の山崎君が死亡するという事件です。京都からやって来た山崎君の遺品の中には難しい哲学書などがあったと報じられ、全国の若者に「殉教者」のように受け取られたのです。私も、京大生はこんな本を読んで勉強しているんだ、と別な意味の「ショック」も受けました。皆心穏やかではなかった。これを「一〇・八ショック」と言います。これから学生運動が高揚していきました。田舎の高校の生徒の中では遠くの空の彼方の出来事だったようですが、私にはショックでしたね。だから受験勉強に専念という訳にはいかなかったのでしょう。受験には失敗、東京で浪人生活です。しかし世は騒然としておりまして、心静かに勉強という訳にもいかなかったようです。都内の大学祭で羽仁五郎が良く出ていて――ちょうど『都市の論理』が出てベストセラーになっていた時期でした――、何度か聞きに行きました。これが道を踏み外した原因の一つだと思います。

私の高校は進学先として二つに分かれます。一つは坂本先生のように北行して仙台の東北大に行くか、もう一つは東京に出るか、です。私も仙台に行って真面目な学生生活を送って、地元の高校の先生にでもなっていたら、また別な人生を歩んだでしょう。がどうも、羽仁五郎や岩波文化などのきらびやかさに眼がくらんで、東京に出てきたのが運のつきでした。

ところが、この年はベトナム反戦運動、日大闘争、東大闘争の真っ盛り。国立大学も、東大（医学部処分問題）、東京教育大（筑波移転、廃校）、東京外語大（日新寮問題）がワースト3と言われました。年末に翌一九六九年の東大・教育大の入試が中止になりました。途方に暮れたわけですが、何とか首が引っ掛かったのが横浜市立大学でした。遠山茂樹さんの名もありましたし、奥浩平『青春の墓標』（最近復刻されました）も読んでいましたし、もう浪人出来ない身でしたから、ここに入りました。

入学した直後の四月二八日の沖縄デーの返還闘争から、デモに行きました。その後は大学紛争です。入学してすぐ、大変印象深い出来事に出会いました。横浜開港記念館での革共同の集会に行きましたら、講師が荒畑寒村氏だったのです。杖をついて和服姿で出てきた荒畑氏は、反戦運動に関連して日露戦争の頃の話をしたと思うのですが、その中で「幸徳君は」とか「堺君は」とやるのですね。驚きました。教科書で出てきた幸徳秋水や堺利彦（枯川）を「××君」と呼んで、そこいらに居るかのように話すのです。建物も古かったからでしょう。急に明治にタイムスリップしたような錯覚に陥り、歴史の教科書に出て来るような人が突如として現在化した不思議な感覚に囚われたのを鮮明に覚えています。ですから大学の授業ではあまり勉強していません。ろくに授業に出ませんでしたから、学力はないのです。西郷信綱先生の文学概論だって半分くらいしか出てなかったでしょう。今ではもったいなかったと思いますがね。かつて竹内洋氏（教育社会学・当時京大教授）に、君ら紛争世代は語学力が無いから駄目だ、と言われましたが、大いに納得しました。大学で語学にしろ、古文書にしろ、技術的なことをきちんと習得していないのが最大の欠点です。その勉強しなかったツケが廻ってきているのです。勉強は研究会や独学での読書です。当時は、杉浦民平は月間一万頁の読書を自分に課したそうですが、私らはせいぜい三千頁でいいだろうとしました。乱読ですが、まあ本読みをやりました。

読んだのは当時の左派学生の必読文献というようなものがあって、それを中心に読みましたが、一番影響を受けたのはやはり吉本隆明でした。これで前衛神話から切れて、また「大衆の原像」論などでもって戦後知識人・大学教授を相対化することができたのです。わたしたちの世代は何らかの形で吉本氏の影響を受けているのですが、私は思想や文学の方にはいかず、社会科学の方に傾きました。大塚久雄、宇野弘蔵、平田清明などの経済学、哲学では広松渉、ポンティの現象学など、そして丸山真男、マックス・ウェーバーなどの乱読です。きちんと指導を受けて本を読む習慣はなかったな。マルクスやレーニン、トロツキー、ローザルクセンブルクなどは共同通信社に行った友人たちと一緒に読みました。

学生運動やらその他のことは省きます。まあそんなで、余り循良でない学生生活を送って、いよいよ卒業論文を出さなくてはならなくなりました。四年生の初めから商学部に居られた田中正司教授（後に一橋大学教授、J・ロック研究で著名）のゼミで『資本論』を読むというので出させてもらっていましたので、その辺りで書くことにしました。藉は文理学部の東洋史専攻というところに置いていましたが、まともな「東洋史」を勉強する学生ではありませんでしたので、「マルクスにおけるアジア的生産様式概念の成立と展開」という論文を小島晋治助教授（太平天国研究家）に出して卒業しました。当時、『経済学批判要綱』の翻訳が出たばかりでしたし、『資本主義的生産に先行する諸形態』（フォルメン）で、アジアにひっかけて書きました。まあ当時、望月清司さんの「マルクス歴史理論」の研究が出て、すこし話題になっていたテーマではあるのです。中国語は伊東昭雄先生の授業ですが、出席していませんでしたから、発音は全然だめです。高校から日本育英会奨学金で学校に行っていた貧乏学生で、当時やっていた学校宿直のアルバイト先でNHK中国語講座の藤堂先生の口真似をして発音を少し練習しましたが、駄目ですね。東京外語の学生はきれいな発音だと褒められますが、私はダメです。卒業後に、週に一度、伊東先生に『毛沢東集』（竹内実編、蒼蒼社刊）を仲間と一緒に読んでいただきました。「体育の研究」や「中国社会各階級の分析」などを読んだ記憶があります。

まあこのように、一九四九年の中国革命から始まって、六六年の高校生の時に文化大革命が起きてきましたから、中国に縁があったのでしょう。文革については、なんだか良く分からないのに、『中央公論』の特集号などを読んで「高校新聞」に記事を書いたりしていました。間もなくベトナム反戦運動が起きてきました。そして大学闘争ですが、私の活動歴は一人のノンセクトの活動家というぐらいでしょう。その辺りはご勘弁願うことにして、少し違っていたのは、暫く造船所などの労働者運動に首を突っ込んだという点でしょうか。これはものを考える上で学生特有の観念的な軽薄さではなく、少し落ち着いてもの考える傾向を与えてくれたように思います。

こうした中で「戦後歴史学」と接触したわけですが、その性格について考えてみます。歴史学は社会科学か、というのは大きな問題ですが、当時は大体みなそう考えていた――歴研派・マルクス主義が主軸だったからね。外語大に来た当時、増谷英樹教授などもそう言っていた――。「科学的だ」というのが第一点（戦前の皇国史観の極端な主観性に対抗してでしょう）。もう一つは未来への目的意識。市民革命（大塚史学流の近代化、市民社会の成熟）か、あるいは日本における社会主義革命かを目指す意識が暗黙の了解として底流にあったように思います。それは軍国主義と戦争への反省を共通の基盤にしていたからです。戦争の悲惨さを生んだ「歪んだ近代日本」を何とか是正しなければならない、「やり直しが必要だ」という共通意識でした。第三に、歴史の法則的把握です。歴史の意味ある統一的把握の一種ですが、マルクス主義の世界史発展公式＝法則的発展段階論か、近代化論かにかかわりなく、進歩史観（進歩信仰）が共通にあり、段階論と類型論（ウェーバー）がそれなりにうまく接合していたと言えましょう（マルクスとウェーバーで、マルクスかウェーバーか、ではなかった）。第四に、「階級」と「民族」がキーワードだったといわれる。それは帝国主義（あるいはそれと密接につながった支配階級）と、その対抗勢力として構想せられたもの（階級、民族）が思考の軸を作っていたからでしょう。「民族」というのは戦後米軍・アメリカ「支配」下にあった日本での「独立」志向を示していたのでしょうが、私が大学に入学した一九六九年頃には米軍のベトナム戦争に協力する日本政府・日本支配層・経済界という問題でしたから（産学協同反対）、「民族」はほとんど問題になりませんでした。日共系の民主青年同盟は『祖国と学問のために』という機関誌を出していましたが、私は「祖国」など真っ平御免だ、「学問」など帝国大学がやることで、私ら大衆化された大学生は、世界にも、社会にも、大学にも、大いに「不満」だったのですから、違和感がありましたね。「民族」は大日本愛国党の赤尾敏が街宣車で宣伝するものとしか思えなくなっていました。いつから「民族」は右翼の専売になって、歴史学で有効性を持たなくなったのでしょう（六〇年安保頃ですかね）。第五は、構造的把握を重視することだそうです——歴史は下部構造、経済構造の内的発展に沿って発展するとされておりましたから、経済構造を重視する、従って経済史研究が重点だったと言っていいでしょう。東大の西嶋定生・田中正俊教授を代表とする東洋史もまさにそれでした。戦後歴史学はこれら一から五までの諸要素が結び付いた歴史把握・認識だったと言って良いでしょう

二宮宏之先生の整理によりますと、科学主義と一国主義への収斂、主軸は普遍的なものとしての経済に置かれていた。マルクスであれ、ウェーバーであれ、これら「理論」と近代歴史学の伝統である「実証」との幸福な結合だったと表現しています。が、私は実感としてこれが良く分からないのです。まずマルクス主義への信頼ですが、認識手段としてあるいは社会科学的な思想としては優れたものとして勉強したのですが、それがそのまま現実化する（できる）とは思っていなかったのです。この辺りは、スターリン批判、パルタイ信仰の終焉、毛沢東思想・文革への違和感——西欧風マルクス主義で勉強した私は毛沢東思想にはどうにも馴染めなかった——などと相まって、信頼が無かったからです。後にある先生が回顧的に、自分も理論的に好都合な史料を捜し出して論を立てる傾向があったと話されたことがありましたが、理論と言いますか、認識枠——中国社会主義革命の成功をどう弁証するかという意識——が先行していたと思いますね。その意識性は日本近代＝今の日本社会の歪みの克復という使命感だったのではないでしょうか。今の日本社会を全的に肯定し賛美する「右翼」「保守」の立場からは、「自虐的」と批判されるわけです。どういう「日本」にしたいのか、ありのままの日本か、あるべき日本か、ザインとゾルレンだね。分岐はそこら辺のようです。

この戦後歴史学の終焉は何時のことになるのか、という問題です。一九六〇年代末という人がかなりいますが（小谷汪之、二宮宏之）、私の実感では実態的にはもっと後だと思います。ピークが六〇年代でしょう。その総決算が岩波講座『世界歴史』だと思います。これは六九年から出版されて第三十一巻の総目録が出されたのが七四年一一月ですから、七〇年代前半までは社会的には大いに効力を持っていたはずです。お手元の資料は『岩波講座』の中国近世史、近現代史の論文名のリストですが、これを作成した私の総目録巻は八〇年二月の第三版ですから、この頃まで生命力はあったということでしょう。奇しくも、私が大学に入学してから大学院で単位取得するまでの期間に当たります。

戦後歴史学の、それに先立つ課題、問題意識として戦後日本の立て直しの方向を定めること、そしてそれに寄与すること、を掲げたことからわかるように、戦前の主観的・神話的に歪められた皇国史観の虚偽的な歴史像を否定し、「科学的」に再構築することに在った訳で、それゆえ「ネーション」の物語にならざるを得なかった。その「科学性」を保証するものとして復権してきたのが一九三〇年代に学問的に定着しつつも、その後弾圧され、日陰に追いやられた「マルクス主義」だった。「科学的」の看板は独占的、権威主義的だった。「獄中十八年」ではないが、マルクス主義は抵抗神話としての権威をもち、パルタイ（共産党）の前衛神話と併行したのです。だからかなり強靭だった。これを打破するのが戦後思想の一つの課題だったが、一つは前述した吉本隆明のやり方です――国内でほとんど一人で自力でやったのはすごいと思いますね――、歴史学でこれを行ったのは、日本の当時の政治、精神的状況と関係の薄い「留学組」が中心だったのは面白いと思う。呪縛が無かった、あるいはそれに代わる権威が外国にあったからだと思います（後述）。

とくに日本史研究はネーションの物語にならざるを得なかったのはお分かりになるでしょう。私が影響を受けた「民衆史研究」も、底流に「もう一つの日本近代」（ネーション）のあり方の可能性を発掘しようとしたものだったのではないでしょうか。西洋史研究は、そうした今後「あるべき日本」のお手本を捜し出す研究との性格を持ちました。

大塚史学が盛行した所以はその辺りに在ったでしょう。間もなく欧米でいろいろな論争が起き、「アナール」や「下からの歴史」の歴史研究がでて来ますと、影響を受けて大きく変容します。二宮宏之さんや阿部謹也さんが代表ですが、「社会史」を掲げて一つの流れが出てきます。日本史研究でも網野善彦さんが出て来ることになりますが、私は網野さんの研究が出現し受容されていく文脈は詳しくありません。西洋史と同じく、ある限界が感じられるようになったことを背景にしているのでしょう。しかしでは、東洋史、中国・中国史研究はどうだったのでしょう。

「東洋史」アウトサイダーである私にはその史学史をまとめる資格などないのですが、それは、戦前・戦後の日本の「さま（有様）」を照らす「鏡」としての「アジア」「中国」を捉える作業といったらよいのでしょう。植民地を脱し独立を勝ち取ったアジアの民族主義運動、革命を成し遂げ社会主義を建設しつつある中国、「北朝鮮」、その栄光に「日本」を照らさせようという意識です。竹内好がその典型だと思いますが――彼の『魯迅』は良い作品だと思いますが、世評が高い中国についての彼の論に私はどうも馴染めなく、丸山真男も含めて皆が、最近は中国の孫歌なども、誉めるのだが、なぜ良いのか一向に理解できないのです――、進んだ中国、遅れた日本、という逆説的な形で近代日本批判を目指したわけですね。ですから中国史研究のパラダイムは、戦後歴史学の問題意識に加えて、日本はどうして中国に敗れたのか、中国革命はなぜ成功したのか、を明らかにすることに迫られ、戦前の中国研究に対する全面的な否定と、中国共産党・毛沢東の説明＝つまり「毛沢東史観」を無批判的に受け入れ、その線で歴史を研究し説明するようになりました。これが問題を引き起こすことになります。

話を分かりやすくするために図示しますと、次頁のようになります。

さて、この図の中で、私はどんな位置にいるかといいますと、師匠筋から言いましても、最も左の非代々木系・親中国系の先生方の下の方から出てきたのです。早大の新島淳良氏（二八年生）は文革期に華々しく活動され、大量の

〈図表Ⅳ〉

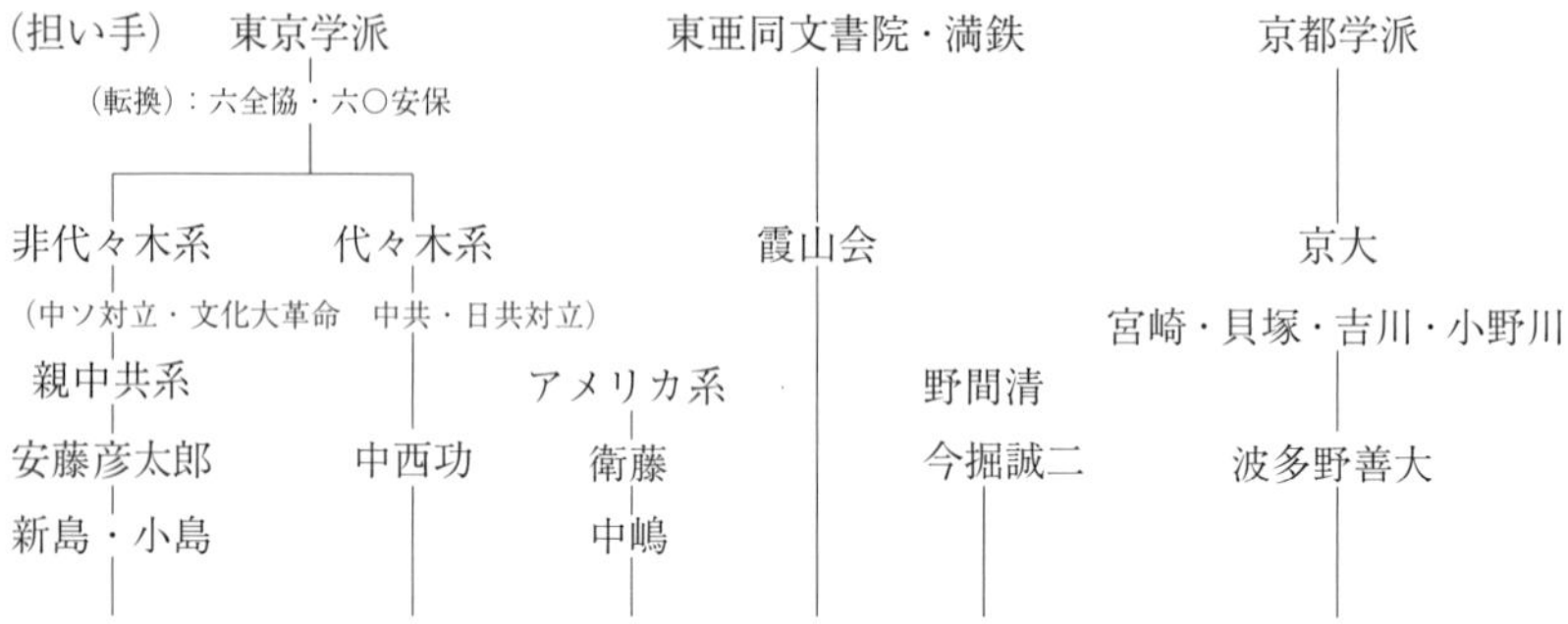

西順蔵（1914）、増淵龍夫（1915）　高橋幸八郎（1912）、大塚久雄・遠山茂樹（14）　家永三郎（13）
田中正俊（1920）、衛藤瀋吉（1920）　柴田三千雄（1926）　色川大吉（1925）
新島淳良（1928）、小島晋治（1928）　二宮宏之・遅塚忠躬（1932）、安丸良夫（34）　鹿野政直（31）
森正夫（1935）、狭間直樹・石田米子・久保田文次（36・37）　阿部謹也（1935）
・・・　（オールド・マルキスト）・・・・

文章を書きました――その対抗馬が本学の中嶋嶺雄氏だったとも言えましょう――。新島さんは後に山岸会に入ったように、「共産主義」が好きだったようです。中嶋氏の『現代中国論』は正統的なマルクス主義の観点から分析しています。両人とも知っていますが、体質が違うのですね。安藤彦太郎氏（一七年生）も日中学院の関係で少し知っています。そこに出ている色々な人についてはちょっと置いて、私の先生筋の話をします。

私は大学院で中国古代史の増淵龍夫先生のゼミと、中国思想の西順蔵先生のゼミに居て勉強しました。増淵さんは一九一五年生まれ、西さんは一九一四年生まれです。敗戦の時は三十歳前後の世代ですね。ともに兵隊経験があります。西さんは京城帝国大学に居ましたから、西洋史の高橋幸八郎さん（一九一二年生）と多分ソウルで一緒だったのではないでしょうか。増淵さんは上原専禄さん（一八九九年生）の弟子で、ドイツ中世史からの転向です。ですからウェーバー流のところがあり、マルクス派的なところのある西嶋定生（一九年生）と論争になりました。二人は大塚久雄（一四年生）、遠山茂樹（一四年生）、家永三郎（一三年生）などと同世代です。これらの戦後歴史学を担った人たちは大体軍隊経験があります。これは大事だと思いますね。軍隊は前近代的な厭な日本の縮図みたいなところですから。私の父親の世代に近いのが田中正俊（二〇年生）、衛藤瀋吉（二〇年生）です。田中さんは学徒出陣組。衛藤さんは広島の被爆経験者です。色川大吉さんは二五年生まれですが軍隊経験があります。柴田三千雄さん（二六年生）も数か月兵役があるようです。つまりこれらの戦後歴史学を作った人々は何らかの形で兵隊・戦争経験があります。文学でいう野間宏・埴谷雄高らの『近代文学』派に相当するのではないでしょうか。

その次の世代が、一九四五年終戦時にまだ旧制高校生だった人たちです。戦後に大学に入ったり戻ってきたりした学生運動家たちです。堤清二や読売の渡辺恒雄、安東仁兵衛、など、中国研究では新島淳良、小島晋治などになりましょう。その後、文学では第三の新人といった人たち（吉行淳之介、遠藤周作、安岡章太郎）が出てきますが、これは前世代に比べて少し明るい感じがしますね。個人主義的な匂いもします。これに相当する歴史学の世代が、二宮宏之、遅塚忠躬（共に三二年生、高橋幸八郎氏の優秀な弟子三羽烏）、安丸良夫（三四年生）、鹿野政直（三一年生）、阿部謹也（三五年生）らです。この世代は小中学生ぐらいで終戦を迎えていますから、兵隊経験はありません。彼らは戦後の占領下の混乱の中で育ちましたから――「六・三制、野球ばかりがうまくなり」ですか――、かなり自由なのかもしれません。ですから、切っ掛けがあれば硬直気味のマルクス主義的な戦後歴史学から抜け出し易かったのかも知れません。それに比べますと、東洋史の森正夫（三五年生）、狭間直樹（三七年生）、石田米子、久保田文次（三六、三七年生）などの世代になりますと、五〇年代、六〇年代初期の戦後歴史学の高揚期に高校大学で勉強しましたから、「戦後歴史学」流のオールド・マルクス主義的な研究者と言って良いでしょう。そして六〇年安保の時代ですから、左翼派を形成します。この世代の人を知らない訳ではないのですが、不思議なことに、六〇年安保前後に現れた所謂「安保ブント」のような人々、「擬制の終焉」とともに登場した所謂「新左翼」系統の知識人たちが、中国研究の畑からは出てこないのです。反「日本共産党」は親「中国（共産党）」になるからでしょう。

この世代の中国研究者としては元学生活動家だった中嶋嶺雄くらいになるのでしょうか、中嶋氏は少し上の衛藤瀋吉とともにアメリカ派（共に英語・外国語が出来た）になります。経済学の西部邁、青木昌彦のような軌跡なのかもしれませんが、こういったタイプは東洋史では見当たらないのです。冷戦を背景にした反米・親ソ中のこの陣営に亀裂が入るのは、文化大革命期の中共と日共との路線対立を契機にしてです。日中友好運動も分裂します。これで日共系が離脱、大部分が親中国派になります。それ以前に、冷戦下にアジア・フォードの問題（東洋文庫にアメリカのフォード財団からの資金を導入して中国研究を進めようという市古宙三氏らの計画は、反共産主義・反中国人民に加担することだとした反対運動）がありましたから、アメリカ派は出にくくなっていました。こうして中国研究界は、折からのベトナム戦争にも刺激されて、反アメリカ、親共産中国の姿勢を強めました。判官贔屓もあるのでしょう。この時期の風潮は見てきましたように、戦後歴史学の決算期（岩波講座）でしたから、それを基盤にさらに一層中国マルクス主義＝中共の歴史観に寄り添うようになりました。

戦争経験のある一九二〇年前後生れの世代とこの三五年前後生れの世代が中国・中国史研究の中心になります。間の「第三の新人」が無いのです。わたしの眼には、この二世代が最もマルクス主義・中国マルクス主義を純粋に信奉しそれで中国研究を推進してきた人々のように思われます。中共の歴史観は范文瀾の歴史論が基本線になるのですが、その歴史的背景や政治的意味をあまり吟味せず、べったりと寄りかかったと言って良いでしょう。その辺については、蔣廷黻『中国近代史』（東京外国語大学出版会）の解説で書いておきましたので参照してください（本書第一章で詳論）。大勢に順応して、自立的にものを考えることをしない日本人の習癖だと思います。何症候群と云ったらいいのでしょう。戦前から変わらないようです。東洋史では、宮崎市定先生は別格ですが、戦後歴史学から一定に自立的に脱却し得たのは谷川道雄氏（二五年生）くらいではないでしょうか——兄の谷川雁や谷川健一の影響があるのかはわかりませんが、「階級」ではなく「身分」と品位、名誉、文化意識を問題化したからでしょう――。八〇年代以降（七六年の毛沢東の死後の改革開放以後）、中国の潮流が変わり出しますと、毛沢東史観からの脱却などと言い出して、また総括も無しにすぐにこれに乗り、少し昔のことでもすぐ忘れるのです。

では、私たち「全共闘」世代はと云うとどうでしょう。これは何も生み出さなかった「不毛の世代」だともいわれるのですが、自分の眼から見てもあまり評価はできない世代のようです。私などは日本共産党系から「トロツキスト」と罵声を浴びせられたのですが――その後、ドイッチャーのトロツキー伝を読んでえらく感動しましたが――、多くの院生・研究者は向うの陣営にいたようですね。まだ講座派マルクス主義的な歴史学研究会系の人たちが圧倒的に多かった。私はその所からまずはずれます。次に親中国派ですが、大きく言えば私もその中に入るでしょうが、しかし次第に疎外感を持ちまして、はずれます。中国経済、現代中国、民国史あたりですと研究者相互の垣根は低いのですが、東京では辛亥革命以前の近代史・明清史研究ですと、圧倒的に東京大学の学閥が大学・研究所や東洋文庫、その他を植民地にして権力と権威を持っていましたから、下に見られてお仲間（学派）に入れていただけなかったわけです。加えて、私は社会科学（マルクスやウェーバー）から中国史研究に入りましたから――この点だけは増淵さんと近い――、広松渉、サルトル、現象学、構造主義、宗教学など雑多な読書をしていましたから、どうも「東洋史専攻」の人たちとなかなか波長が合わない。こうして（1）、政治的に、（2）、学閥的に、（3）、思想肌合い的に――これに私自身の狷介な性格も加えるべきでしょうが――、どうも主流と合わない。それじゃ自分の頭で研究するしかないな、と思い始めたわけです。大学院の博士課程に行った頃の話です。

その周縁的「東洋史研究」そのものの経緯について話します。一九七四年に「出戻り」で（一旦学部を卒業し社会に出てから）、大学院に入りまして、勉強を始めました。一橋の社会研究科の西・増淵先生のところです。東北大の金谷治教授は全国的に見ても西・増淵コンビは良いスタッフだと言っていましたから、恵まれていたのでしょう。日本史には永原慶二、藤原彰、佐々木潤之介、安丸良夫、中村正則がいましたから、なかなか知的な刺激を受けました。西洋史は都築忠七、古賀英三郎、ロシア経済の野々村一雄など、学長は都留（重人）さんでした。結構いい先生がいた時期じゃなかったかな。よく勉強した時期ですが、増淵先生の影響はほとんど受けませんでした。古代史ということもあったでしょうが、ゼミは、間もなく無くなって筑波大になる教育大からかなりの学生、とくに野沢豊門下の歴研派が多かったので、まあ仲良くはしていても、大学闘争の後ですから、思想的・感情的になかなか合わない訳です。その中で有望な人だと評価されたのが、増淵先生の後任助教授になる三谷孝氏で、当時博士生でした。さて何を研究するか、と決めねばなりませんが、当時は現代文でやれる民国期の農民運動でもやろうかと思っていました。が、三谷氏が紅槍会研究をやっていて、同年齢の馬場毅氏と対抗しているというのを知って、やめました。小島晋治さんが太平天国ですから、これをやる訳にもいかないので、間を取って「義和団」をやることにしたのです。これが運のつきですね。今もってこの辺りをうろついて研究しているということは、よほどバカなんだと思います。が、やむを得ない事情もあるのです。後で少し触れるでしょう。清末のこの事件を研究するとなると、私の中国語の能力ではどうにもならない。古典語・漢文が出来ないと歯が立たないのです。それで、西先生のゼミに出させていただいて、漢文読みを教わりました。章炳麟や王船山などです。増淵先生も王船山の『読通鑑論』を読んでいましたから、これで何とか古典文を使った研究らしきものが出来そうになったように思いました。宮崎市定先生は、「東洋史は漢文が難しいから、三十歳くらいになって何とか読めるようになる」と言っていましたが、その通りだと思いますね。しかしその頃には頭が悪くなるらしい。基礎になる語学はやはり大事だと思いますね。西先生には大変ありがたく思っています。主ゼミは増淵さんのところでしたが、「君は西君のところだから」と呼ばれるようになりました。西ゼミには代々木系はいなかったから、気が楽でした。この辺りは別の文章がありますので、それに譲ります（「追想―私の「西

研究室」体験」、『西順蔵　人と人間』内山書店、一九九五所収）。

二宮さんに言わせると、この頃、「六〇年代の末から問い直しの歴史学」が起きてきたというのですが、最先端はそうだったかもしれませんが、下流にいた私などにはわかりませんでした。私にも少し目に見えるようになったのは七四年でした。安丸良夫さんの『日本近代化と民衆思想』（七四年）が出て、ドイツ帰りの阿部謹也の「ハーメルン」論文が『思想』に載ったのが七二年ですが、これを西洋史の寮長の中沢勝三氏（前弘前大学）から教えてもらって読んだのが七四年でした。レヴィ・ストロースのところで学んだ川田順造さんが無文字社会の歴史についての論文を発表されたのが七一～七四年です。網野善彦氏の『蒙古襲来』が七四年ですから、新しい傾向が世に現れたのは丁度一九七四年頃だったようです。二宮さんは一九六六年に六年間の留学を終えてフランスから帰ってきて、「階級・民族から社会史」への方向をいち早く打ち出されますが、川田、二宮、阿部はこのように外国留学組で、国内の戦後歴史学の規定的圧力をあまり受けていないのが特徴です。世界の歴史学の最先端でもって新しい歴史研究の動向を学んで、それを引っ提げて戻ってきたわけですから、斬新でした。中でも、阿部氏（上原専禄の弟子）の研究は物語性が豊かで「社会史」として大衆受けしました。しかし、誰もが彼らのように外国で最先端の学問研究ができたわけではありません。国内で地道に研究をやるしかありません。中国には入れませんし、戒厳令下の台湾には行き難い。ことにアルバイト兼業の貧乏院生だった私には眩いばかりでした――阿部さんは西先生の弟子筋でもあるのですが、没後に安丸さんが、阿部さんは学者をするような富裕な家の出でない、と書いているのを読んでショックを受けたね。学者は金持ちでないと出来ないのよね。和田清東京帝大東洋史教授が戦後に、「この頃の学生は貧乏でね（本も買えないのか）」と言ったというが、そうなんだね――。留学組でない点、日本史研究の方には共感できるものがありました。私は民衆史に関心があったので、安丸さんの本が出た時、熱心に読みました。同寮生の故沼田誠君（野本京子氏夫君、駿河台大学）と侃々諤々論争したのを覚えています。私は理屈屋なので、該書の前半の緊密な論理構成が気に入っていたのですが、沼田君は後半が良いというのです。私は学部時代に演劇などをやっていた関係もあるのでしょう、色川大吉さんの演劇性を持った作風が好きでした。しかしそれも、軍隊経験と、五〇年代の山村工作隊の挫折などが色濃く影を落としているでしょうし、網野さんの研究も五〇年代の運動の挫折を抜きに語れないように思います。

大体この二つの傾向によって新しい動きが出てきたように思われます。しかし東洋史学は遅れます。画期の一つは一九七三年の小林一美氏の論文「抗租抗糧の彼方」（『思想』五八四）になるのでしょう。やはりこれも七三、七四年ですね。しかしこれは六〇年代末からのベトナム反戦・大学闘争を経る中で生まれてきた戦後歴史学のパラダイムに対する異議申し立てという性格のものでした。別の視角を、というものです。ですから、私が義和団研究を始めた時、モデルになる歴史研究は安丸さんらの民衆宗教・民衆思想史研究と色川さんの民衆史しかなかったと言って良かった。義和団については歴研派の里井彦七郎氏の研究があったが、公式マルクス主義的で共感しませんでした。一九七六年初めちょうど修士論文を書いている最中に周恩来が死にます。七一年のニクソン訪中、七二年日中国交正常化でしたから、いよいよ文革が終わりに近づいてきた感がしました。毛沢東はこの年の一〇月に死にます。その修士論文の題目が「義和団運動における民衆的世界」というのですから、大体想像できるでしょう。今見ると恥ずかしい限りの論文なのですが、当時は、高校の先生になろうと思っていまして、教育実習などをしながら書いたものですから、問題意識ばかりが先行していまして、学術論文としての細密さ厳格さは今一つでした。つまり、日本史の民衆史みたいなものを中国の民衆運動（義和団などの運動）で何か考えられないか、という問題意識で書いた論文で、ウェーバーの『宗教社会学』、『儒教と道教』や、宗教学・シャーマニズム（エリアーデ）や民話学（ウラジミール・プロップ）やら、呪術などをごた混ぜにして書いたものです。どうもこの辺から伝統的東洋史学の枠をはみ出る傾向はあったようです。きちんとした研究スタイルの増淵先生はあまり評価されませんでした。

ところが教員試験の最終面接で落とされまして（性格が悪いのでしょう、大体面接で落ちます）、やむを得ず、博士課程に入れてもらいました。西先生のおかげです。研究者にはなれると思っていませんでしたが、何とか数年首がつながった訳です。その間に何とか飯を食おうという算段です。高校の非常勤講師（日本史・世界史・政治経済等）をやりながら少し研究の続きらしいのを始めました。当時、義和団研究の最大の問題、謎は、事件発生の時からの論争なのですが、義和拳という武術をやる反外国集団は邪教と言われた「白蓮教」に起源するものなのか、それとも当時清朝政府が推進していた団練政策によって作られた民間自衛の大衆組織（団練）に起源するものなのか、という問題でした。市古宙三、村松祐次、佐々木正哉などを含めて、色々と議論になった問題でした。私も修士論文で触れたのですが結論が出ませんでした。それは、そもそも「白蓮教」というものが一体何なのかが分からないと、正確な議論はできない訳で、議論も始まらないことが分かったということです。義和団の大衆が表出する奇妙な観念と行動（符咒、憑依、刀槍不入の不死身信仰）を理解解読するには、道教や仏教やらが入り混じった民衆宗教（民間宗教）とか、「白蓮教」が分からないと、どうもうまくいかないらしい。それでその方面の本や資料を読み、整理して、博士課程の単位修得論文「清代白蓮教の史的展開――八卦教を中心に――」を書きました（圧縮して『続中国民衆反乱の世界』、汲古書院、一九八三に収む）。当時の雰囲気では歴史研究としては極めて異端的な研究で――非社会経済史的だし、理論的でもなかった、道教研究や仏教研究、宗教研究、文学研究でもない――、後に君の研究は「魑魅魍魎」を扱ったもので、歴史研究などでない、と酷評されるものでした。そういう中で西先生の退官記念の『一橋論叢』（一九七九年三月）に「乾隆三十九年王倫清水教叛乱小論――義和団論序説」を書きました。審査は西先生の後任の溝口雄三さんがされました。この号の溝口さんの「明夷待訪録」論文は良い論文だと思います。この論文が私の処女論文です。その後かなり論文を書きましたが、この論文と「華北農村社会と義和拳運動――梨園屯村の反教会闘争」（梨園屯論文）が良い論文だと、自分では気に入っているのですが、世評はまあそれとは違うようです。この年に増淵先生が退官されました。後任は三谷助教授です。昨日まで机を並べていたわけで、指導教官をお願いしますという訳にもいかず、流浪することになりました。オーバードクターです。

それで、もはや『清実録』レベルでは話にならないから、档案史料を見たいと、一九七九年夏に中国行きを企て、第一回中国政府留学生に応募してみたのですが、面接で不合格。落第人生が続きました。どこかで勉強せにゃならん、ということで、東大駒場に移られていた小島晉治さんが並木頼壽君（のち東大教授）らと太平天国の資料を読む読書会をやるというので出させていただきました。この研究会と、私が住んでいた三鷹で退官後の西先生と一緒に章炳麟などを読んでいたのが、勉強の場でした。稼ぎは都内の女子高での非常勤でした。そのうち父親が死んで、母親の面倒を見ることになって、横浜に移りました。この時、一九七九年秋に中国・南京で太平天国学術討論会というのが開かれました。文化大革命下で農村に下放されていた学者たちが大学に戻って来たので、それを機に学界を立ち上げ学術の国際交流をして、遅れを取り戻そうとしたのでした。これに中国研究所から小島晉治さんと並木君が参加し、国際交流が始まりました。帰国後、欧米からもロンドン大学のカウエン教授ら多くの学者が出席したその学会の見聞を聞いて、新しい時代が始まりつつあるという感想を持ちました。そんなところに自分が行けるなどという気は全くありませんでしたが、その時、翌年（八〇年）に「義和団」の討論会を開く予定だ、日本からも誰か派遣してほしいという話だった、と聞かされました。当初は、専修大学を退職された野原四郎さんが行く予定でしたが、脳梗塞で倒れられたので、別の人選が行われ、小林一美さんと私が行くことになりました。小林さんは名が知られていましたからいいのですが、佐藤は一体どんな論文を出し、発表するんだ、日本の信用問題にかかわるから、とでも思われたのでしょう。出席するという通知を出す前に、研究所で論文を発表させろ、ということになった。当時市ヶ谷の一口坂にあった木造の中国研究所で、手書きで「義和団起源論」の論文を書いて、コピーして配布し、発表しました。この会合に東大の佐伯有一教授や偉い先生方が随分出てきていまして、えらく緊張したのを覚えています。論文の内容に格段の注文もありませんでした（提出論文は一九八〇年の討論会論文集『義和団運動史討論文集』、済魯書社に中文訳が載っています）。これが大学の外で発表した最初の報告です。東大教授を前にしてもまあ何とかなるんだ、というホッとした感がありましたね。それ位当時の東大教授は権威があった。何とか終了して、玄関を出ますと、皆さんはこれから日本女子大で開かれる「辛亥革命研究会」に行くのだと言います。それで、その後ろにくっ付いて行って研究会に出ました。もう記憶も定かではありませんが、多分、リンダ・グローブさん（上智大学）が天津南開大学の留学の報告をされていたのではないかと思います。そこに野沢豊・田中正俊・山根幸夫教授なども居られた。学術権威が揃った恐ろしい所だな、という感じですね。

こんな風にして、国立（村）に引っ込んで、一橋の大学図書館にある漢籍で何とか研究らしいことをやっていたのが、都内に出て来て、東大の教授やアメリカ人の研究報告を聞いてえらく刺激を受けたわけです。

さて、義和団討論会ですが、これは記憶に残る面白い出来事でした。かつて空港反対運動によく来ていた成田から出ざるを得なかったので屈折した気持にされて、気が重たかったのですが、小林さんと弥次喜多道中をやりました。当時の空路は韓国上空を避けて一旦上海に出て北上し、北京に行くものでした。初めての中国大陸、最後尾の窓に顔をくっつけて小林さんと、あれがきっと黄河ですよ、などと喚いていたのですから、変な連中だと思われたでしょう。北京で天安門を眺めて一泊、列車で済南に入りました。リンダさんは「幽霊の出るような街ですよ」と言っていましたが、その通りでした。山東大学の宿舎に入れられて、翌日から会議です。朝六時に拡声器から大音量の「東方紅」が流れるのですよ。文革の雰囲気がまだ濃厚でした。会議は文革期の義和団評価の清算をどうするかでした。「狼の乳」を飲んで育ったのを改めねばならん、と始まったのです。その討論も、清算しすぎてはならない、いや否定すべきだ、と激しく評価をめぐって論争をやるのですね。発言が詰まると、「チャッガ、チャッガ……（這個、這個）」と言いながらでかい声で身振りを入れてやるのです。驚きましたね。これじゃ階級闘争も大変だ、批判闘争などに掛けられたら、それこそ卒倒だな、と思いました。部屋に帰ってくると宿舎で、テレビの実況があるというので見に行きました。四人組の裁判です。大学の用務員さんらと一緒に見たのですが、江青が被告席で「革命無罪」などと叫んで裁判長にたしなめられていたような感じでした。全国中継して裁判劇を見せるようにしたのをチラチラする白黒テレビで「老百姓」たちと一緒に見たのです。印象深い光景でした。

ここでもう一つの四人組と会いました。アメリカの四人組です。アメリカは前年に全米から優秀な研究者四人を一年間中国に研究に派遣するという協定を結んで、中国側が受け入れていたのです。四人というのは、北京のフィリップ・ホアン（農村社会経済史）、天津の南開大学のリンダ・グローブ（高陽綿花産業）、山東大学のJ・エシェリック（義和団）、南京大学のエリザベス・ペリー（捻軍）で、後年有名になる学者さんたちです。当時は皆三十歳台です。宿舎の朝食のテーブルでエシェリック、ホアンらと一緒になり、下手な英語で会話をしたわけですが、貧乏院生には羨ましかったな。これじゃ日本の中国研究はアメリカに勝てっこないな、と思いました。

討論会の最後に、山東大学が外国人を見学旅行に連れていってくれるというので、エシェリックが、まだ行ったことのない魯西南の大刀会の村に行きたいと言い、賛成して、連れて行ってもらうことにしました。先発隊が行っていて、処刑された大刀会首領・劉士端の墓を掘り返して、墓の中まで見せてくれました。子孫も呼んで聞き取りに応じてくれました。今まで、史料の文字の上だけで馴染みだった人物の村を見、その孫が出てきて祖父の事を話すのですから、院生にとってはショックですよ。官側資料を読んで作っていたイメージとは違う。外国史歴史研究というものを考えさせられましたね。その後、曲阜（孔子像は文革で破壊されて大成殿の中には何もなく、絵が掛けられていただけだった）、南京（太平天国博物館）、蘇州、上海をめぐって帰国し、『中国研究月報』に報告文を書きました（「義和団評価論争をめぐって」、三九八号、一九八一年四月）。

魯西南大刀会の聞き取りは、他の資料と合わせてエッセイを書き、エシェリック氏に送りました。彼からはアメリカの神言会（アーノルド・ヤンセンが設立したドイツカトリック宣教会、そのアメリカ支部）が英文で出版していたアンツェルとフライナーデメッツの山東布教の記録のコピーが送られてきました。これがキリスト教の中国布教の方面からも光を当てて問題を考えてみるというきっかけを作ってくれました。後に彼とは論争になるのですが、その意味では恩人なのです。やはり知的刺激というのは異質なものとの出会い、閉じこもるのではなく広い所に出かけていく経験と不可分だな、と思います。

翌年、その経験を買われてですか、辛亥革命七十周年の国際学会を東京で開くという話が出て、中国研究所も手伝いに誰か出せというので、行ったばかりの佐藤が良いだろうと出されて、事務局の手伝いをしました。裏方として学界の色々な姿を見て、学者の世界も利害の対立錯綜で生々しいものだというのが良く分かりました。この時、日本と中国、欧米の偉い学者先生を拝見しましたが、こちらは歯牙にもかからないオーバードクターですから傍聴でした。当時の学界は階級社会でしたが、同年代のＡＡ研究所の中見立夫君や佛教大の清水稔君はこの時すでに発表者になっていましたから、学問を志す人はさすがだなと思いましたね。

一九八二年、中国研究所で歴史研究者の訪中団を作るというので、参加させていただきました。団長は石田米子さん――美くしく上品で秀才の誉れ高い女性だと聞いていましたが、その通りでした――、団員は、濱下武志、並木頼壽、臼井佐知子、上田信、佐藤でした。私以外はみな東大東洋史ですよ。みな東大教授など偉い先生になりました。通訳で就いてくれたのが李薇さん（大平学校＝北京日本学中心の前身の卒業、現在社会科学院日本研究所部長）でして、近代史研究所などを訪問しました。この時所長の王慶成さんがわざわざ出張先から北京に戻って応対してくれました。現在中国史学会の会長をしている張海鵬氏もまだ一研究員で同席していたと言います。私は、なぜ太平天国の宗教は後年中国に痕跡を残さなかったのか、と聞きました。さすがですね。曾国藩流の儒教がその後主流になったからだと答えました。頭が良くセンスのいいリベラルな学者（羅爾綱は義父になると聞きましたが）でした。今は中国に居づらくなってアメリカに渡られたそうです。その他、経済研究所、第一歴史档案館、第二歴史档案館（南京）、揚州師範学院、上海社会科学院などを訪問し、色々有名な中国の学者先生とお目にかかってきました。良い経験でしたが、東大東洋史との階級格差を見せつけられて、憂鬱になりましたね。階級社会です。また触れます。

この頃、討論会を機に新しい資料も出ましたので（程嘯等編『義和団源流史料』が供与された）、それも入れて「義和団（拳）源流—八卦教と義和拳」（『史学雑誌』一九八二年一期）をはじめ、数編の論文を書きました。それで、まあ業績は何とか形だけでも恰好が付くから、と一橋やいくつかの学術機関に助手みたいな研究職に応募しましたが、みな駄目でした。思想が悪いし、出自が悪いというので（東洋文庫では、東大「本郷」の大学院出身でないとダメだと言われました）、また落第、浪人生活を余儀なくされました。どうも大学入試以来、東大は鬼門のようで、一生仲良くなれそうもありません。この頃は、予備校の講師や日中学院の講師、女子高校の非常勤など雑業を何でもやって生活していました。勤務先で労働問題も起き、いろいろあって、ようやく一九八三年に女子美術大学付属高校の世界史の専任教員になりました。三十三歳でようやくまともな給料がもらえる身になってほっとしたのを覚えています。

そんな折、大学の大学院生寮に寄ったところ、外語大の「歴史学（東洋史）」教員公募の紙が出てたよ、と教えてくれる後輩がいまして、応募しました。歴史理論だ東洋史だと注文の多い公募でしたね（複雑な事情は入ってから知りました）。私は共通科目担当教員の人文系列に属しましたが、審査は社会科学系列（主査山之内靖教授）でした。おそらく、大塚史学やらウェーバーやらの好みが山之内さんと合ったのでしょう。中嶋嶺雄氏も推して、最後まで残り、最後に七、八人先生方の最終面接も多数で通って、人事は教授会に上がりました。中国語科はどこの馬の骨か分からん奴が教授会まで上がって来たというので、私の評価を東大東洋史に問い合わせたそうです。まあ田中正俊教授がうまく言ってくれたらしく、何とか首がつながったという訳です。担当は、歴史学基礎（歴史理論、歴史思想など）、歴史学（世界史I、東洋史）、世界史演習・卒論演習でした。英米科の松村赳先生（イギリス史）がもう一つの歴史学基礎をやっておられたので、東洋史でということなのでしたが、歴史学基礎はこれはもう大文字の歴史学でして、到底能力に堪え得ないわけです。辛苦の連続でしたね。これが後にピーター・バーク『歴史学と社会理論』を訳するようになる伏線です。こういうのは西洋史、フランス語科におられた二宮先生あたりの大先生がやるべきことなので、中国近代史などをやっている若造ができるものではない、と思いました。それで、三十年来たわけですが、すこしも進歩しません。

授業の準備はしますが、思うように講義ノートができません。乱読をし始めたのですが、そればかりでは駄目だろうと、論文を書く余裕が無くなったので、翻訳をやることにしました。これは大杉栄の影響です。彼は社会運動をやって捕まると、監獄の中で語学を一つやったらしい。それで数カ国語出来た。アナーキストというのは国際派なのですね。見習わなくてはならないのですが、私はどうもあまり語学の才能はないようです。何を選んだかというと、『宋景詩歴史調査記』です。義和団が起きた山東西部で一八六〇年代に起きた白蓮教反乱の一部隊「黒旗軍」を率いた頭目宋景詩について行われた一九五〇年代の農村歴史調査を劇作家陳白塵がまとめたものです。村レベルまで目線を刺し入れた調査で、今までの研究が官文書中心だったのに比して、先の魯西南の大刀会の村のように生きた人間が見えるようになっています。それで一夏かけてざっと訳しました。これは毛沢東による映画『武訓伝』批判を背景に江青によってなされた調査（「武訓歴史調査記」）に関連して行われたもので、この批判運動は共和国政治史では文革の前哨戦の一つに数えられるのですが、解説を書くのに陳白塵をめぐる中国の新劇（話劇）史なども視野に入れて書きました（本書第四章）。勉強になりました。訳は研文出版で『黒旗軍』（一九八七）として出版していただきました。これらが後の「義和団調査」の伏線になったようです。この本の書評を『週刊ポスト』でしてくれたのが、いいだ・もも氏です。私達は学生時代にフロントの「モモンガ一派」と揶揄していた人ですが、東大学生運動史上でも秀才と噂された人物で、会ったことはありませんが、その筋の臭いを嗅ぎつけたのでしょう。彼は後の高価な拙著『義和団の起源とその運動』も買ってくれて、読んだと言ってきました。どうも、拙著は正統東洋史学界とは違った受け入れられ方をするようです。

そうこうしているうちに山東大学と一緒に義和団の運動に関する農村調査が実施できるようになりました。これが私の研究の大きな転換です。この計画は山東大学と姉妹校になった山口大学から社会人類学の佐々木衛氏が留学されていて、義和団討論会でわたしたちの通訳をしてくださった任明先生から中国語を習い、農村社会調査をするのに義和団調査を五〇年代からやっていた路遙教授の話を聞いて、義和団関係の村に入り調査の練習をしてみた。可能性がありそうなので日中合同で農村調査をしようという話に山東大学となった。それで、以前に討論会に来た小林一美に相談したらいいだろうとなり、小林さんが佐藤と友人の久保田文次氏を誘って、日本側ができた。中国側は路遙氏が中心になって義和団研究会の主要メンバー四十歳台の研究者（人民大学党史系の程嘯、南開大学の陳振江、『歴史研究』雑誌編集の阮芳紀、任明先生）で組織された（彼らは後にみな義和団研究会の会長副会長になる）。

一九八六年の冬に山東の農村に入って六ヶ所ほどの地点を調査しました。その後一九九〇年まで五年間にわたって山東・河北・天津・北京南部の農村調査をやりました。これは社会学・人類学調査の演習みたいなものです。団長が社会人類学専門だったので、勉強になりました。でも、本で勉強していて華北農村社会の知識はかなりありましたし、子供のころ農村生活を送っていましたから調査のポイントはそうずれていなかったと思います。一番印象に残ったのは、文革の後遺症が深く残っている事でした。

北京南部のある村の知識人の話をします。七十歳代の羊飼いの老人です。大変体格のいい気力溢れる人でしたが、彼は一九四〇年代に燕京大学（アメリカプロテスタントが超教派で作った超エリート大学）を出ていたが、反右派闘争かで、農村に追放されて以来、文革期間もずっとこの農村で、羊飼いをやらせられているというのでした。頭は明晰、記憶力抜群、迫力があって、論理的な話しぶりといい、すごい知識人だと思いました。同行の中国人教授なんかよりはるかに優れていました。彼らも先輩として一目置いて、一歩身を引いていました。当時の燕京大学（鳥居龍造も教授をしていた）がいかにスーパー大学だったか思い知った次第です。人生を棒に振らされたのだな、と深刻になりました。こういう風に反右派闘争の犠牲者を見ると、文革など政治闘争で死に追いやられた犠牲者はもっとひどかったわけで、吹き荒れた打倒闘争は凄まじかったのだと、背筋が少し寒くなりました。この調査で、華北農村社会の構造や、農村社会の中でのキリスト教会の姿などを見聞きできたのは大きな収穫です。それとともに、共産党がどのように農村社会を支配しているかも、その実相の一部を垣間見ることができました。村や郷政府の武装民兵組織、党委員会などの姿です。

この最初の調査が一段落して済南に帰る途中、一九八七年一月一七日、マイクロバスのラジオから胡耀邦失脚のニュースが流れたのです。私達外国人の調査も一九八〇年代のかれの開放的な政策によって実現されていたのですが、その自由度が急に低下し始めました。反動です。われわれみたいな外国人が西洋風な思想を持ちこんで、「精神汚染」を拡げている、その影響があちこちで出始まっている（安徽省の方励之や劉賓雁など）、というわけで、胡がその「ブルジョワ思想の汚染」の責任を取らせられたのです。私たちの調査もその動揺を受けることになります。胡はその後軟禁状態になりましたが、その後、政治局会議の席で心筋梗塞で倒れ、死去します（一九八九年四月八日）。これへの追悼デモから「天安門事件」に発展します。

帰国後、授業の傍ら科研報告書のために調査資料を整理しているときに、エシェリック氏の *The Origins of the Boxer Uprising*（八七年刊）が出版されました。買ってざっと見てみると、今までの研究の水準を超える優れたものだということが分かりました。それで翌八八年四月から大学院のテキストとして丹念に読むことにしました。深町英夫君（現中央大学教授）らが一緒に読んだのだと思います。で、最後の付録のところが彼の「起源論」でして、ここを読んで、私の『史学雑誌』の論文を使いながらも、それを「誤り」だと批判しているのを知りました。私や路遙の起源論は「誤った追跡だ」というのです。その他の社会経済史の点でも納得できない点があると思いました。が、これはこれで置いておけばよかったのですが、そういう訳にもいかなくなりました。もうすこし後で述べます。

この作業中に、翌八八年三月に大阪で国立民族学博物館の梅棹忠夫氏が主宰する「文明学講座」で「宗教の比較文明学」をやるというので、中牧弘允氏から声がかかりました。島薗進氏が中牧氏に紹介したらしい。「中国の宗教と近代化」についてという文章をまとめて、発表しました（本書第六章）。このシンポにはハルミ・ベフさんや有名な外国人学者、山折哲雄、井上順孝さんなども参加していて、刺激的でした。なかでも梅棹さんと話しが出来たのは、発想の上で勉強になりましたね。氏が終戦の時に張家口にいたことは知っていましたが、中国・モンゴルにはなかなか深い思い入れがあって、農村調査をしていた私からいろいろと話を聞くのが楽しみだったようです。会話が知的で刺激的だったな。今西錦司先生は梅棹を「天才や」と評したそうですが、ちょっとレベルと次元が違うな、と感じました。この論文は英訳されて *Senri Ethnology* に掲載されましたが、梅棹忠夫・中牧弘允編『宗教の比較文明学』（春秋社、一九九三）に入っています。論文を読んだウェーバー宗教学者の池田昭氏（中京大）が電話を寄越して、面白かったと言ってくれたのが、心強かった。ここでもそうですが、私の文章は東洋史学や中国ギルドではなく、別の領域の人の方が面白がってくれるようです。この頃が一番知的活動力があった時期かもしれません。

翌八九年は多分、松田博康君（現東大教授）が大学院に入ってきて、ウェーバーを読んでいたのだと思います。間もなく、ペレストロイカで中国人学生に人気のあったゴルバチョフが中国を訪問して、胡耀邦追悼デモから、その辺りをきっかけに天安門前で民主化を求める学生デモが盛り上がり、多くの北京市民が賛意を示して街頭をデモするようになって、その姿が映像で流れました。さてどうなるか、固唾をのんで見ていました。松田君と、最良の場合の妥協のソフトランディングが何とかなるといいね、最悪の場合はどうなるか分からないな、と話をしていたのを覚えています。結末はみなさんご存知のようです。松村赳さんは「昔の中国史みたいなことが、いま起きるなんて（想像もしなかった）」と言われましたが、中国の本質、古さを再認識しないとダメなのかも知らんと思わされました。

事件に触発されて、「中国の社会主義と知識人――最近の議論をめぐる一試論」（海外事情研究所特定研究報告NO一五）という「劉暁波の知識人論」を書きました（本書第五章）。これは「社会主義の現在」というテーマで、大学院で一緒だった天児慧君（早大）に外語大に来てもらって、中嶋嶺雄所長も参加した研究会で発表したものです。当時頭の中にあった農村調査経験（中国社会の特質、共産党支配の実態の考え）と当代史の知識人論とを奇妙に融合した議論ですが、劉暁波を高く評価しました。ご承知のように後にかれは出獄後も「０８憲章」などで民主化運動を継続し、象徴的な人物になり、ノーベル平和賞を受けましたが、まだ獄中にあります。この時、少し若い東大東洋史出の研究者（現在某大学文学部教授）に、劉暁波の姿勢は、今までの中国知識人と少し違うものがあると思うのだが、と私の評価を話しましたが、情況に応じて色々変わる知識人の態度の一つだ、とすげなく云うのを聞き、自信を無くしました。五、六年前に『亡命』という映画を見ました。民主化を唱えて中国から欧米に亡命した知識人たちにインタビューしたドキュメンタリーです。いい映画です。ＤＶＤでぜひ見てください。天安門の話も出ています。その中で北京大学の学生のリーダーだった王丹が出てきます。彼はハーバードの大学院で歴史を勉強して学位を取ったところだったのですが、彼の口から「政府は父親だ、学生は子だ。父が子をぶん殴るんなんて」というのを聞いて、ああ家父長制、家産制の政治文化の思想は彼のような若者にまで浸透しているのだと、中国文化の強靭さに驚きました。このことは近著にも書いておきました。彼の『中華人民共和国五十年史』（筑摩書房）は去年学部の演習で使いました。その後一九九一年頃に、外語大にもこの運動に参加した学生が留学してきまして、色々話を聞くことができました。同時に当時ＮＨＫ北京支局で取材していた大崎雄二君（現法政大学）が大学院の授業に出席していましたので、事件の中身が分かるにつれ、私の中国共産党への視線が変化していきました。

一九九〇年秋に義和団九〇周年の国際学会がまた開かれることになりましたが、調査資料を使いこなして新しく論文を書けず、「義和団民衆の権力観」（岩波シリーズ『世界史への問い』所収）ですますことにしました。義和団国際討論会に参加のために一九九〇年一〇月初めに北京に降り立ちました。折からアジア大会が北京で開かれていまして（九月二二日－一〇月七日）、かつての北京の風情は一変しておりました。道路は花壇の花で一杯、歩道脇の屋台はすべて撤去、権力は「天安門事件」のダーティな印象を払拭して綺麗な北京をやってくる外国人に見せるために、大掃除をしたのです。それを見ながら共産党権力というものを考えました――最近ＡＰＥＣが開かれたときにＰＭ２・５の曇った空を期間中だけ青空にしたように、共産党は天気まで変えられると揶揄されました――。国際学会（一〇月七日～一一日）は学会で収穫はあったのですが、一番は期間中に義和団事件後「掃清滅洋」を掲げた河北省広宗県の景廷賓の村を訪問して外国人たちと一緒に皆で梅花拳などの演武を見て深夜に帰ることになった研修旅行です。これは華北農村の「暴力」を考える上で大変参考になりました。すさまじいものです。日本軍も大変だったろうに、と変な感想を持ちました。野沢豊氏の希望で『近きに在りて』（一九号、一九九一・五）に写真入りで文章を書いて述べておきました（「『義和団討論会』に参加して――印象・感慨・紹介」）。しかし提出論文「義和団民衆の権力観」は、今から見ますと、まだ義和団の民衆運動をなんとか救抜しようという意識が先立ちすぎているように思います。「扶清滅洋」スローガンになんとか「虐げられた」大衆の階級闘争の志向・意味を繋げて解釈しようとしていまして、共産党の歴史観の影響が未だ残っています。「扶」ける「清」はまさしく清朝朝廷・国家なのですが、「反封建・反満洲であるはず」の「漢族」民衆がそんなことを「するはずがない」、という先入見から完全に抜け切れていないで、もがいています。その根底には、父親が中国戦線に従軍して悪いことをしてきたという、中国の人たちに対する贖罪意識があり、その父親の日本軍に抵抗して勝ったと云う共産党の中国に遠慮があったのですね。学問としては失格です。最近は遠慮せずに、義和団は清朝臣民（清国国民）として「清朝国家」を扶けようという国家擁護の民族主義運動だと断定するのですが、そこまで行っていなかった。というのは、そう言ってしまうと、十年後の満洲人清朝朝廷を倒した「辛亥革命」の基礎にあった国民大衆の意識との連続性、整合性がうまく説明できないからです。満洲族の清朝を熱狂的に支持した農民大衆はどうして十年後に、反満洲族の王朝転覆の革命を暗黙でも支持したのか、ということがうまく説明できないのですね。どこかで「転換」したことを実証しないと説明できません。ですから、辛亥革命論と繋がるのです。私はまだ辛亥革命を本格的に検討していませんでしたので、自信が無かったのです。共産党は、義和団は原初的な農民の革命思想の表われだとし、それが資産階級の革命思想へと繋がり、旧民主主義革命（ブルジョワ革命）の辛亥革命に繋がっていると、説明しますから、革命思想・運動の連続で説明するわけです。一見良いようだけれども、これは無理な歴史解釈です。この問題になんとか決着をつけたのが近著『中国の反外国主義とナショナリズム』の辛亥革命論です。ぜひ辛亥革命の専門家のご批判をいただきたいと思っています。

討論会後も、義和団研究のもう一つの大きな課題であるキリスト教会と中国社会との軋轢、対立の問題が残っていました。魯西南の大刀会の地域については調査報告の論文集『中国の家・村・神々』（東方書店、一九九〇）で「カトリック布教と郷村社会」と題してドイツ神言会布教の「鉅野事件」を中心に述べましたが、それが特殊でなく、本質的で共通の大問題であったことを論証するには、「義和拳」の名称の発生地で、当時調査をした「梨園屯」村（二十年以上にわたる教案事件があった河北・山東交界の村）の問題に決着をつけねばなりませんでした。調査資料をまとめながら（『近代中国の社会と民衆文化』、東方書店、一九九二）、清朝時代の法・裁判の問題や綿花綿糸産業の社会経済史問題、宗教（白蓮教）と拳法（梅花拳）との関係などに辛苦しながらなんとか論文を書きあげました。これは長大論文になりましたのでＡＡ研究所のジャーナル『アジア・アフリカ言語文化研究』（四五号、一九九三）に載せていただきました。この論文は先の王倫論文と並んでわたしが書いた良い論文の一つで、今でも「傑作」だと思っているのですが、法制史の滋賀秀三さんや寺田浩明さんが好意的なコメントをくれた以外、あまり評価されることはありませんでした。それだけならいいのですが、この後に少しショックなことが起きました。

私の学説を否定したエシェリック氏の論文が日本語に翻訳されて出たのです。東京大学出版会から溝口雄三・濱下武志・平石直昭らの編集で『アジアから考える　5　近代化像』（一九九四・四）が出たのですが、その中でエシェリック本の第二章を抄訳して「義和団の文化的前提」として掲載し、彼の起源論を「地域研究の手本」だと褒め上げたのです。編集委員から委嘱されたのでしょう。翻訳したのは当時東大院生だった吉澤誠一郎君（現東大大学院准教授）でした。私が『史学雑誌』に義和団源流についても書いていたし、梨園屯論文も出ているのを知ったうえで、エシェリックの「起源論」（ポピュラー・カルチャー民間文化起源論）が「手本」だと言うのは、私の学説を東大教授の編集委員たちが否定しているのだと判断しました。それでエシェリック批判（「義和団の起源について――J・W・エシェリック説への批判」）を書きまして、東大の史学会『史学雑誌』に投稿しました。一九九五年一月に何とか掲載され、それ以来、エシェリック氏と論争のような形になりました。彼から反論はありませんが、彼の研究は今までの研究を突破しているのですが、戊戌政変（光緒廃位・大阿哥建儲）・ドイツ軍の日照県占領事件、沂州教案を考慮していませんし、清代の天理教・王倫反乱・白蓮教についての知識が欠如していますから、限界のあるものなのです。本人が「五年も前の作品だ」と言っていましたように、かなりの奨学金をもらって研究した成果ですから、短期間にまとめて出す必要があった。そのために、遺漏が出た。だから、フェアバンク賞・レベンソン賞をもらったけれども、その受賞作品の生命、商品価値でさえも自分で「五年」位と考えていたらしい。これがアメリカの研究の問題点だろうと思いますね。やはり資本主義的ですね。

これを書いて一段落になりました。丁度その時、半年、外国に行けることになりました。当時、台湾の中央研究院近代史研究所に勉強に行っていた川島真君（外大出身、現東大教授）の手引きで、一九九六年の三月から二か月ほど研究院にいらせていただきました。勉強になりましたね。一つは、近代史研究所の档案館にあった『外交档案』の「総理衙門档案」を見たことです。山東巡撫の毓賢がどうして反ドイツ姿勢を取り、拳民の反外国運動に同情的になったか、沂州教案の往復電報を見て解明できたのは収穫でした。もう一つは故宮博物院で軍機処档案を見たことです。これはスーザン・ナキャン（ジョナサン・スペンスのイェール大学の弟子）が天理教、王倫反乱の研究で使用した档案を見ることが目的でした。博物院は改修中でまだ図書部は公開されておらなかったのですが、帰国日が決まっているので、開館まで居られないと言って館長の許可で閲覧を特別に許されました。毎朝、研究院からバスで途中まで行って、あとはタクシーで博物院に行って、夕刻まで一人で档案を見て、タクシーで帰るという生活を一か月余り続けました。夕方五時になって博物院前でタクシーに乗るために階段を下りてくると、モータープールにいる運転手たちがほら来たと言って、乗せます。定時の定客になったので、今日はお前だと順番を決めたようでした。この作業で、私の起源論が正しいことが再確認できました。それとともに、大学院生だったスーザン・ナキャンが奨学金をもらって台北でこれらの档案を存分に見れたというのは、我身に比して何と裕福で、恵まれているか、と日米の格差をしみじみと感じました。

この時がミサイル騒ぎです。李登輝総統のコーネル大学訪問にビザを出したアメリカに反発して、中国が福建からミサイルを撃ち、アメリカが空母を台湾に派遣するという事態になりました。当時台湾では立法院の選挙もあり、対中関係が緊迫しました。ぴりぴりする程でしたね。私が例によって閲覧室で軍機処档案を一人で見ていると、突然サイレンが鳴り、職員は早足で皆去っていきます。何事かと、思わず腰が浮きまして、職員を見ますと、駆け寄ってきて、あなたはそのままそこで見ていなさい、すこししたら戻ります。これは定例の防空演習です、というのでした。ミサイル騒ぎの後ですから、驚きました。戒厳令の下ではこうした緊張が続いていたのですね。勉強になりました。

あまり台湾のことを勉強していなかったことを反省しました。その一方で、大陸中国については、「無法者」のやり口、脅し、ヤクザまがいの所業だと、反中国的心情になりました。

台湾を離れて、香港に行って中文大学で調べたり、郊外の城壁で囲まれた客家の村を見学したりして、北京に行きました。そして、第一档案館で、台北で見られなかった档案をかなり沢山見ました。これで起源論の自説を確信しました。档案館や社会科学院で、史料の複写で面倒が起きたりして、やはりミサイル騒ぎと似た経験をしました。しかし翦伯賛の御嬢さんが勤務していた天津図書館、羅澍偉さんの天津社会科学院図書館では親切にしていただき、お世話になりました。

この資料収集ができたおかげで、ようやく義和団研究のまとめ作業に取りかかれるようになりました。少し真面目に取り組みまして、起源論から、梨園屯、戊戌クーデタと沂州教案、宣戦問題、景廷賓「掃清滅洋」まで、一応「全体史」を念頭にまとめ、一九九九年に『義和団の起源とその運動――中国民衆ナショナリズムの誕生』（研文出版）として出版しました。個人的にはエシェリック説を超えた研究だと思っていますが、世の中はそう評価しないようです。まず、この本を書いている最中に三石善吉『一九〇〇年、中国――義和団運動の光芒』が中公新書で出ました。これは千年王国論で義和団を論じたものですが、史実も論もきちんとしていません。東大出の誼で中公の編集長が三石氏に書かせたのでしょう。少し勉強していれば、彼の研究が意義を持つなんて普通考えないはずですが。中公の編集長の見識もそれくらいなのかも知れませんね。今でもまだこの本は出ているのな。戦後歴史学の本や研究もそうですが、流行りの論（「千年王国論」）がどれほど有効なのか、きちんと吟味せずに、腰軽く乗って使うとすぐ金メッキがはがれるという典型的事例になりましたでしょう。私たちも自戒しないといけません。最近の岸本美緒氏の『中国の歴史』（ちくま学芸文庫、二〇一五）は中国ナショナリズムを理解するための参考文献にこの本を挙げていますが、本当にこの本でいいと思っているのかな。拙著は学会誌の『東洋史研究』も『史学雑誌』も取り上げませんでした。相性が悪いのです。少ない書評の一つは吉澤誠一郎君が書いたものですが、こんな風にしか読まれないのかと唖然としました。まあしかし、二〇一五年の今でも私がした実証はなかなかひっくり返せないと思いますね。

一言だけ言っておきます。「義和団の乱 Boxer Rebellion」（欧米、日本）という言い方——最近出たワン・ジョン『中国の歴史認識はどう作られたのか』（東洋経済新報社、二〇一四）も、まだこの訳語を用いた言い方をしている——と、「義和団運動」（中国共産党）という言い方は、どちらも政治的な言い方で、事実に反します。双方の政治的必要性からこう呼ばれるようになったのです。列国は、出兵と戦争を正当化するために反政府反乱を鎮圧できない清朝を助けるために出兵したのだ、という正当化のために義和団を「反乱者」に仕上げる必要があり、一方清朝も拳民とそれを政治的に利用した一部官員に責任を押し付けると西太后・光緒帝の戦争責任、国家責任を逃れられますので、この言い方になったのです。その根拠を為した「義和団団練説」がアメリカプロテスタントの義和団論ですが、これは在華アメリカ教会を保護するために国家による政治軍事介入が必要だとするための政治的な学説だったのです。一方、「義和団運動」というのは、共産党流の「××ユンドン」という革命的「政治運動」（階級闘争）や革新の動きを指す用語です。どちらも間違いです。本質は国家擁護の反外国の大衆的な反キリスト教・排外運動です。蔣廷黻『中国近代史』が一九三八年にすでにこのことを言っていましたが、四九年以後に共産党に否定されましたから、日本では研究者は誰もこの本を使いませんでした。歴史学というのは厄介ですね。

二〇〇〇年は少し忙しく、海外事情研究所で「集合的記憶」のシンポをやりまして、その後、府中に移転しました。所長だったので雑用が大変でした。その秋に義和団百年の国際討論会がまた開かれました。今度は青島から入ったのですが、また問題が発生しました。農民革命論の太平天国研究（会）は既に活動意義を失ってしまっていますが、民族主義の義和団はいつも問題が起きるのです、今度の問題はローマ発です。二〇〇〇年は世紀元ですので、一〇〇年前に義和団事件で殉教した中国人教友たちをバチカンが列聖したのです。これに対して共産党政府は猛反発します。私達と一緒に調査をしていた大学教授たちもメディアに引っ張り出されて、義和団の反キリスト教の大衆運動は正義の戦いであり、欧米帝国主義は宗教で中国を侵略したのだ、ということを盛んに喋った訳です。これを私は青島の新聞で読んで入りましたから知っていたのですが、他の参加者はあまり敏感でなく、帰国しても知らなかったようです。この頃からでしょう、江沢民が「正しい歴史認識」とかを正面切って言い始めたのは。愛国主義教育はもう少し前から始まっていたのですが、この頃から本格化し、軌道に乗り始めたのでしょう。われわれの討論会もそれに利用されました。次に述べます。この討論会のために『義和団研究一百年』という本を出すので、「日本の義和団研究の百年」を書いて送れというので、文献リストと一緒に送りました。

私は著書の中の宣戦問題を中文にして出しましたが、エシェリック氏は参加しませんでした。会議の最中に愛知大学の『中国21』の要請で、馬場毅氏の司会でP・コーエン、路遙氏と三人で鼎談をやりました（『中国21』NO一三「義和団百年と現在」所収）。コーエン先生に『扶清滅洋』をあなたはどう考えるかと質問したものですから、どうも嫌われたようです。学会の最後に、河北省威県郊外にある義和拳議事庁などを参観したのち、義和団記念館の開館祝典（まだ建設途中だった）に外国人学者が出席することになった。県の小中学生やブラスバンドが動員され、テレビ取材まで出て、大騒ぎです。開館式には邢台市で開かれた地区党組織、政府組織のセレモニーに参加した幹部たち百人近くも出てきて、われわれ外国人と一緒に階段に並んで記念撮影、儀式はその晩のニュースでTV放映されました。山東地区が中心だったが、北京でもちょっと流れたらしい。ここが「愛国主義教育基地」になっているのは後年に分かったのですが、地元政府・党組織が義和団研究会あたりとつるんで愛国主義教育推進のための政府資金を取ってきて建設したのです。一九九七年頃から中国社会の下の方、庶民の辺りにまで金銭が回り始めたと聞きましたから、それで出来たのでしょう。その権威づけに外国人学者が国際学会中の研修旅行に来ると称してうまく利用されたわけです。フランスのバスチードさんは彼らはこんな風なのだ、とやや不機嫌だった。私は、中国人は厚顔で図々しくしらーっとこういうことをやるのだと、いささか感心した。うまく嵌めるもんだな。共産党政治のマヌーバー政治の一面だなと。二〇一〇年に再訪問して見たら、閑古鳥が鳴いていましたが、利用の役目は十分果たしたのでしょう。

この討論会の後に北京に立ち寄ったのが運のつきで、二〇〇二年から北京日本学研究センター（北京日本学研究中心、元大平学校、北京外大内の大学院研究機関）の主任教授を仰せつかりました。その北京へ赴任する前の二〇〇一年六月に韓国全州で開かれた「東学」一〇七周年の討論会に参加させていただき、昔の全奉準の家や農村も見させてもらいました。農村にキリスト教会が多いのに驚きました。北京は出張扱いです。日中国交正常化三十周年記念ということで皇太子が訪中するとか、いろいろ噂されましたが、小泉靖国参拝で、日中関係がうまくなくなり始めました。当時、前々任の野村浩一先生が尽力されて新しい建物がＯＤＡ予算八億円程で作られることになっていまして、その起工式が就任と同時に始まりました。ですから、日本側は、外務省・大使館（大使は阿南氏、終戦時の阿南陸軍大臣の末子、終戦時一歳）・ＪＩＣＡ・国際交流基金・研究センター・日本のメディア、中国側は教育部、対外貿易部（商務部）、北京外大などと応接しなければならないし、ＯＤＡ案件は、日本の建設会社、大学、諸設備援助の外務省などいろいろお付き合いさせられました。その他に通常業務がありましたから、毎朝出勤、夜帰る激務でした。木山英雄先生から聞いていたのとは雲泥の差です。

感想ですが、日本人は「お人よし」だな、と思いましたね。当時はまだ日本は金持ちと思われていましたから、中国側は何だかんだと言って無理を言い、むしゃぶり食おうという貪欲さを見せます。心の奥に日本への反発意識もあるのでしょう（中共党員の教育ではそうなるはずです）、日本を利用してやれという感じを受けました。駄目もとという意識もあるのでしょう。強気でしたね。しかし日本人はみな善意で、それに押し切られます。対応能力に問題がありました。戦略はないし、責任も無い。みな出張先だから問題を起こしたくないわけです。一番問題になったのは、脱北者が北京の日本人学校に逃げ込んだ事件（瀋陽の領事館にも）でした。本国でもいろいろ論じられたようですが、大使館は保護しませんでした。これがアメリカ大使館だったらどうだったかと考えると、日本は人権について敏感でないな、と思いました。外務省は外務でそれなりに考えての事でしょうが、事なかれ主義ですよ。当時公使をしていたのが宮家邦彦氏ですが、時々会いましたが、いろいろ弁明していました。彼はアラブの専門ですが、当時中国にいて中国問題に詳しくなり、間もなく外務省をやめて外交評論家になり、今はテレビその他でおなじみの顔になりました。

なんとか建物も出来て一年のご奉公も終わって帰ってきましたが、心身ともに疲弊しました。シンポジュウムの時にはダウンしました（本書第八章）。神経を病んだようです。落ち着きがありませんでした。そうした中、大学は池端学長になって、混乱していました。学内でもいろいろ事件です。私も大学に少し嫌気がさし始めました。しかしこの年はまだ総括作業もあり、北京のセンターから解放されませんでした。

二〇〇三年のＳＡＲＳ騒ぎが収まってから、二〇〇四年頃から反日の動きが目に付くようになりましたでしょう。サッカーアジアカップ北京大会の騒動から始まって、二〇〇五年には、日本の安全保障理事会常任国入りを阻止しようと反日デモが起きました。在米の中国系団体が示唆して北京で大使館等にデモが起きたのですが、やはりなぁ、という感じでしたね。驚きはサッカーの方が大きかった。重慶（日本軍爆撃地）や北京で起きたからですが、愛国主義教育の風潮が後ろにあるんだな、という感じがしました。ちょっと文章を書きましたが未発表です。そうこうしているうちに、「氷点事件」です。

二〇〇六年の春節前の一月から起きた事件です。中山大学の袁偉時が書いた「現代化と歴史教科書」という文章を、共産主義青年団機関誌『中国青年報』付属週刊誌「氷点」（綴じ込み四頁、毎週水曜発行）に、編集長の李大同が掲載し、共青団中央宣伝部から「氷点」の停刊処分が出て、李大同や『中国青年報』編集長などが処分された事件です。問題は教科書で第二次アヘン（アロー）戦争、義和団事件をどう描くか、ということです。民族主義は良いが、二十一世紀に国際社会に出ていく中国公民に、余りにも狭隘な民族主義での教育は不適格だと主張したのです。これは中共中央が進める愛国主義教育と衝突しますから、党中央宣伝部が共青団に処分を命じました。これが文革の再来ではないかと、国際的に反響を呼び起こすことになりました。問題が義和団事件ですから、無視するわけにはいかず、いろいろ調べて雑文を書くことになりました。詳しくは拙著『「氷点」事件と中国の歴史教科書論争』（日本僑報社、二〇〇七）を参照してください。このように、ナショナリズムが問題になるたびに義和団は出てくるのですね。天安門事件の後の鄧小平も義和団事変を回顧してその屈従の意識を吐露しました。義和団はどうも、冷静な歴史研究という訳にはいかなくて、つねに「現代」とつき合わされる歴史なんですね。かつて辛亥革命の専門家が、辛亥に比べたら、義和団なんて簡単だ、と言うようなことを言っておられましたが、どうしてどうして、なかなか難しいのですよ。

氷点事件については都内で何度か話しましたが、地域でも調布市で何か話を、と言うので、少し調べて話をしました。それが上海の歴史教科書問題です。これは氷点事件と連動するものだと思いましたから、ネットでかなり情報を集め、執筆者の歴史家（知人）からさらに情報を得て、論文にまとめました。「正しい歴史認識」と言っている共産党がどのように歴史教育を政治化しているかの典型例ですから、現代中国事情としても面白いと思いますが、某総合雑誌に送りましたら、駄目でした。

それで、二〇〇七年に『義和団の起源』の中国語訳が出版されたのですが、その時の訳語の問題と検閲削除でやり取りした問題を入れて、中国の言論出版の自由の問題――つまり、事前に共産党宣伝部の許可が無いと出版できないため、編集部による事前検閲がある。通らないと禁書になるという問題――、歴史教科書の弾力化と逆締め付けの反動の情況をまとめて書きましたら、「氷点」事件の本を出した日本僑報社の段躍中さんが出版してくれました。少し生々しい話ですが、客観的に事実を知っておく必要があるだろうと思って書きました。だから中国にとっては余り友好分子ではないですよね。

翌年、この出版社との間で少し問題が残っていましたので、中国に行ったついでに、弁護士を通じて知的財産権の問題の交渉をしました。中国の弁護士と言うのがどういうものか、また共産党系組織と言うのがどれほど強靭か、大変勉強になりました。先方は私の帰国スケジュールまで公安を通じてみな知っていて、責任者はそれまで雲隠れで出てこないのです。流石だと思いました。友人は、「中国人から銭を出させることほど難しいことはない。中国人は財布を絶対開けないよ」と言うのが良く分かりました。しかし授業料は高くつきました。

この研修――かつて外語大に留学していた院生がお礼に関係機関を通じてプレゼントしてくれたものでしたが――で、北京西郊の農村のカトリック村に行きました。ここは明末清初のイエズス会の宣教師・カスティリオーネの絵があるというので知られた村なのですが、村に入ると画然としているのですね。手前は漢族の普通の村、村の中の境を隔てて奥側がカトリック信者の住居区です。その差は何だと思います。「汚さ」です。信者居住区は清潔なのです。このように村を二分して住むようになったのも、歴史上の村の中で起きた反キリスト教の対立紛争の結果なのだと思います。ユダヤ人のゲットーを思い出しましたね。日本なら被差別部落になるのでしょうか。裏山にキリスト教会墓地がありまして、麓にまだ比較的新しい教会がありました。中で信者代表をしている人に教会の歴史や現況について話を聞きました。帰る途中、近くに義和団事変の時に焼き打ちに遭った教会の跡がまだ残っているという話を聞きまして、もっと西の奥に入っていきました。もう抗日ゲリラがかつて出没した山岳区ですが、山中の谷間の村の村はずれの草生す中に崩れたレンガ造りの教会の残骸がありました。ここで数十人の信者が焼き殺されたのだと言います。信なんでそのまま残っているのかと訊くと、ここは教会財産ですし、虐殺現場ですから、村民も手を出さなかった。信者は皆死んでいますから、教会側も再建をあきらめて放置した、というのが実際だったようです。再建されたけれども、文革期に再び破壊された可能性もあったでしょうが、夕暮れの薄気味悪くなりそうなかで、村人もいません。

ヒューヒューと風の吹く中、かつて大地の上を逆巻いた暴力を想像させられました。文革もそうですが、歴代農民反乱と言い、どうも中国史は「暴力」を無視しては語れないようです。その暴力の経験の後に、どのように暴力でなく問題を解決するかという知恵を生み出したのが近代デモクラシーなんでしょうが、「民主」とかという問題は、中国では五・四以来まだ未決定なのでしょう。

この時、遊びで桂林に行きました。王府跡（広西師範大キャンパス）や霊渠（秦の始皇帝が造った湖南水系と広西水系を結ぶ内陸運河）、太平天国が攻撃した史跡展示などで勉強しましたが、陽朔まで漓江を下りました。浅瀬で大勢の住民が昆虫採集用の網のようなものを観光船に突き出して、コインを投げろと乞食行為をやるのですね。後に広西の客家料理を食べましたが、この地区の貧しさを実感しました。ところが陽朔は西洋風建物に溢れたところで、広東広州から西河桂河を遡ってきた船の港で、フランス語の表示もあり海外貿易がここまで入っていたのだ、とわかりました。すぐそばは苗族の住む山地です。苗族の娘も土産物を売って稼いでいましたが、世界経済はこんな山の中まで入り込むのだ、貪欲だなという感想です。これが、太平天国の故郷・紫荊山への思いを強くしました。

この頃、高知大学の吉尾寛さんが中心になって「中国民衆反乱の史料集積」の科研ができて仲間に入れていただきました。私は義和団と白蓮教の担当だったのですが、その過程で、農民運動の伝承や顕彰について取材することになり、前述した義和団記念館や武訓記念学校・記念館、王倫の故郷の村、魯西南大刀会が喧嘩した相手の劉堤頭、龐家林の村、陽穀県坡里荘教会（明末以来のカトリック村、十九世紀にドイツ神言会が最初に入ったところ、一九二七年に中共が暴動を起こしたのでも有名）、淄川県（一八六〇年代に劉徳培率いる抗糧暴動が起きたところで、その団練を「義和団」といった）などを調査しました。概要は科研報告で書きました（『民衆反乱と中華世界』汲古書院、二〇一二、付録）。実は、これを山東大学歴史系の友人と一緒にやろうと思ったのですが、山東大学と公安は宗教（キリスト教）関係だからと言って不許可にしました。それで仕方なく、中国旅行会社が按排する個人旅行ということで——全て旅行会社が手配連絡してくれました。経済的には開放されているようです。中国の大学のほうがイデオロギーがらみで、以前のような開放性が無いように思いました——、実施しました。

収穫は、乾隆三十九年に反乱を起こした王倫の村で歓迎を受けたことで、蜂起以前に彼は家族を江蘇に避難させたのですが、そこの子孫が、自分の家系を辿って、この村の王姓と再会したという先祖探しの物語は大変面白かった。これは農民反乱を「起義」として、表に出しても良くなった状況が無ければ無理なことだったでしょう。日本の秩父事件もそうですが、歴史の真相を復権するのは時間のかかることなんですね。それにしても、その先祖探しの努力たるや、中国農民の根気強さを感じました。流石数千年の農民です。それから、坡里荘教会は一八八九年に建てられたドイツ式建物がそのまま重点文物で残っていまして、修道院跡もあり、ここで死去した神父たちの墓碑（ラテン文字）が中庭に集められていました。相当な数ですね。ずっとドイツカトリックの中心的な教会だったことが分かります。信者の人に話を聞きますと、祖父の代からの信者だと言っていました。この教会にいた田神父が後に主教になったように——田主教と聖者フライナーデメッツの銅像には台湾の輔仁大学でお目にかかりました——、以前は中心教会だったのですが、最近は県城から巡回神父が来るようになっているということで、少しずつ変化しているようです。中共の坡里荘暴動の史跡碑もあって、歴史を感じました。公安や大学は余りこういうのを好みませんが、大事な作業だと思います。これらは『民衆反乱と中華世界』付録のＣＤに入っています。

翌二〇〇九年に科研でお願いして広西省金田村調査に行かせていただきました。学生時代から太平天国には関心がありましたが、生噛りで本格的には勉強をしていませんでした。一九九六年に香港で買ったジョナサン・スペンスの *God's Chinese Son, the Taiping Heavenly Kingdom of Hong Xiuquan*（『神の子　洪秀全——その太平天国の建設と滅亡』慶應義塾大学出版会）の翻訳が終わりに近づいて来ましたので、その史跡を辿ってみたいという欲求を抑えられなくなったからです。他の研究者からいろいろ行った話を聞かされていましたが、自分なりのイメージがつかめず困惑していました。拙著『義和団の起源』を翻訳してくれました宋軍さんの友人が桂平県出身だというので、宋軍さんと一緒に、その兄さんの車で、貴県賜谷村、金田村、記念館、その他、紫荊山区の大冲村、石人村などを訪ねて聞き書きしました。その後、太平軍の北上径路に従って、永安、桂林、そして湖南省境の湘江の蓑衣渡（馮雲山の死去地）などを廻りました。これで少し安心して翻訳が出版できると思いました（二〇一一年刊）。また以前に書いた初期太平天国の論文も間違いなかったと確信しました。これで、六十歳の一区切りをつけるために『義和団の起源』以後の文章をまとめようと仕事を始めていたのがなんとか完成させることができるようになり、以前アメリカ公文書館のマイクロフィルム（ヒクソン文書）の幽霊の出そうな写真を使って、現地調査と合わせて書いた「古田教案」、F・O文書を使った「成都教案」、ロシア語文献を使った露清戦争（一九〇〇年のロシア軍の満洲占領、「アムール川の虐殺」）を入れて、二〇一〇年に『清末のキリスト教と国際関係――太平天国から義和団・露清戦争、国民革命へ』として出しました。この本をまとめるに際して、今まで小島晋治氏らの戦後歴史学で言われてきたテーゼ（通説パラダイム）に敢えて異論を唱えました。太平天国から義和団へ人民の革命闘争が受け継がれ発展し、辛亥革命、国民革命を経て……というシェーマは間違いだ。太平天国と義和団は反対のベクトルでねじれている、太平天国はキリスト教宗教共同体の新王朝建設で、社会「革命」ではない、義和団はその太平天国の後遺症を経て西洋列国のキリスト教布教と侵略に抗して出てきた反キリスト教の清朝朝廷擁護の「後ろ向きの」（攘夷的な）爆発なのだ、という論です。こういう線で「中国近代史」を書き直すべきだと思いますが、岩波新書の中国近現代史シリーズを見ても若い学者はまだそこまではふん切れていないようです――そんなこともあって、蔣廷黻『中国近代史』の翻訳を二〇一二年に外語大出版会から出してもらうことになります（本書第一章）――。『清末のキリスト教』は若い人たちが読書会で読んだらしいですが、評価は知りません。

やはり現場感覚というのは大事だと思いますね。昔はこんなことはできませんでしたが、今は若い人は語学もできますから、いい仕事をしてもらいたいと思います。鳥居龍蔵みたいに精力的な足で書く歴史家が出てもいいのではないでしょうか。

さてまた十年です。二〇一〇年に再び義和団討論会をやるというので、招待状が来ました。しかしまた問題発生です。今度は尖閣列島で中国漁船が海上保安庁の船に故意にぶつかって来て、船長が逮捕され、外交問題になって釈放した事件です。衝突してきた映像を海保の職員がネットに流しました。当時の政府は民主党の菅・仙石コンビでしたが、横浜で国際会議を開く予定だったからでしょう、秘密裏の内に曖昧にして乗り切ろうという姿勢でした。それに海保職員が反発したのでしょう。菅・仙石とも同じ全共闘世代ですが、彼らは外交感覚が全くないと思いました。駄目ですね。それで日中関係が感情的になってきまして、こんな中、出かけていって愛国主義をやられたらたまらん、と思いまして、論文はすでに出していましたが、出席を取りやめました。先方からは説得の電話が何本か来ましたが――『義和団的起源』中訳本が出ておりましたから、討論会の中心的議論になる参加者だったようです――、受けませんでした。また後日談があるのですよ。私の論文は中文で出したのですが、論文集に採用すると、メールで言ってきました。ところが、一年経っても何の連絡もない。そのうち新刊本の目録に討論会論文集が出ているので買ってみると、私の論文もちゃんと載っている。掲載本を送って来ることもしないのですよ。利用しさえすればいいという感覚なんですね。先の翻訳中文版の出版時も出来上がって国内販売しても著者には送ってきませんでしたが、同じ態度ですよ。「礼儀礼節の国」なんて真っ赤な嘘、つまり礼儀が無いから孔子さんは一生懸命に礼を言わざるを得なかったのでしょう。それとも共産党になってからだけのことでしょうか。こういう問題を考えました。改革開放以後、人々の道徳倫理は一層ひどくなったということでしょうね。

そうしている中、二〇一二年に「尖閣国有化暴動」が起きます。この時は民主党野田内閣ですが、これは菅内閣よりもっと外交感覚が無い。その無い所に付け込んで長島補佐官と佐々江外務次官らが国有化に踏み切らせたのですが、大きな失策ですね。野田氏は歴史上批判される首相になります。これで日中関係は一気に冷え込み、対立構造になりました。この時文章を書き、メールで友人諸兄に送りました。いろんな人が読んだようですが、この危機感は正しかったと思います。しかし中国を研究している学者はほとんど沈黙ですよ。東大教授や京大教授はもっと発言しないと社会的責任を果たせなくなると思いますね。これに反応したのが科研で御一緒させていただいた森正夫さんで、森先生のお世話で森さんの同世代の濱島敦俊、狭間直樹、久保田文次、小林一美さんたちと一緒に話し合いの場を持ちました（私は一世代下）。その際の私の思想履歴（大学院修了まで）の自己紹介がお手元にあるこの話のレジュメの下敷きになったものです。この話し合いは大変面白く、刺激的でした。何とかナショナリズムの対立激化、武力行使は避けたいと中日の友人達に呼びかけようとまとめました。文章は雑誌『東方』（三八九号、二〇一三年七月）に載せていただきました。その時危惧したように、双方のナショナリズムの亢進が今回の安保法制と、習近平体制の国内粛清・抗日反ファシズム七十年キャンペーンにまで続いているのです。日中関係をこれほど悪化させたのは、東京都の石原慎太郎・猪瀬直樹らの音頭に乗って下手なことをした野田内閣ですが、国有化を積極的に進めたのは長島補佐官、佐々江事務次官らのようです。外務省の役人たちは専門家として無責任ですよね。馬鹿な私でもこれくらいのことはわかるのですから、彼らが予測できなかったなど、言えるはずがない（後の報道では、アメリカ国務省の役人は佐々江氏の予測に賛成しなかったとクリントン・メールに送ったという）。結局はお役人ということですかね。当時の佐々江事務次官は出世してアメリカ大使になった。

で、いよいよ定年を間近かにしまして、最後の仕事として、清末の中国分割を舞台に「中国ナショナリズム」について書く話があったものですから、少し前からまとめていたのですが、この尖閣事件やその他の反日ナショナリズムとどう繋げて理解したらいいのか、大いに悩みまして、どうも、近代史・現代史・現在、これを通観して中国ナショナリズムを考えて見なければイカンのではないかと考えました。それで、アヘン戦争から朝鮮戦争まで、反外国主義の姿を追いながら「中国ナショナリズム」で近現代史を考えたものが、後方に置いてある最近出した本『中国の反外国主義とナショナリズム』です。この本で、義和団現象はアヘン戦争から現在まで続いている行動様式だということ、アロー戦争への過程、太平天国と反キリスト教運動・湘軍との関係、天津教案と義和団、中国分割と義和団事件、反満（韃子）反外国の辛亥革命、国民革命と反キリスト教運動（新拳匪）、朝鮮戦争とキリスト教弾圧などについて、「戦後歴史学」とかなり違った見解を出しました。研究者から批判のあることを期待しますが、東洋史の学界や権威筋はきっと「黙殺」するでしょうね。阿部謹也さんが昔言っておられましたが、学界はやはり「お仲間」ですから。日本の学界風土は「論争」を避け、黙殺で自己防衛しますからね。

お手元にお配りしたのはわたしが学生の時に学んだ権威ある「戦後歴史学」の成果（『岩波講座世界歴史』の中国近世、近代の関係論文一覧）です。アヘン戦争（田中正俊）、太平天国（小島晋治）、義和団（里井彦七郎）、辛亥革命（狭間直樹）、国民革命（執筆者なし）などは果たして、いまもって有効なのでしょうか。考えさせられますよね。歴史学は「現在」に強い関心を持たないと生命力を持ちませんが、「政治と文学」と同じように「政治」に振り回されますと、いけません。これは野原四郎さんがいつも口にしていたことですが、改めて痛感します。かといって、最近の若い人の研究のように、政治を避け瑣末主義的になるのも、さて如何なものでしょうか。現代に対する鋭敏な意識はやはり作品の生命でしょう。これは他の芸術作品と変わりません。日本の最近の中国史研究は僵屍化しつつあるのでないでしょうかね。要は歴史家の思想ということになるのでしょう。

さて、そんな偉そうなことを言って、お前は大丈夫なのかと指弾されそうですが、もう定年ですから、後は後代の研究者にお任せするよりほかありません。残されたすこしの力で、残務整理をしながら、ぼちぼち、ゆっくりとやりたいと思っております。今日はつまらない話をお聞きいただきました。感謝します。これで終わりです。

【注】この文章は退職を前に二〇一五年三月末に東京外国語大学でゼミ形式で話をさせられたものに少し加筆したものである。文中で触れられている拙著『中国の反外国主義とナショナリズム』については、その後『日経』で国分良成氏が、『産経』で楊海英氏が書評で取り上げた。該書は本書第一章で論じたように、近現代の中国の対外関係を基軸に据え、内政をその転移と見なす考えで、外国に対する中国人の「文化的民族主義」をその歴史過程を内側から支えたものとして実証を通じて通史的に再考したものである。しかし、案の定、東大筋から攻撃が出て来た。『中国研究月報』二〇一六年一月号に載った東京大学大学院・古谷創「『性急さ』という躓きの石」と題した書評は、この本を二〇一二年の反日暴動を契機に書かれた中国共産党批判の「一般向け」の「通史」だとし、「中国」という分かり合えない『他者』を造り出した「性急さ」の「躓きの石」の書だと、「侮蔑的（名誉棄損的）」な全面否定の評論を書いて論難した。本の読み方を誤り、史料も正しく読まないで批判を書く東大大学院生で、書評会でも私の反批判に応答できなかった内容である。基本知識の無い誤った読解の書評を掲載し流布させた『中国研究月報』に「反論文」を出したが、親中国派の中国研究所は編集権を盾に、「評者の人格を損なう言辞がある」と難癖をつけて掲載を拒否した。それに対する「再反論文」も彼らの考える「学術レベル」でないと掲載しなかった。学術的反論の幾つかは本書第二章に書き加えておいたが、中国研究所はもはや「学術研究」とか「言論出版の自由」を自ら毀損することに無自覚なイデオロギッシュで権力主義的な存在になっているのであろう。事実として記して置く。詳細は『親中国・東大派のイデオロギー的な「逆襲」――拙著『中国の反外国主義とナショナリズム』への『中国研究月報』の書評、それへの反論文の扼殺の顛末』（私家版・青娥書房発行、二〇一六年九月刊、全九六頁）にまとめて書いておいた。一読していただければ幸いである。

あとがき

本書は私が東京外国語大学に勤務するようになってから、機会があって書いてきた文章の幾つかをまとめたものである。翻訳した本の解説として書いたものが中心だが、それぞれ少し手を加えてある。初出の書誌などについては各章最後に「付記」を書いておいたが、各文がどういった経緯で書くことになったかは、第九章で述べた私の研究経歴でも触れられている。

私が自らの乏しい語学力をも顧みず、ピーター・バーク『歴史学と社会理論』(第一版、第二版)など幾つかの本を訳し、いささか長い翻訳解説文を書いたのは、それなりの理由があってのことである。一言で言えば、日本の中国史研究、歴史研究への不満があったからである。このことは第九章でも触れておいたが、東大東洋史と歴研派を中心とする既成の権威的な東洋史「歴史」研究に、「人間」と「社会」が出て来ないもどかしさを感じたからだといって良い。中国史研究を始めたときから、既成の約束事のように進められている歴史研究のやり方(先行の諸研究)に「抵抗感」があって、いつまでも払拭できなかったからである。自分なりに人間的理解性を持った中国歴史を摑まえるには、どうしたらよいか、その問題意識を解決するためだった。

そんな煩悶を抱えて研究をし、試行錯誤的に論文を書き始めたのだが、いずれも通則から外れた「異端」的な研究と見られて、評価されることなどはなかった。東京では、近代の中国史研究は、東大東洋史出の学者か、或いは東大に一人学者がいればいいのであって、その学術権威の支配の下で、他は居ても居なくてもいい必要ない存在だというのが学界状況だから、私は屑みたいな存在だった。だから、私は今でも「東洋史」的には何者でもない存在である。私がどんな研究成果を発表しようが学界的な影響力は持たない。若い研究者は東大京大の先生の説には叩頭するが、私の学説を決して採用したりはしはない。義和団研究でさえ私説を認めて自分の研究に採用したら、東大・岩波派の権威の見解と違背するから、顰蹙を買い自分の利益に障る。かくして清末の帝国主義分割はみな避けて誰も書かない。しかし、一研究者として自らをふり返って見たとき、一九九〇年代からＡＢＣＦＭ文書やシュタイラー・ミッショナリーのキリスト教宣教資料、Ｆ・Ｏ文書、ヒクソン文書などを使ったキリスト教問題の重要性の提示と研究、義和団現地調査やオーラルヒストリーを用いた歴史研究、義和団起源・民間宗教（白蓮教）の「档案史料」を利用した研究、これらを戦後歴史学の権威が支配する中で、貧困を忍びつつ屈することなく主張し得たのは、やはり「先駆性」があったのではないかと誇って良いと思っている。これは母の遺産である。

かつて古代史研究をめぐって西嶋・増淵論争というのがあった。東大主流の学説に増淵さんが「社会史」的に異議を唱えられたもので、ランケ史学を引く帝大歴史学に学問的な対抗心があったように見受けられた。それもランプレヒトの弟子の三浦新七から上原専禄へと続いた「東京商大」の歴史学の伝統の自信があってのことだったろう。ドイツ本国のランプレヒト論争（フンボルト大学のランケ史学と商大派の対立を背景にした歴史学論争）の日本版という位相だったようである。だが、私などはその一橋でも流浪した落第生だったから、東大主義者や学界主流からは無視疎外され、全共闘世代の多くの研究者が「抱大腿」で研究職に就いていったけれども、狷介な性分が災いして「孤立無援」で歩むしかなかった。山之内靖さんに採用していただいて東京外語大に就職したが、当初与えられた職分は「歴史学」「世界史」の教師で、中国史は五分の一しかなかった。そのため中国史の世界にばかり居ることは出来ず、勢い、「歴史学」理論、社会学、人類学、宗教学、西洋思想史、西洋史、日本史など雑多な領域に首を突っ込んで仕事をせざるを得なかった。専門的な学問的成熟は遠のくばかりだった。山之内さんが言った外語大の宿命だが、その折々に書いたものが雑然と残り、その中から何とか今でも読むに値するものを拾い集めたのが本書である。しかし現在においてもなお公にするに値するものかどうか、言い訳的な解説も必要であろうと思い、「付記」を付けておいた。

歴史学理論や新潮流については同じ大学に居られた二宮宏之さんや上村忠男さんとの会話や仕事振りを通じてアナール派やギンズブルグに刺激を受けてきてはいたが、中国史の実務屋としては、それらの理論的な仕事で問題を「発見」はしても（理論というのは問題発見の手段だと私は考える）、直接に応用するわけにもいかないのに苦慮した。私の研究領域は前近代の「長期持続」のようなものではなく、アナール派が嫌いな「政治」と「事件」の歴史が中心になっているからである。いろいろ読み悩んでいるうち、学部のテキストに使ったピーター・バークの『歴史学と社会学』の続編、『歴史学と社会理論』（第一版、二版）を訳すことになった。これは歴史の実務家（歴史家）による理論的整理で、私のような歴史屋にはぴったり来た。アナールやギンズブルグの知的高級さに較べるとイギリス経験論的で、広い視野から自分に合った研究方法を発見するのに大変示唆的で、実際に使える所が多く、教科書的だと思ったからである。自分の中国史研究にも新しい発想と視線を差し入れることができたように思う。『宋景詩歴史調査記』の翻訳は歴史調査、社会学、人類学などの関心から、『神の子　洪秀全』は宗教学、宗教史、文化接触などへの関心から、それぞれ戦後歴史学の中国近代史研究の再読解を試みようと思ったからである。第五、六、七章は宗教論で、中国の歴史と思想の内在的理解には宗教、哲学、心理学が不可欠だという私の考えが表に出た論考である。ウェーバー宗教社会学の影響が大きいことが見られるだろう。自身の中国史研究もこれら諸学で視野を広げつつ、歴史調査と档案史料研究で進めたが、その義和団、反キリスト教事件、太平天国、辛亥革命の研究がそう間違ったものでないことを確信させてくれたのは、蔣廷黻『中国近代史』を訳し、それをめぐる知的状況（蔣廷黻、胡適、陳独秀）を知ったことだった。だから少し長い史学史的な解説文を書くことになった（第一章参照）。この蓄積の上に、今後の方向性を示す近現代史として、中国の対外問題とそれへの反応（レスポンス）、反外国主義と文化的民族主義（ナショナリズム）を基軸にしてまとめてみたのが『中国の反外国主義とナショナリズム』である。親中国派の『中国研究月報』・東大筋はこの書を反中国的だと見、誹謗的な書評の論難を書き、反論文も載させないイデオロギッシュな姿勢を示した。これは現今の中国研究の僵屍《キョンシー》化した状況、歴史と現実を自分の頭で考えない知性の状況をよく示している。報道言論が閉塞化する中、学術研究も言いたいことも言えない厭な締め付けの時代になりつつあるのを示しているのではなかろうか。

『中国の反外国主義とナショナリズム』は本書と姉妹篇をなしており、本書第二章はそのエッセンスを平易に語ったものであるが、それに加えてナショナリズム論や現在の中国の「歴史意識」、「民族心理」まで論じた。本書と合せて読んでいただければ幸いである。第三章は、『結社が描く中国近現代史』（山川出版、二〇〇五）に書いた「徒手空拳で立ち向う　義和団」をベースに新たに書いたもので、現在の私の義和団についての考えを大枠で述べたものである。

退職して、「フリーター」になり、今後さてどうするかという課題がなお残っている。雑然と書いて筐底に残っているものが幾つかある。一つは大学院時代からやっていた民間宗教（白蓮教）に関する幾つかの論考が印刷されたり、されなかったりして残って在るものだが、どうしたらいいものか、頭痛の種である。私が「白蓮教」などを研究していた時代と違って、今は多くの研究成果が出ていて、もう発表するには価値が減じているようである。纏めておいていつの日かを期するよりほか無いかも知れない。もう一つは、「開封のユダヤ人」の研究である。この問題については学内で西欧ユダヤ人問題の専門家の増谷英樹氏らと語らううちに少し勉強するようになり、資料を集めて何度か講義で話をした。日本では小岸昭氏の『中国・開封のユダヤ人』があるが、ユダヤ人は中央アジアのシルクロードを通って北宋時代に来たという南京大学の徐新に引きずられているように見受けられる。むしろ南インドのコーチンのユダヤ人地区との海上関係を考えるべきだという潘光旦の見解が良いように私は思う。だが、まとまるかどうかは分からない。さらに重要なのは胡適と陳独秀である。胡適については、ジェローム・グリーダーの『胡適と中国のルネサンス——中国革命の中の自由主義、一九一七〜一九五〇』(ハーバード大出版会、一九七〇)を翻訳し、間もなく藤原書店から出版されるが、胡適の主要作品を日本語に翻訳して紹介したいと思う。その前に、その胡適が序文を書いた『陳独秀最後的見解(論文和書信)』(自由中国社、一九四九、香港)も翻訳して、陳独秀の晩年の思想について少し書いたので、何とか出版にこぎつけたいものである。

しかし、研究者としては残された時間はそう多くは無いようである。若い時に抱え込んだ問題に何とか答えを見つけ納得したいものだと独学的に研究して来たが、義和団研究ぐらいしか結論は出なかった。考えるべき問題は拡がり、残された時間はそう多くは無い。一つぐらい何とか目途が付けれれば、よしとするほかないようである。

本書も、退職後に残された原稿を整理しつつ、何とか形にしたいと思って作業を始めたのだが、思いのほか難渋した。それで、中央研究院近代史研究所に数ヶ月間受け入れていただいて、最後の整理をした。研究院の各図書館の豊富な資料を利用させていただいて、第一章を何とかそれなりの形にすることができた。黄自進先生にはいろいろお世話を頂いた。しかし、その多くの資料を読みながら、我国の細かい個別的な実証史学研究をいくら積み重ねたところで、近現代史の新しい歴史像を打ち出すことは出来ない、と更に確信するようになった。私は、戦後歴史学の中国近現代史研究と、毛沢東-范文瀾通史体系は歴史的にきちんと清算されねばならないと考える確信犯である。その理由の一つは、史料研究と調査がまだまだ不十分だと思うからだが、と同時に、実証研究に枠、あるいは仮説を付与する世界史論、社会科学、哲学、思想史、歴史理論の面でいま一つ自覚的でないからである。中国史ではなく、「歴史」を中国で研究するという自覚が要るのではなかろうか。課題は大きいが、もはや逆走は出来ない地点に至っているように思う。

研究者として「時代遅れ」になって「舞台」から下りる前に、「一つのまとめ」としてかなり率直に書いたこうした問題提起的な文章を、今、「中国近現代史はどう書かれるべきか」といういささか刺激的なタイトルを掲げて、本にしていただくことができたのは、寛容な汲古書院のお蔭である。『清末のキリスト教と国際関係』に続くご縁で、大変ありがたく思う、三井久人社長、編集の大江英夫氏、宮崎淳氏にはいろいろご配慮を頂き、お世話になった。感謝申し上げる。

佐藤公彦

二〇一六年七月　比企山中にて

中国近現代史はどう書かれるべきか

二〇一六年一〇月二七日　発行

著　者　佐藤公彦
発行者　三井久人
整　版　左口昌克
印　刷　富士リプロ㈱

発行所　汲古書院
〒102-0072 東京都千代田区飯田橋二-五-四
電　話　〇三（三二六五）九七六四
ＦＡＸ　〇三（三二二二）一八四五

ISBN 978-4-7629-6576-0　C3022

KYUKO-SHOIN, CO., LTD. TOKYO

著者紹介

佐藤公彦（さとう　きみひこ）

1949年　福島県岩瀬郡生れ
1968年　県立白河高校卒業。一年浪人の後、
1969年　横浜市立大学文理学部入学。73年卒業。
1979年　一橋大学大学院社会学研究科博士課程単位修得。高校教諭を経て、
1985年　東京外国語大学外国語学部専任講師。助教授、教授、海外事情研究所所長、社会学博士（一橋大学）、北京日本学研究センター主任教授を経て、
2015年　東京外国語大学大学院国際学研究院教授を定年退職。同大学名誉教授。

著書：［単著］：『義和団の起源とその運動――中国民衆ナショナリズムの誕生』（研文出版、1999）、『義和団的起源及其運動』（中国社会科学出版社、2007）、『「氷点」事件と歴史教科書論争』（日本僑報社、2007）、『上海版歴史教科書の「扼殺」』（日本僑報社、2008）、『清末のキリスト教と国際関係』（汲古書院、2010）、『中国の反外国主義とナショナリズム』（集広舎、2015）。

共著：『義和団運動史討論文集』（斉魯書社、1982）、『中国史における社会と民衆――増淵龍夫先生退官記念論集』（汲古書院、1983）、『続中国民衆反乱の世界』（汲古書院、1983）、『中国の村・家・神々』（東方書店、1990）、『世界史への問い６　民衆文化』（岩波書店、1990）、『近代中国の社会と民衆文化』（東方書店、1992）、『文明の比較宗教学』（春秋社、1993）、『結社が描く中国近代史』（山川出版、2005）。『蔣中正与近代中日関係』（稲郷出版、2006）、『東アジア近現代通史２　日露戦争と韓国併合』（岩波書店、2010）、『中華世界と民衆反乱』（汲古書院、2012）など。

訳書：陳白塵『黒旗軍』（研文出版、1987）、ピーター・バーク『歴史学と社会理論』（慶應義塾大学出版会、2006）、『歴史学と社会理理論　第二版』（同、2009）、ジョナサン・D・スペンス『神の子　洪秀全』（慶應義塾大学出版会、2011）、蔣廷黻『中国近代史』（東京外国語大学出版会、2012）、ジェローム・グリーダー『胡適と中国のルネサンス――中国革命の中の自由主義』（藤原書店、2017予）など

索　引

く

け

こ

さ

し

す

せ

そ

た

ち

て

と

な

に

ね

の

は

ひ

ふ

る

れ

ろ

わ